Deutschland – das unbekannte Land

Herausgegeben von
Rudolf Pörtner

Deutschland – das unbekannte Land

Herausgegeben von
Rudolf Pörtner

Band 5

Unsere historischen Gärten

Von
Margot Lutze

Umschau Verlag · Frankfurt am Main

*Meinen Freunden in England
und der Garden History Society*

CIP-Kurztitelaufnahme der Deutschen Bibliothek

Lutze, Margot:
Unsere historischen Gärten / von Margot Lutze. –
Frankfurt am Main: Umschau Verlag, 1986.
(Deutschland – das unbekannte Land; Bd. 5)
ISBN 3-524-65005-8
NE: GT

Umschlaggestaltung: Manfred Sehring
unter Verwendung eines Fotos von M. Lutze: Schloßgarten Schleißheim

Gesamtherstellung: Brönners Druckerei Breidenstein GmbH, Frankfurt am Main
Printed in Germany

Inhalt

Vorwort

Das Wort Garten geht auf das gotische Wort *garda* zurück, das so viel wie Gehege bedeutet: ein mit *Gerten* eingefriedetes, holzummanteltes Gelände. Das Wort Park ist ein Nachkomme des mittellateinischen *parricus*, das den Raum innerhalb einer Umzäunung bezeichnet, in dem vor allem Tiere gehalten wurden, meist als lebende Fleischreserve. Beide Vokabeln verweisen also auf eine umfriedete, von der Außenwelt abgesetzte, künstliche Schöpfung, die Natur und Un-Natur miteinander zu vereinigen trachtet.

Dieser Ur-Sinn hat sich erhalten. Parks und Gärten verbinden in unserer Vorstellung noch heute das Vegetative mit dem Rationalen. Sie begegnen ungebremstem Wildwuchs mit dem Prinzip der Ordnung, ungestümem Wuchern mit Säge und Schere. Parks und Gärten sind insofern sehr menschliche Einrichtungen: Welten im Kleinen, die zu dem Zweck geschaffen werden, die große Welt auszusperren und damit so etwas wie ein Rückzugsgebiet zu etablieren, in dem man sich nach getaner Arbeit ungestörtem Sinnieren und heiterer Beschaulichkeit hingeben kann – dem Genuß eines unbeschwerten, gleichsam pflanzlichen Daseins. Der Mensch stellt sich ja auch das Paradies als einen großen, wohlgepflegten, in Düften und Farben schwelgenden Garten vor.

Diesseitige Paradiese haben die fatale Eigenschaft, außerordentlich kostspielig zu sein; auch Parks und Gärten setzen Reichtum voraus – obrigkeitlichen, gesellschaftlichen oder privaten Wohlstand, der bereit und in der Lage ist, in Projekte von erhabener ökonomischer Zwecklosigkeit zu investieren.

Die ersten Gärten, von denen wir wissen – die »hängenden Gärten« der Semiramis, im Klartext: die üppig bepflanzten Terrassen im Palast Nebukadnezars II., für welche die sagenhafte assyrische Königin nur den Namen hergibt, waren Produkte königlichen Reichtums.

Auch eine ägyptische Zeichnung (gefunden in einem Grab in Tell El-Amarna) gibt eine herrscherliche Anlage wieder: einen schattigen Baumgarten mit kühlendem Wasserbecken in der Mitte, der in einen aufwendigen Palastkomplex hineinkomponiert ist. Aber schon in römischer Zeit leisteten sich reiche Bürger Gärten, die mit denen der Kaiser an Pracht, Raffinement und Großzügigkeit wetteifern konnten. Der jüngere Plinius zum Beispiel sonnte sich im Besitz eines Parks, der nach seiner eigenen Beschreibung »Blumenbeete von vielerlei Gestalt« mit Buchsbaumhekken, »sanft abfallenden Rasenteppichen«, Akanthuspflanzungen und einer von immergrünem Buschwerk eingefaßten Promenade phantasiereich vereinigte.

Das abendländische Mittelalter kannte derartige Prunkanlagen nicht. Es beschränkte sich, bis auf wenige Ausnahmen, auf reine Nutzgärten: Kräuter- und Gemüsegärten in den Klöstern, Tiergärten im Weichbild der Pfalzen und sonstige fürstlichen Quartiere. Erst die Renaissance erinnerte sich der antiken Gartenkultur wieder. Von Vergil, Plinius und ihren berauscht-bukolischen Texten inspiriert, ließen die Baumeister des ausklingenden 15. Jahrhunderts die Gartenkünste der Alten wiedererstehen, zunächst in Italien und Frankreich, dann auch in Deutschland. Und schon in dieser Frühphase der europäischen Gartenkultur erscheinen neben den fürstlichen Potentaten wieder zahlreiche private Auftraggeber auf der Szene, meist gebildete, handelstüchtige Bürger, die ihre humanistischen Ideale auch durch die wohlbedachte Abkupferung antiker Parks und Gärten zu verwirklichen trachteten.

Die hohe Zeit der europäischen Gartenkultur begann jedoch erst mit dem Barock und jener neuartigen Parkarchitektur, die den Ehrgeiz entwickelte, die Natur den Gesetzen der Kunst zu unterwerfen.

Als Schöpfer des barocken Gartenstils (der freilich fast ausschließlich eine Sache der Monarchen und des höfischen Adels war) gilt der Franzose André Lenôtre, der einer alten Gärtnerfamilie entstammte, aber Architektur und Malerei studiert hatte, bevor er die Pflege der Tuileriengärten in Paris übernahm. In seinem Werdegang war der neue Stil bereits vorprogrammiert: Lenôtre versuchte Parks und Gärten architektonisch zu gestalten (wie umgekehrt die barocke Baukunst bemüht war, sich des Formenkanons der Natur zu bedienen) und seinen aus dem Geist der Geometrie entstandenen Schöpfungen jene teppichhaft-malerischen Wirkungen zu verschaffen, die schon den arabischen Baumeistern so sehr am Herzen lagen. Das Ergebnis waren Reißbrettgärten, die Bäume, Buschwerk und Blumen einem »minutiösen wohlbedachten Reglement« unterwarfen, dabei aber das Kunststück vollbrachten, »lähmendste Gezwungenheit mit bezaubernder Anmut« zu verbinden. Sie glichen damit, wie Egon Friedell meint, dem Menuett, dem etwa zur selben Zeit entstandenen höfischen Tanz, der mit den Barockgärten die strenge Regel und die beschwingende innere Musikalität teilt.

Mit den Teppichgärten des Barock begann die Gartenkunst auch in Deutschland Wurzeln zu schlagen. Die meisten Landesfürsten, die großen Kirchenfürsten nicht ausgenommen, haben sich damals ihr Klein-Versailles gebaut und mit den französischen Königen in »grüner« Repräsentations- und Theaterarchitektur gewetteifert. Gezirkelte, dekorativ geführte Kieswege, ornamentalisierte Blumenbeete, Boskette, gestutzte Bäume und Hecken, künstliche Seen und Brunnen, Wasserspiele und Kaskaden, marmorne Nymphen und Putten – das ganze Aufgebot der barocken Gartenmeister wurde auch zwischen Rhein und Oder, zwischen Nordsee und Bodensee heimisch. Und hat auch hier Gärten hinterlassen, deren überquellende Phantasie den Betrachter bis heute fasziniert, selbst wenn er dem allzu gebieterischen Umgang mit der Natur vielleicht nicht wohlgesonnen ist.

Die Gegenbewegung hat ebenfalls ein reiches Erbe hinterlassen. Sie kam aus England und schuf einen Gartentyp, in dem die Natur wieder das Sagen hatte – eine arrangierte Natur freilich, deren Bildner souverän mit ihren Versatzstücken arbeiteten, Regisseuren gleich, die den (derzeit wenig gefragten) Ehrgeiz entwickeln, hinter ihrer Inszenierung zu verschwinden. Auch dieser – geistig vom Rousseauismus geprägte – »englische Garten« mit seinen weiträumigen Rasenflächen, seinen wohlplazierten Baumgruppen, seinen Alleen und künstlichen Aussichtspunkten hat in Deutschland seine Propheten und Jünger gefunden – nicht zuletzt landadlige und bürgerliche Mäzene und Liebhaber.

Aber erst das 19. Jahrhundert wurde so recht das Jahrhundert des bürgerlichen Gartens. Die bedeutendsten Gartenkünstler dieser Zeit, Friedrich Ludwig Sckell und Peter Josef Lenné, standen zwar in königlichen Diensten, der eine in München, der andere in Berlin, doch mußten sie mit zahlreichen kommunalen und privaten Mitläufern konkurrieren, die allesamt versuchten, den »englischen Garten« sozusagen einzudeutschen. Was nach gut deutscher Art hieß: ihm den Rang eines Bildungserlebnisses zu vermitteln.

Der damit entstehende Historismus hat sich, wie man weiß, zahlreiche Fragwürdigkeiten und Verirrungen geleistet, bis hin zu jenen ostasiatischen Entlehnungen und sentimentalen Grotten- und Kunstruinenbauten, die falsch verstandene romantische Sehnsüchte mit Plagiaten fütterten. Das ändert jedoch nichts an der imposanten materiellen Leistung des gartenfreudigen 19. Jahrhunderts, ändert auch nichts an der Tatsache, daß hinter der Zitatenfreude der bürgerlichen Gartenmeister der lebhafte Wunsch zu spüren ist, so etwas wie eine Ehe zwischen Architektur- und Landschaftsgarten zu stiften und damit den französischen und englischen Garten um eine typische deutsche Variante zu ergänzen.

Hinter der Vielfalt der Stile, denen sich noch das beginnende 20. Jahrhundert verpflichtet fühlte, schimmert auch der Ehrgeiz durch, der profanen Nüchternheit der raumfressenden Industrielandschaft durch Anlage von Grünoasen entgegenzuwirken oder, wie Theodor Heuss es einmal ausgedrückt hat, »die Schaffung belebter Grünflächen als Funktion der werdenden großstädtischen Entwicklung« zu begreifen. Zumindest in dieser Hinsicht kann man von einem eigenständigen deutschen Beitrag zur Geschichte der Gartenkultur sprechen. Nirgendwo in der Welt gibt es in den industriellen Ballungszonen so viele »Volksparks« und gärtnerische Anlagen wie in Deutschland.

Das vorliegende Buch stellt dem Bundesbürger, der bereit ist, die Schönheiten und Schätze dieser Welt zunächst einmal vor der eigenen Haustür zu entdecken, 215 Parks und Gärten in der Bundesrepublik Deutschland vor: Überlebende verschiedenster Herkunft und verschiedensten Anspruchs, die der beklemmenden Einengung unserer Grünräume durch Fabriken und ständig wachsende Städte, durch Straßen, Eisenbahnen und Autotrassen auf ihre Weise Trotz geboten haben und weiterleben – und offenbar auch die Chance haben, noch lange weiterzuleben.

Die Denkmalpflege – das vorliegende Buch führt zahlreiche Beispiele an – hat ja längst auch die Gartenarchitektur entdeckt und auch in ihrem Bereich, restaurierend und erneuernd, Leistungen erbracht, auf die sie stolz sein kann. Viele unserer historischen Gärten präsentieren sich heute wieder in alter Gestalt, viele sind so weit wiederhergestellt, daß die Absichten ihrer Planer wieder deutlich werden oder doch wenigstens zu ahnen sind. Wer mehr darüber wissen will, wird auf den folgenden Seiten eine Fülle von Informationen finden: interessante, aufschlußreiche, zum Teil auch amüsante Informationen, die einen wenig beachteten Teil unseres kulturellen Panoramas neu belichten und damit neue Konturen und Farben vermitteln.

Das Ergebnis stimmt optimistisch. Deutschland – das unbekannte Land, das diese Reihe dem Leser nahezubringen sucht – ist noch immer ein »grünes« Land: grün, bunt und liebenswert und reich an Vergangenheit, die wie das schlummernde Dornröschen nur darauf wartet, wachgeküßt zu werden. Auch seine Parks und Gärten verdienen wiederentdeckt zu werden.

Rudolf Pörtner
Juni 1986

Ein Wort zuvor

Es gibt viele historische Gärten in Deutschland. Sie werden benutzt, aber sie werden nicht ernst genommen. Sie dienen oft genug als grüner Unter- und Hintergrund für alle Arten von Freizeitaktivitäten, doch es scheint, als ob nur wenige Besucher sich die Mühe machten, sie wirklich anzuschauen, sie mit allen Sinnen zu genießen. Ein Garten wendet sich schließlich auch an die Ohren, die Nase und an den Tastsinn.

Nicht jeder alte Garten ist ein Kunstwerk, aber die in diesem Buch aufgeführten historischen Gärten sind mehr als nur eine grüne Folie für die Architektur, mit der sie in Zusammenhang stehen. Daß sie eigenständige Kunstwerke sind, hat man lange übersehen. Sie unter Denkmalschutz zu stellen wie die Bauwerke, zu denen sie gehören, gelang erst in jüngster Zeit. Für zahlreiche Gärten war dies zu spät.

Gärten sind viel anfälliger für Zerstörung, als man glauben möchte. Sie scheinen einfach aus ein paar Bäumen, Sträuchern, Blumen, Wegen und vielleicht noch Wasser zu entstehen. Aber nur, wenn alle diese Komponenten harmonisch zusammengefügt sind, kann man von einem Kunstwerk sprechen.

Wie ein solcher Garten aussehen muß, läßt sich theoretisch eigentlich nur jemandem erklären, der einen gewissen Vorrat an Gartenbildern in seinem Gedächtnis trägt, mit denen er die Erklärungen sozusagen »bebildert«. Man muß einfach Gärten gesehen haben!

Die in diesem Buch angeführten Gärten sollen eine Hilfe sein, sich diese Seh-Erfahrung zu erwerben. Die Gärten sind nicht detailliert beschrieben. Es gibt für die meisten mehr oder weniger ausführliche Gartenführer an Ort und Stelle. Hier ist nur etwas über das Besondere an den einzelnen Gärten gesagt und welchen Platz sie innerhalb der Geschichte der Gartenkunst einnehmen. Und vor allem: wo man die alten Gärten findet! Manche sind durchaus bekannt, aber viele blühen buchstäblich im verborgenen.

Es gibt natürlich wesentlich mehr alte Gärten in Deutschland. Mit ein bißchen Entdeckerfreude wird mancher noch auf Gärten stoßen, die eigentlich auch hierher gehörten. Aber 215 Gärten sind ein Grundstock, auf dem man aufbauen kann. Doch es mußte nicht nur die Zahl der Gärten beschränkt werden und das, was darüber zu sagen ist. Es wurde auch eine zeitliche Grenze gezogen: Aufgenommen sind nur Gärten, die vor 1900 entstanden. Deshalb ist manche bemerkenswerte Anlage nicht aufgeführt. Andererseits wäre durch den Verzicht auf die Zeitgrenze der geplante Umfang des Buches erheblich überschritten worden.

Auch wenn in den folgenden Kapiteln vieles über Gärten, ihre Besitzer und ihre Gestalter erzählt wird, so ist dies doch keine Geschichte der Gartenkunst. Es sollten nur ein paar grundsätzliche Bemerkungen gemacht werden, damit verständlich wird, was im Laufe der Zeit mit unseren Gärten passierte. Denn kein Garten ist einfach nur ein Stück Natur mit einem Zaun darum herum.

Was ein Garten ursprünglich bedeutete, begreift man wohl am ehesten, wenn man in einem jener nahöstlichen Länder mit altehrwürdiger Gartenkultur – in Persien oder Nordindien – über Land fährt und plötzlich inmitten braungrauer Trostlosigkeit auf eine Gartenmauer stößt: Sie umhegt sattes Grün, rieselndes Wasser, schattige Kühle und überschaubare Ordnung. Die Mauer verteidigt diese vom Menschen geschaffene Harmonie gegen das als feindlich empfundene scheinbare Chaos der Natur.

So fingen die Gärten einmal an: Innerhalb der Gartenmauern herrschten Sicherheit und ruhiges Gedeihen, während außerhalb der zerstörerische Kampf ums Dasein tobte. Dieses Bild vom Garten bestimmte auch unsere Vorstellung vom Paradies – ein aus der persischen Sprache übernommenes Wort für den »Garten Eden« der Bibel. Und wie in der Bibel bezeichnete das persische »Paradies« einen Garten mit Bäumen, meist Obstbäumen, so daß das Angenehme mit dem Nützlichen verbunden war.

Solange es Gärten gibt, hat man ihnen verschiedene Funktionen zugeteilt. Es gab nicht nur den Baumgarten. Da waren zum Beispiel jahrhundertelang auch die Tiergärten, in denen die Tiere nicht zum Anschauen, sondern als lebendiger Fleischvorrat gehalten wurden. Um den meist wilden Tieren den Aufenthalt so angenehm wie möglich zu gestalten, ja um sie geradezu anzulocken, wurden Seen und Dickichte angelegt, Hügel mit Bäumen bepflanzt und Grasflächen freigehalten.

Das ist eine der Wurzeln des englischen Parks. »Park« bedeutet nämlich ursprünglich nur ein eingefriedeter Raum für Jagdwild. Die Anleitung für die Ausgestaltung einer solchen Anlage aus dem Jahre 1735 in »The Sportsman's Dictionary« liest sich wie die Anleitung zur Anlage eines Gartens:

»Ein Park sollte drei Arten von Land umfassen, nämlich gebirgig und unfruchtbar, hügelig und doch fruchtbar, eben und ertragreich.

Der bergige Teil sollte wohl bedeckt sein mit hohen Bäumen, zumindest ein Drittel davon; die Hänge und Hügel sollten zu einem Drittel Unterholz und Niederwald haben; und die Niederungen sollten zumindest ein Drittel Wiesen haben mit einigen Kornfeldern.

Ein Park sollte nicht eines Flusses entbehren, der teilweise hindurchfließt; er müßte auch einen kleinen Bach oder eine Quelle haben, doch wenn die Natur diese Annehmlichkeiten verweigert, so muß man ihn mit Teichen versehen, um Regenwasser aufzufangen und zurückzuhalten; und diese Teiche werden sich als sehr nützlich erweisen für Fische und Wasservögel, an manchen mag man sogar einen Vogelherd anlegen.

Man muß den Park reich mit Bäumen ausstatten wie Eichen, Buchen und Kastanien, die nicht schwierig zu bekommen sind und schnell wachsen, besonders die beiden letzteren, und sie übertreffen die Eichen auch an Schönheit und Güte. Es sollten auch nicht Apfel-, Birn- und Pflaumenbäume fehlen, die alle gutes Futter für die Tiere bereithalten.

Man sollte auch den Park gut einfrieden, wenn möglich mit einer Ziegel- oder Steinmauer; oder falls dies nicht möglich ist, mit einer Palisade aus gesundem Eichenholz, so hoch und dicht gefügt, daß weder Luchs noch Katze hindurchkriechen noch Wolf oder Fuchs hinüberspringen können. . .«

Wenn uns heute die englische Landschaft wie ein endloser Park erscheint, so liegt es eben daran, daß sie seit mehr als dreihundert Jahren systematisch mit Habitats für die verschiedenen Arten von Wild versehen wurde, woraus sich automatisch auch schöne, weil typische Landschaftsbilder ergeben, die wiederum in den großen Landschaftsgärten nachgestaltet wurden.

Die frühen Gärten waren allerdings kleiner und stärker auf die Dekkung des täglichen Bedarfs an pflanzlicher Nahrung ausgerichtet. Solche Nutzgärten haben wenig zu tun mit Ästhetik und sehr viel mit praktikabler Ordnung. Doch auch sie wurden zu bestimmten Zeiten in die planmäßige Gestaltung mit einbezogen. Auch botanische Gärten sind in gewissem Sinne Nutzgärten. Sie entwickelten sich aus den Kräutergärten, in denen die Heilpflanzen gezogen wurden und bildeten in ihren Anfängen als Apothekergärten die Grundlage für die Entwicklung der Heilkunst. Die reinen Lustgärten, in denen die großen Feste gefeiert wurden, waren jenen vorbehalten, die sich mehr als einen Garten leisten konnten. Dem einfachen Bürger mußte der Nutzgarten auch zur Lust dienen.

Die Gärten der Römer kannte man lange nur aus Beschreibungen und seit dem 18. Jahrhundert auch aus den Wandmalereien, die man in Pompeji fand. Erst in jüngster Zeit wurden sie von den Archäologen erforscht und in einigen Fällen sogar wiederhergestellt – Fishbourne in Südengland ist ein solches Beispiel.

Wie die Gärten des Mittelalters aussahen, wissen wir ebenfalls nur aus Beschreibungen und aus den Darstellungen auf spätmittelalterlichen Gemälden oder Miniaturen. Nur der St. Galler Klosterplan aus dem Jahr 820 zeigt, wo und wie die Gärten eines Klosters angelegt waren. Ob Kloster- oder Burggarten: Die Aufteilung kann man sich nicht einfach genug vorstellen; nebeneinander gereihte Beete waren die Regel, ein gleichmäßiges Wegekreuz genügte allen ästhetischen Anforderungen. Das reichte oft genug auch noch in der Renaissance, obgleich hier die Gestaltung der Lustgärten bereits um vieles kunstvoller war.

Man unterschied offene und schattige Partien, legte Aussichtsberge und Fischbassins an, Laubengänge und Terrassen, verschnörkelte Beetmuster und »wilde« Baumzonen. Man stellte Figuren auf und baute Lusthäuser; vielschalige Brunnen plätscherten, und Grotten erinnerten an die unheimlichen Seiten der Natur.

Denn das Interesse an der Natur war groß in der Renaissance. Man begann sie zu beobachten, ihre Gesetze zu ergründen.

Die zunehmende Verstädterung hatte viele Schrecken der Natur gemildert und damit Distanz geschaffen. In den Gärten spiegelt sich das alles wider: In der Nähe der Behausung herrschte wohlgeordnete Harmonie; je weiter man sich entfernte, desto »wilder« wurde es. Aber alle Teile waren gleichwertig, nichts dominierte.

Diese Art der Gartengestaltung war von Italien ausgegangen und zu verschiedenen Zeiten von den übrigen europäischen Ländern übernommen worden. In Italien haben sich späte Formen solcher Gärten erhalten. Weiterentwickelt haben sie sich jedoch in Frankreich. Die beiden aus dem Hause Medici stammenden Königinnen Katharina und Maria brachten neben vielen anderen zivilisatorischen Errungenschaften wie Köche, Diplomaten und Giftmischer auch Gärtner mit. Von ihnen lernte jener erste große Gartenarchitekt Le Nôtre, der den italienischen Renaissancegarten in eine neue, auf den Menschen als Ausgangspunkt bezogene Ordnung brachte.

Der Mensch ist die Krone der Schöpfung und damit der Beherrscher der Natur. Sinnbild für diese Vorstellung ist der König: Er ist von Gott als Herrscher über die Menschen und die gesamte Schöpfung eingesetzt – wohlgemerkt: Herrscher von Gottes Gnaden! Er hat sich nicht selbst dazu gemacht.

Aber nun bezieht sich alle herrschaftliche Architektur auf den König als Mittelpunkt, er ist wie die Sonne, um die alles kreist und von der die Strahlen ausgehen. Diese Strahlen sind im Garten die Längsachsen, denen alle Gartenräume symmetrisch zugeordnet werden. Denn Ordnung und Symmetrie sind jetzt auch ästhetische Kategorien. Als eben diese Möglichkeit, das Problem der Gartengestaltung ästhetisch befriedigend zu lösen, wurde das französische Prinzip vielerorts übernommen.

Doch oft genug entschied man sich auch für die holländische Variante: axiale Symmetrie, aber nicht in die Landschaft hinausgreifend, sondern den Gartenraum stärker nach außen abschließend.

Welche der beiden Möglichkeiten angewendet wurden, hatte mitunter weniger mit reiner Politik zu tun als mit den örtlichen Gegebenheiten und familiären wie kulturellen Beziehungen. Auf jeden Fall wäre der Barockgarten nicht möglich gewesen ohne die inzwischen erlernte Beherrschung der Natur im Garten. Und diese Beherrschung der Natur drückt der Garten nicht nur in der so oft als unnatürlich empfundenen grotesken Beschneidung von Buchsbaum und Eiben aus, sondern auch im Verpflanzen ausgewachsener Bäume und der Anlage immer komplizierterer Wasserkünste.

Kaum daß es den französischen Barockgarten gab, wuchsen ihm auch Kritiker. Sie fanden sich zuerst in England, und sie entwikkelten mit der Kritik zugleich auch ein Gegenmodell: den Landschaftsgarten. Die Spötter waren im Grunde Städter, der Natur bereits entfremdet. Selbst wenn sie zeitweise auf dem Lande lebten, fanden sie dort eine mehr als zivilisierte Natur vor, die fast alle Schrecken verloren hatte.

Natur war keine wirkliche Bedrohung mehr und konnte darum leicht idealisiert werden. Ideale Landschaften von klassischer Schönheit mit klassischen Themen und klassischen Bauten fand man auch in den Bildern gewisser Maler, allen voran in jenen von Claude Lorrain. Er zauberte mit Licht und Schatten und aus bestimmten Landschaftstypen ganz eindeutige Stimmungen. Man gewöhnte sich daran, die Landschaft mit den Augen der Maler zu sehen und auf bestimmte Bilder in der Landschaft mit Stimmungen zu reagieren.

In der Landschaft waren die Bilder Zufall, im Landschaftsgarten konnte man sie nach allen Regeln der Abwechslung komponieren, den Garten zum begehbaren Bild oder besser: zu einer Folge von begehbaren Bildern machen. Es ist wohl kein Zufall, daß gerade in der ersten Hälfte des 18. Jahrhunderts, als die Idee des Landschaftsgartens in Europa entwickelt und unter den Gebildeten heftig diskutiert wurde, die ersten ausführlichen Berichte über die Gärten Chinas, geschrieben von Jesuiten, nach Europa gelangten.

Das hätte viel früher geschehen können, da die Jesuiten schon länger dort missionierten. Aber der Garten in China ist für den Uneingeweihten vor allem eine Folge von Bildern; eines ergibt sich aus dem anderen, und alle zusammen ergeben ein Bild vom Kosmos, in dem der Mensch nur ein Teil ist.

Was hinter dem chinesischen Garten und seinen Pflanzen an Symbolik steckte, davon berichteten die Jesuiten kaum. Aber das Prinzip des Gartens als einer Folge von Bildern verschiedenster Landschaftstypen war eine Art Bestätigung für die Europäer. Seitdem wurde mit dieser Idee gearbeitet, immer neue Variationsmöglichkeiten wurden gefunden. Sie steckt auch noch in den »Naturgärten« unserer Tage, in denen ein Teilausschnitt der Natur nach allen Regeln der Naturgesetze aufgebaut wird, wenn man nicht gar ein Stück Natur selbst mit einem Zaun umgibt. In Umkehrung der Vorstellung vom Paradies muß nun eine Gartenmauer die Natur vor den zerstörerischen Eingriffen der Menschen schützen. Der Garten als ein Sinnbild des Verhältnisses vom Menschen zur Natur?

Doch was wäre der Garten ohne seine Pflanzen. Auch in ihnen spiegelt sich Geschichte. Abgesehen davon, daß Pflanzen auf die verschiedenste Art selbständig zu wandern vermögen, ist ihr bequemstes Transportmittel der Mensch. Wo immer er hinging, nahm er Pflanzen mit: Ob es nun die Römer waren, die aus ihren unterworfenen Provinzen Pflanzen nach Rom brachten, oder ihre Mittelmeerpflanzen in die entlegensten Gegenden trugen oder später die Mönche, die die bei den antiken Gartenschriftstellern erwähnten Gemüse und Heilkräuter in den Klostergärten zogen.

Im »capitulare de villis« ließ Karl der Große auflisten, was er in den Gärten seiner Pfalzen angebaut zu sehen wünschte, darunter wiederum so manches, was in Germaniens Wäldern gar nicht heimisch war. Damals betrachtete man die Pflanzen vor allem nach ihrem Nutzen; die Freude an schönen Blumen mußte man sich noch mit christlicher Symbolik oder vermeintlicher Heilkraft verbrämen.

Als dann die ersten Entdecker auszogen, neue Erdteile zu erkunden, gehörte dazu auch die Suche nach heilkräftigen Pflanzen. Ihre Eßbarkeit stand erst an zweiter Stelle. Nur langsam entstand aus der Suche nach Heilpflanzen ein ganz allgemeines Interesse an der Botanik, vermutlich weil die meisten Botaniker noch lange vor allem Mediziner oder Apotheker waren.

Es gibt genau bestimmbare Zeiten für die Einführung der Pflanzen aus den verschiedenen Erdteilen. Sie kamen im 16. Jahrhundert zuerst aus Mittelamerika, dann im 17. und auch noch im 18. Jahrhundert aus Nordamerika, aber in dieser Zeit auch schon aus dem Süden Chinas; gegen Ende des Jahrhunderts kamen sie aus Südafrika, zu Beginn des 19. Jahrhunderts dann aus Südamerika, in der Mitte des Jahrhunderts aus dem Himalaya und Nordchina und am Ende des 19. Jahrhunderts schließlich aus den entlegensten chinesischen Provinzen und Japan.

Aber dies ist nur eine grobe Generalisierung, die Details sind oft so aufregend, daß man sich wundert, sie noch nicht als spannende Fernsehserien auf dem Bildschirm zu finden.

Zu Anfang brachten die Pflanzenjäger nur getrocknetes Material mit, oder bestenfalls Samen. Lebende Pflanzen heil über die Meere zu transportieren, gelang erst zu Beginn des 19. Jahrhunderts mit eigens dafür konstruierten Behältern. Viele Pflanzen in den historischen Gärten haben solch eine abenteuerliche Weltreise hinter sich.

Historische Gärten sind also nicht nur Kunstwerke, sie sind auch ein Teil der Geschichte unserer Kultur, denn sie erzählen von menschlichen Beziehungen, von der Entstehung von Ideen, von der Entdekkung und dem Interesse an neuen Pflanzen. Sie spiegeln die friedliche Eroberung der Welt durch den Geist des Menschen wider. Sie haben eine sichtbar ästhetische und eine unsichtbar kulturgeschichtliche Komponente – beide sollte man nicht übersehen, wenn man einen alten Garten anschaut.

Im 16. Jahrhundert war Deutschland das gartenreichste Land Europas. Doch zur Entwicklung der Gartenkunst haben die deutschen Gartenarchitekten nur wenig beigetragen. Die historischen Gärten in Deutschland sind sehr eigentümliche Weiterentwicklungen der aus Italien, Frankreich und England übernommenen Ideen. Es gibt keinen in Deutschland entwickelten Gartenstil, aber es gibt viele historische Gärten hierzulande, die auch von den anderen europäischen Gartennationen bewundert werden. Machen wir uns auf, sie kennenzulernen.

Hamburg und der Norden

Jede Reise muß irgendwo anfangen – auch eine imaginäre Reise zu den historischen Gärten Deutschlands. Der Beginn in einer Hafenstadt erscheint vielleicht ungewöhnlich, aber auch Hamburg hat seine Gartengeschichte, wenn auch nicht mit so spektakulären Ergebnissen wie anderwärts. Hamburg war immer eine Stadt der Bürger und Kaufleute, deren Repräsentationsbedürfnis sich allerdings erst spät auf den Garten ausdehnte.

Großräumige Parkanlagen leistete sich Hamburg dann in unserem Jahrhundert, und sie waren von allem Anfang an für alle Bürger gedacht. Begonnen hat es auch in Hamburg mit der Schleifung der Befestigungsanlagen, die nach den Napoleonischen Kriegen in Promenaden für die Bürger verwandelt wurden: So entstanden die *Großen* und *Kleinen Wallanlagen* zwischen Dammtordamm und Millerntordamm.

Der Verlauf der Befestigung ist teilweise noch deutlich zu erkennen. Solche Promenadenanlagen anstelle der Fortifikationen wurden damals in vielen Städten angelegt.

Ein Teil dieses heutigen *Wallringparks* war einmal der *Alte Botanische Garten* zwischen Jungiusstraße und Dammtor gelegen. In der Gegend vor dem Dammtor lassen sich bereits um 1300 Apothekergärten nachweisen. Vor der Entwicklung der pharmazeutischen Industrie sicherte der Anbau von Heilkräutern zum Teil die Existenz der Apotheker. Die Gärten haben selten überlebt. Meist sind sie in den botanischen Gärten der Universitäten aufgegangen, denn Botanik und Medizin gehörten einst zusammen, da Pflanzenkunde nur betrieben wurde, um neue und wirksamere Heilkräuter zu finden. Erst spät wurden die Pflanzen um ihrer selbst willen erforscht. Einer der wichtigsten Apothekergärten besteht aber noch: der Chelsea Physic Garden in London, eine eindrucksvolle Gartenanlage, die immer noch den Apothekern gehört und die zu besichtigen ein lehrreicher Genuß ist. Doch das nur nebenbei.

Große und Kleine Wallanlagen

Die Apothekergärten in Hamburg haben sich nicht so lange gehalten. Sie sind wohl im 18. Jahrhundert aufgegeben worden, denn die Gegend am Dammtor wird danach als verwahrlost geschildert. Hier erwarb 1810 der Botaniker Dr. Johann Flügge ein über 2000 Quadratmeter großes Grundstück und setzte mehr als 3000 Pflanzen ein.

Wallringpark

Diesen ersten Ansatz für einen botanischen Garten zerstörten die Franzosen, als sie 1813 für die Kämpfe um Hamburg freies Schußfeld benötigten. Hamburg bekam erst 1820 einen botanischen Garten, nicht zuletzt dank der Initiative von Johann Georg Christian Lehmann, der seit 1818 Professor für Botanik und Naturgeschichte am Akademischen Gymnasium war. Mit Unterstützung der

Behörden und finanziert von wohlhabenden Freunden der Botanik legte er in den Wallanlagen den Garten an und wurde sein erster Direktor. Der blieb er auch, als der botanische Garten 1832 Staatsinstitut wurde.
Eröffnet wurde die Anlage bereits 1821. Von daher datiert wohl auch die Platane, die der Historie zufolge von dem Gründer gepflanzt wurde. 1979 verlegte man den botanischen Garten nach Klein-Flottbeck. Das alte Gelände gehört nun zu den Wallanlagen. Nur eine besonders reichhaltige Pflanzenwelt erinnert an seine ehemalige Bestimmung. Der See in der Mitte entstand übrigens aus dem Wassergraben der alten Stadtbefestigung.
Friedhöfe sind gewöhnlich nicht jedermanns Sache. Ihre Gestaltung hängt seit dem Beginn des 19. Jahrhunderts eng mit der Entwicklung des Landschaftsgartens zusammen, denn aus der Idee der Grabanlage im Park als eine Art Memento mori wurde der Park für die Grabanlagen, als die Kirchhöfe gegen Ende des 18. Jahrhunderts aus hygienischen Gründen innerhalb der Städte aufgelöst und die Gräberfelder weit außerhalb der Stadtmauern angelegt wurden. Hamburgs

Hauptfriedhof Ohlsdorf

Hauptfriedhof Ohlsdorf steht schon fast am Ende dieser Entwicklung, ist jedoch eines der großartigsten Beispiele dafür. Und das nicht nur, weil er nach dem Zentralfriedhof in Chicago wahrscheinlich der zweitgrößte der Welt ist.
Der westliche Abschnitt ist der eigentlich alte Teil, der 1877 eröffnet wurde. Wilhelm Cordes gestaltete ihn als Landschaftspark aus ehemaligem Weideland. Er bezog Knicks und Baumgruppen mit ein und formte daraus romantische Landschaftsbilder mit kleinen Teichen, gewundenen Bachläufen, schmalen Pfaden, anmutigen Wegen und großartigen Alleen. Als dieser Gräberpark zwischen 1917 und 1925 nach Osten hin erweitert wurde, hatte sich der Stil grundlegend gewandelt: Der neue Teil ist geometrisch streng und setzt sich somit sichtbar von der Anlage des 19. Jahrhunderts ab. Hier unter den schattigen Baumriesen spazieren zur Zeit der Rhododendronblüte auch Hamburger, die nicht zum Besuch eines Grabes gekommen sind.
Doch um im Schatten alter Bäume zu lustwandeln, muß man in Hamburg nicht unbedingt auf den Ohlsdorfer Friedhof gehen. Seit es im 18. Jahrhundert Mode wurde, Gartenanlagen zum Ziel von Ausflügen in die Umgebung der Städte zu wählen, hatten auch die Hamburger einige reizvolle Möglichkeiten. Damals handelte es sich noch, wie allgemein üblich, um private Gärten, die den Bürgern ständig oder zu bestimmten Zeiten offenstanden. Hundert Jahre später waren Gasthausgärten die sonntäglichen Ausflugsziele der Bürger. Daran hat sich bis heute nicht viel geändert. Außerdem gab es innerhalb der Stadt auch öffentliche Grünanlagen, denn die weitläufigen Gärten der Großkaufleute und Reeder waren aus wirtschaftlichen Gründen zu kleineren, privaten Refugien inmitten großzügiger Villenvororte geworden.
Diese Entwicklung läßt sich heute noch am deutlichsten an der Elbchaussee zwischen Altona und Blankenese ablesen. Gerade hier hatten sich im 18. und 19. Jahrhundert Reeder und Großkaufleute angesiedelt und Parks im neuen englischen Stil anlegen lassen, von denen einige inzwischen in öffentliche Anlagen verwandelt worden sind. Die Kette der Gärten an der Elbchaussee beginnt vor dem Rathaus von Altona mit dem *Elbblick:* dem faszinierenden Blick über die Elbe mit all den ein- und auslaufenden Schiffen. Ein solches

Strompanorama bieten alle diese Gärten. Doch für die Reeder und Kaufleute früherer Zeiten galt dies nicht so sehr als unterhaltsames Schauspiel: für sie war es manchmal eine Existenzfrage, die Identität der einlaufenden Schiffe so früh wie möglich zu erkennen. Manche leisteten sich daher Kanonenberge, um die eigenen einlaufenden Schiffe mit Bollerschüssen zu begrüßen. Außer auf alten Ansichten und Darstellungen des 19. Jahrhunderts ist nur wenig von diesen Gärten geblieben: etwa der *Donnerspark*, der *Rosengarten* und *Schröders Elbpark*. Aber auch die kleinen Lotsengärten in Övelgönne haben noch etwas von der Atmosphäre jener Tage herübergerettet.

Die berühmteste Anlage am Elbufer war um 1800 das Landgut des Baron Casper von Voght, das er 1785 erworben und seit 1796 durch den Schotten James Boots umgestalten hatte lassen. Vorbild war zum einen Woburn Farm in Surrey, ein Landsitz, den von 1735 an sein Besitzer Philip Southcote zu einer Folge anmutigster Landschaftsbilder verwandelte, in die die Felder und Viehweiden als gleichwertige Gestaltungselemente mit einbezogen wurden. Woburn Farm war die erste »ferme ornée« der Gartengeschichte. Sie wurde viel beschrieben und nachgeahmt, zunächst wohl in England und schließlich auch auf dem Kontinent.

Aber Caspar von Voght hatte offensichtlich auch den Dichter William Shenstone (1714–65) gelesen, der seinen bescheidenen Landsitz The Leasowes nach ähnlichen Prinzipien wie Woburn Farm verschönerte und dies in seinen Schriften und einer weitläufigen Korrespondenz ausführlich darstellte. Diese Kombination von gestalteter Landschaft und Gutsbetrieb wurde an der Elbe von 1785 an verwirklicht. Caspar von Voght hat seine Absicht selbst einmal so beschrieben: »Die schönen Bäume, die liebliche Abwechslung von Hügel und Thal, die mannigfaltigen Baumgruppen, die so verschiedenen Land- und Strom An- und Aussichten suche ich zu benutzen, um auf den durch die mit solchem Fleiß bestellten Felder geführten Wege eine Reihe wechselnder, in ihrem Charakter voneinander verschiedener Landschaften dem Auge des Wandelnden der Reihe nach darzustellen.« So heißt es in einem Brief, den Voght 1828 an Senator Martin Johann Jenisch richtete. In diesem Jahr erwarb Senator Jenisch den Besitz. Er ließ das Herrenhaus nach Vorschlägen des damals berühmtesten Architekten Karl Friedrich Schinkel errichten. Dieses Haus ist heute ein Museum. Und was von Caspar von Voghts Landsitz übrigblieb, heißt heute *Jenischpark*. Die Flottbek fließt hindurch. Hier gibt es noch viele wertvolle ausländische Bäume und Sträucher und einen herrlichen Ausblick auf die Elbe.

Jenischpark

Wenn für den *Jenischpark* das breite Tal der Flottbek bestimmend ist, so erhält der *Hirschpark* weiter elbabwärts seinen Charakter vor allem durch die Anlage auf dem Plateau eines Geestrückens. Aber auch er ist nur der Überrest eines ausgedehnten Besitztums, das Johann Cesar Godeffroy 1786 erwarb. Die Lindenallee vor dem Kavalierhaus muß damals schon bestanden haben. Das Herrenhaus wurde in den Jahren danach errichtet, ebenso drei unterschiedlich gestaltete Gartenteile: um das Herrenhaus erstrecken sich weite Rasenflächen und hohe alte Bäume, ein zweiter Teil ist rechteckig von Taxus umrahmt in französischem Geschmack, ein dritter wiederum besteht aus Rasenflächen und Beeten, begrenzt von der Lindenallee und mächtigen Rhododendren.

Hirschpark

Das eigentliche »Hirschgitter« schuf nach 1845 erst der gleichnamige Enkel. Er war ein leidenschaftlicher Jäger und besetzte den Park noch zusätzlich mit jagdbarem Geflügel. Unter ihm erlangte die Firma Godeffroy Weltgeltung, bevor sie 1879 plötzlich zusammenbrach. Doch wurde Godeffroy von seinen Gläubigern erlaubt, bis zu seinem Tode hier zu leben. Erst 1889 wurde der *Hirschpark* weiterverkauft und gelangte 1924 endlich in öffentlichen Besitz.

Nicht weit vom Hirschpark liegt *Baurs Park.* Zwischen 1802 und 1815 hatte der Altonaer Kaufmann Georg Friedrich Baur mehrere ältere Gärten aufgekauft. Diese faßte er in Jahren 1817 bis 1832 zu einer romantisch durchkomponierten Anlage zusammen. Um auf dem teilweise kargen Sandboden seine Vorstellungen verwirklichen zu können, ließ Baur von jenseits der Elbe aus dem Alten Land gute Erde herüberschaffen. Auf der Westseite legte er Alleen an, die zum Teil heute noch bestehen. Es gab drei Tempel, eine chinesische Pagode, eine künstliche Ruine, einen japanischen Schirm, Grotten, Terrassen und natürlich Orangerien, Palmenhäuser und Treibhäuser. Der stolze Besitzer ließ sogar einen Plan drukken und mit Lithografien versehen, so daß wir heute ziemlich genau wissen, wie diese phantasievolle Anlage um 1840 ausgesehen hat.

1865 starb Georg Friedrich Baur im Alter von 96 Jahren. Der Park wurde jedoch auch unter seinem Sohn weiter sorgfältig gepflegt. Ein Obergärtner und ein Heer von Angestellten waren dazu erforderlich, denn allein für den Blumengarten benötigte man zur Bepflanzung im Frühjahr über einhunderttausend Topfpflanzen.

Nach dem Tod des Enkels im Jahre 1921 mußte das Areal verkauft werden. Bevor der Park jedoch restlos in Einzelgrundstücke zerteilt wurde, konnte ein großer Teil davon in Gemeindebesitz übernommen und damit für die Öffentlichkeit gerettet werden.

Schröders Elbpark

Römischer Garten

Von-Schinkel-Park

Es würde zu weit führen, hier alle Gärten entlang der Elbchaussee aufzuzählen, die mitsamt ihrer gartenhistorischen Vergangenheit schließlich in öffentlichen Besitz gelangten. Da wären noch *Schröders Elbpark* mit seinen alten Eichen zu nennen, der *Römische Garten* mit seinen Taxushecken und dem barockem Wasserbecken oder der *Von-Schinkel-Park,* unter dessen alten Laubbäumen Rhododendren gedeihen.

Hammer-Park

Doch verlassen wir das Elbufer, und wenden wir uns dem Osten zu. Da gibt es den *Hammer-Park,* der 1919 zu einem Erholungspark durchgreifend umgestaltet wurde und lange als vorbildlich galt. Leider geht bei solchen Umgestaltungen häufig viel von der historischen Substanz verloren. Die Wurzeln des Parks in Hamm reichen jedenfalls bis ins 17. Jahrhundert zurück. 1773 erwarb Jacques de Chapeaurouge Hof, Garten und Ländereien und ließ den Park des Gutes im englischen Stil neu gestalten. Aber der wurde, wie die meisten Anlagen um Hamburg herum, ein Opfer der napoleonischen Rückzugskämpfe im Winter 1814/15. Acht Jahre später ging der Besitz in die Hände des Senatssyndikus Karl Sieveking über, eines Patenkindes von Baron Caspar von Voght, der am Elbufer jene erste »ferme ornée« geschaffen hatte, deren Reste als Jenischpark überlebt haben. Auch Karl Sieveking unternahm den Versuch, eine aus Gutsbetrieb und »sentimentalen« Gartenbildern komponierte Landschaft zu verwirklichen. Seine Nachkommen verkauften das Gut 1915 an die Stadt. 1920 wurde der Park der Öffentlichkeit übergeben. Spiel- und

Sportplätze bestimmen seitdem das Bild des *Hammer-Parks*. Dies ist wohl typisch für eine Zeit, die körperliche Aktivitäten höher einschätzt als stille Spazierwege.
Stille und Beschaulichkeit findet der Gartenliebhaber eher im *Bergedorfer Schloßpark* gleich hinter der Kirche. Dieser Park verdankt seine Existenz dem Amtsverwalter Dr. Lindenberg, der 1815 die Verwaltung des Amtes Bergedorf und der Vierlande übernahm. Sein Amtssitz war die alte Burg, deren Wälle und Mauern gerade niedergelegt worden waren. Nachdem Lindenberg das Schloß von innen neu hergerichtet hatte, legte er auch den Park an, wobei er geschickt den Lauf der Bille als Gestaltungselement ausnutzte. Der Verwaltungsbeamte und Jurist war ein leidenschaftlicher Botaniker. Man sieht es noch heute an der vielfältigen Bepflanzung im Park.
Außerdem ließ Lindenberg im Schloß einen Wintergarten mit Heizröhren einrichten, der heute noch vorhanden ist. Erst in jüngster Zeit wurde die verwilderte Anlage aus ihrem Dornröschenschlaf geweckt. Sie hat keine großartige Vergangenheit, aber sie ist ein gutes Beispiel dafür, daß Pflanzenkunde und Gartengestaltung in den Kreisen der Gebildeten einmal die bevorzugten Freizeitbeschäftigungen waren.
Auch nördlich von Hamburg liegen ehemals bedeutende oder gar berühmte Gärten. Zum Teil sind sie noch immer in Privatbesitz. Einige sind daher nur mit vorher einzuholender Erlaubnis zugänglich, andere dürfen jederzeit besucht werden. Sie alle sind durch ihre Eigentümer – die ehemaligen wie die jetzigen – eng mit der Geschichte und dem Geschick dieses Landstrichs verbunden, der erst seit 1864 zu Deutschland gehört. Wer hier durch die Gärten promeniert, stößt noch heute auf Schritt und Tritt auf dänische Geschichte.

Bergedorfer Schloßpark

Schloß Ahrensburg.

Ahrensburg

Das beginnt schon in *Ahrensburg,* das von Hamburg aus mit der S-Bahn zu erreichen ist. Das Renaissanceschloß war ursprünglich im Besitz der Grafen Rantzau, die im 16. Jahrhundert in Dänemark eine große Rolle spielten. Im Jahre 1759 erwarb Heinrich Carl Schimmelmann den Besitz. Schimmelmann war ein Finanzgenie, der als Beauftragter des Dresdner Hofes nach Hamburg kam und später Leiter des dänischen Finanzwesens in Kopenhagen wurde. Der dänische König erhob ihn schließlich in den Grafenstand. Während des Siebenjährigen Krieges verpachtete man ihm für ein Jahr die Auswertung der Meißner Porzellanmanufaktur, deren Bestände er auf Lastkähnen elbabwärts bringen ließ und in Hamburg verkaufte. Was er zum eigenen Gebrauch behielt, ist noch immer im *Ahrensburger Schloß* zu sehen. Das Schloß modernisierte er nur innen, an den vorhandenen Gartenanlagen veränderte er kaum etwas, doch ließ er einige Promenaden und Alleen, die weit in die Landschaft hinausführen, weiter ausbauen. Eine dieser Alleen – die Hagener Allee, die einmal die Hauptachse dieses Systems bildete – führt heute vom Rondeel, das ebenfalls damals entstand, durch ein klassisch-schönes Villenviertel. Mehr ist jedoch von der Landschaftsgestaltung des 18. Jahrhunderts nicht übriggeblieben.

Das Areal um das Schloß wurde von den Nachfahren des Grafen Schimmelmann in der Mitte des 19. Jahrhunderts zu einem der inzwischen üblichen Landschaftsparks umgestaltet. Heute ist dies eine eher nüchterne Anlage, obgleich die alten Bäume das berühmte Renaissanceschloß wirkungsvoll einrahmen. Das Schloß gehört inzwischen einem Verein, der sich vorwiegend um die Sicherung der Bausubstanz kümmern muß. Dabei kam der Garten ringsum etwas zu kurz. Er wird erst jetzt restauriert. An einem Vorfrühlingstag, wenn sich unter den Bäumen der gelbe Teppich des Scharbockskrauts ausbreitet, oder an einem verhangenen Herbsttag, wenn der Nebel Haus und Garten in Watte packt, erhält der sonst etwas leer wirkende Rest des Parks jedoch einen gewissen Charme; dann kann man sich vorstellen, daß hier und in Wandsbek, dem anderen inzwischen untergegangenen Schimmelmannschen Besitz, einmal die großen Geister jener Tage zu regem Gedankenaustausch zusammenkamen.

Jersbek

Von Ahrensburg nach Bargteheide ist es nur ein Katzensprung auf der B 75. Dort geht es links ab nach *Jersbek,* das einst als größter »französischer« Park Schleswig-Holsteins Berühmtheit erlangte.

Hier hatte sich 1725 Bendix von Ahlefeldt (1679–1757) angesiedelt, der Sohn von Hans Heinrich von Ahlefeldt, dem dänischen Gesandten in Dresden und London. Als Bendix von Ahlefeldt sich in Jersbek niederließ, galt er als einer der geistvollsten, kultiviertesten und elegantesten Männer seiner Zeit, der zudem wohlhabend genug war, sich in Jersbek ein Gartenparadies zu schaffen. Er tat dies zusammen mit dem Architekten Jasper Carstens. Doch der Park wurde erst 1740 fertig – falls ein Garten je fertig wird.

Das ursprüngliche Herrenhaus von 1650, das heute noch steht, war für dieses Unternehmen nicht zu gebrauchen. So wurde ein neues Schlößchen als Bezugspunkt für die ganze Anlage erbaut. Da es 1821 wieder abgebrochen wurde, läuft die heute noch erkennbare Hauptachse recht verloren schräg zum heutigen Herrenhaus. Auf einer Vogelschauansicht von etwa 1750 sieht man, wie weit sie damals in die Landschaft hineingriff: sie en-

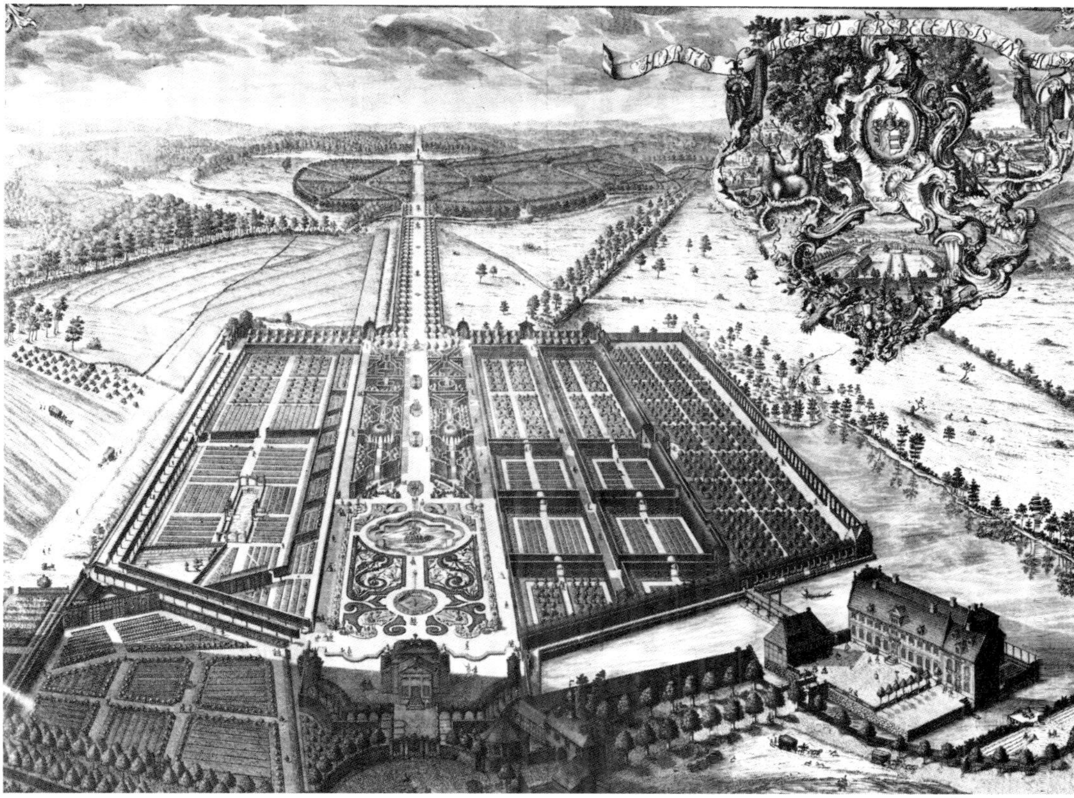

Jersbek, Gartenplan von Fritzsch (Kupferstich, 1742).

dete in einem Wald mit sternförmigen Jagdschneisen. An dieser Hauptachse lag auch die eigentliche Ziergartenzone mit Parterre, Fontänen und schattigen Bosketts. In den durchgestalteten Gartenteilen rechts und links davon wurden die aus Hecken gebildeten Kompartimente ausgefüllt mit edlen Obstbäumen und den feinsten und seltensten Gemüsearten.

So konnte man in diesem Garten alle Sinne befriedigen: das Auge durch die Vielfalt der Formen, das Ohr durch Vogelgesang und Wasserplätschern, die Nase durch den Duft der Blumen und vor allem der heute noch berühmten Linden, und schließlich den Geschmack durch erlesene Gemüse und Früchte, wie es das sinnenfreudige Barock liebte.

Doch irdische Paradiese kosten Geld. Bendix von Ahlefeldt hatte sich mit dem seinen entschieden übernommen und mußte *Jersbek* der Schulden wegen drei Jahre vor seinem Tod an seinen Sohn übertragen. Damit begann der Niedergang. Wer heute nach Jersbek kommt, findet von der einstigen Pracht nur noch spärliche Relikte vor.

Mit der Ansicht von 1750 hat man eine gewisse Orientierungshilfe in der Hand, um sich in dieser Wildnis zurechtzufinden. Der Grundriß stimmt noch ungefähr; der Teich ist vorhanden, ein paar Steinfiguren sind im Gestrüpp versteckt. Man findet auch Anzeichen für eine Sanierung der berühmten Linden. Mit Landeshilfe sollen hier wenigstens die Grundlinien der

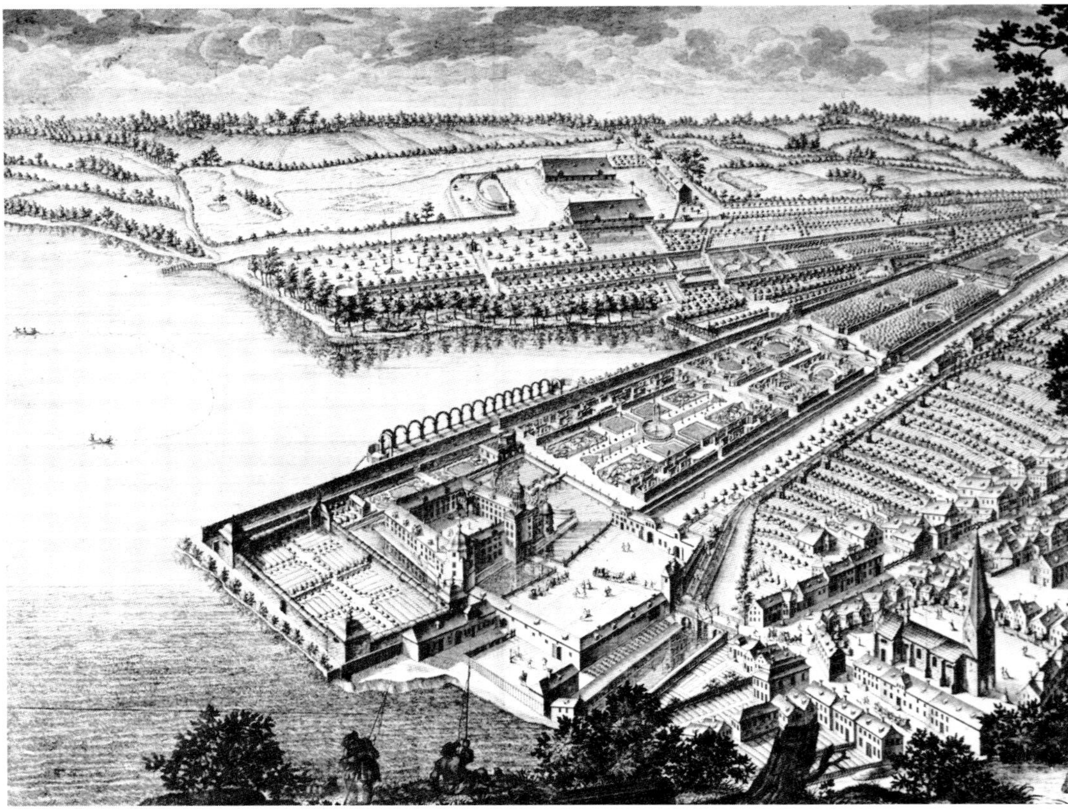

Eutin, Schloß und Park. Kupferstich von Löwen (um 1740).

Anlage rekonstruiert werden. Für den jetzigen Besitzer von Bethmann-Hollweg allein wäre dies undurchführbar. So besteht die Hoffnung, daß der Park von Jersbek nicht ganz verschwindet.

Von Jersbek aus könnte man gleich nach Eutin fahren. Doch wer den Weg über Lübeck nimmt, sollte das Behnhaus in der Königstraße 11 nicht auslassen. Das klassizistische Haus vom Ende des 18. Jahrhunderts beherbergt eine sehenswerte Kunstsammlung. Darüber hinaus ist es ein wohlrekonstruiertes Beispiel für die großbürgerliche Wohnkultur des späten 18. und beginnenden 19. Jahrhunderts. Auch hier gehört der Garten dazu. Es ist ein in seinen Dimensionen sehr bescheidendes Gärtchen, das aber durch das Gartenzimmer im Seitenflügel mit dem Leben innerhalb des Hauses eng verbunden war. Das Gartenzimmer ist eines der wenigen erhaltenen Beispiele eines solchen Raumes im bürgerlichen Bereich und um so wirkungsvoller, als der zugehörige Garten mit seinen buchsumsäumten Beeten auch wieder hergerichtet ist.

Eutin

Von Lübeck nach *Eutin* führt eine bequeme Schnellstraße. Die hätte man vor 300 Jahren gewiß schon zu schätzen gewußt, denn Eutin war ab 1607 Sitz der – selbstverständlich protestantischen – Lübecker Fürstbischöfe, und die waren zugleich Herzöge von Gottorf.

Die alte Wasserburg am Seeufer bekam damals einen Barockgarten im holländischen Stil – streng geome-

trisch und von Kanälen umgeben – der 1702 bis 1712 nach Süden am Ufer der Mummel-Bucht entlang vergrößert wurde. Ein zweiter Gartenteil entstand am anderen Ufer dieser Bucht, so daß die Anlage sie wie eine Schere einfaßte.
Im Grundriß ist das noch sichtbar. Daß der Hauptteil axial auf das Schloß bezogen war, kann man allerdings nur noch ahnen, denn nach 1785 wurde der französische Garten in einen englischen Park umgewandelt. An die Zeit vor der Umwandlung erinnert nur die Lindenallee, der »Jungfernstieg«, auf der Stadtseite. Eine gleiche Allee führt am Seeufer entlang. Von hier aus hat man die romantischsten Ausblicke über den See und die Uferlandschaft. Aus der Zeit nach 1785 stammt ebenso der Tempel im Süden auf dem Schnittpunkt der beiden Hauptachsen, der »Tempel der Weisheit« aus Tuffstein, heute Gedenkstätte für Carl Maria von Weber, der 1786 in Eutin geboren wurde. Außerdem gibt es dort eine Grotte und zwei Wasserfälle, eine Orangerie, Wasserläufe und Teiche und natürlich herrliche Baumgruppen und prachtvolle Einzelbäume, die selbst einen Vorfrühlingsspaziergang in diesem weitläufigen Areal zu einem Erlebnis machen. Dann kann man sich allerdings nur mühsam vorstellen, daß dies im Barock einmal einer der meistbewunderten Gärten dieser Region war.
Für die Umwandlung des französischen Gartens in die einfacher zu pflegende englische Anlage holte sich der sparsame letzte Fürstbischof Herzog Peter Friedrich Ludwig den Gartenbaumeister Daniel Rastedt aus Lübeck: Ein Glücksfall, denn bevor Rastedt an die Arbeit ging, stellte er erst einmal einen detaillierten Grundriß des barocken Gartens auf. Wir wissen also, wie es hier aussah, als die Großmutter der späteren großen Zarin Katharina von ihrer kleinen Enkelin in Eutin besucht wurde. Im Schloß gibt es noch ein Bild mit Blumen und Früchten, das die klei-

Schloß Eutin.

ne Prinzessin gestickt hat, und eine gedeckte Tafel mit dem in China hergestellten Service, das Katharina ihren Eltern zur Silberhochzeit schenkte.

Man sollte über dem Garten also das Innere des Schlosses, das heute dem Herzog von Oldenburg gehört, nicht vergessen. Wenn nicht zuviel Besucher anwesend sind, darf man auch einen Blick aus dem alten Eingang zum Garten über das ehemalige Parterre werfen. Aus diesem Parterre ist inzwischen ein gepflegter Rasen geworden, der sich um Baumgruppen und Strauchinseln zu winden scheint und von dessen südlichem Ende man einen reizvollen Blick auf das von Bäumen halb verdeckte Schloß hat.

Plön

Die kurze Fahrt von Eutin nach Plön ist ebenfalls eine Reise zu untergegangener Gartenpracht. Als die Herzöge von Schleswig-Holstein-Sonderburg-Plön hier residierten, galt der *Schloßpark von Plön* neben der verschwundenen Sommerresidenz Traventhal als eine der glanzvollsten Gartenanlagen des 18. Jahrhunderts. Ihr Initiator war Fürst Friedrich Carl (1729–1761). Leider ist von seiner Schöpfung am Ufer des Großen Plöner Sees zwischen Schloß und Prinzeninsel nur der Umfang des Geländes zu erkennen. Auch die Lindenallee am Schloß gehört noch ins 18. Jahrhundert, ebenso der Gartensaal im Prinzenhaus, der einmal die harmonische Verbindung zwischen drinnen und draußen herstellte. Heute blickt man von hier statt auf ein barockes Gartenparterre bestenfalls auf grünen Rasen.

Wer von der Kurhessischen Hausstiftung eine nur selten erteilte Erlaubnis erhalten hat, fährt von Plön auf der B 420 nach Lütjenburg. Fünf Kilometer weiter nördlich

Plön, Schloßanlage (Stich von Fritzsch).

liegt *Panker,* das seit 1740 im Besitz der Landgrafen von Hessen ist. Der älteste Sohn des Landgrafen Carl von Hessen, dem wir in Kassel noch mehrfach begegnen werden, war mit der Schwester und Nachfolgerin des Schwedenkönigs Karl XII. verheiratet und somit als Friedrich I. Landgraf von Hessen-Kassel und zugleich König von Schweden. Als er 1751 starb, war seine Ehe mit der Königin zwar kinderlos geblieben, nicht aber seine morganatische Verbindung mit der Hofdame seiner Frau. Diese vorausschauende Dame erwarb für sich und ihre vier Kinder *Panker.* Es gibt dort eine wiederhergestellte kleine Anlage im Rokokostil mit Putten, großen Figuren, Springbrunnen und beschnittenem Buchs. Alles andere ist im englischen Stil locker angelegt. Die schönen Bäume in der Nähe des Hauses wurden allerdings wohl schon 1740 gepflanzt. Doch *Panker* ist, wie gesagt, strenggehüteter Privatbesitz. Deshalb fährt man von Plön aus am besten gleich nach *Kiel.*

Erstaunlicherweise besitzt diese alte Hansestadt auch einen *Schloßpark,* der freilich durch Straßenverbreiterungen arg beschnitten wurde. Viel zu lange schon sind die historischen Gartenanlagen die bequemsten Selbstbedienungsläden der Straßenbauer! Die älteste Darstellung eines Gartens am Kieler Schloß findet sich bereits auf dem Stadtplan von 1625. Damals handelte es sich noch um ein viereckiges Gärtchen, das aber bereits zu Ende des 17. Jahrhunderts barock ausgebaut war. Im Laufe des 18. Jahrhunderts fügte man einiges hinzu, darunter mehrere Baumreihen, und erweiterte die Anlage nach Norden in ein Waldgebiet hinein. Als der dänische Kronprinz Friedrich 1805 bis 1808 hier residierte, entstand der Düsternbrooker Weg, und aus dem Wald wurde durch anmutige Wegeführung der »Marienhain« mitsamt »Marientempel«, beides nach der Kronprinzessin Marie genannt, die eine Tochter des Landgrafen Karl von Hessen war, dem wir in Louisenlund noch begegnen werden. Aus dieser Zeit hat sich ein Kreis von zwölf Linden erhalten. Einer solchen Aufpflanzung begegnet man noch hin und wieder: man nennt sie »Zwölf-Apostel-Linden«. Meistens steht eine Eiche in der Mitte.

Zwischen Düsternbrooker Weg und Niemannsweg in der Nähe der Förde erstreckt sich das *Düsternbrooker Gehölz.* Hier hat Christian Cajus Lorenz Hirschfeld 1786 seine berühmte Fruchtbaumschule eingerichtet, die bis in die zweite Hälfte des 19. Jahrhunderts hinein bestand. Hirschfeld stammte aus einem kleinen Ort bei Eutin, wo er 1742 geboren worden war. Nach seinem Studium in Halle wurde er 1765 Kabinettssekretär des Fürstbischofs in Eutin und zugleich Lehrer der jungen Prinzen, die er auf ihrer Kavalierstour begleitete. Von Haus aus also Jurist, wurde er 1770 nach Kiel berufen und dort 1773 ordentlicher Professor der Philosophie. Im selben Jahr erschien seine erste Schrift, die sich mit der zeitgenössischen Gartenkunst auseinandersetzte: »Anmerkungen über die Landhäuser und die Gartenkunst«. Sein Hauptwerk wurde jedoch die »Theorie der Gartenkunst«, die ab 1779 in fünf Bänden erschien und eines der einflußreichsten Bücher über dieses Thema wurde, das man immer noch mit Vergnügen liest. Hirschfeld verband zum erstenmal theoretische Erörterungen und die anschauliche Darstellung exemplarischer Anlagen mit Stimmungsbildern sowie einer Beschreibung der Persönlichkeit des Besitzers eines Gartens.

Der »Königliche Dänische würkliche Justizrath« Christian Cajus Lo-

Panker

Kiel

Panker, Garten im Rokokostil.

renz Hirschfeld war jedoch nicht nur Theoretiker, sondern auch ein erfahrener Praktiker. Sonst hätte ihn die Universität wohl nicht mit der Einrichtung der Fruchtbaumschule beauftragt.
Ganz in der Nähe gründete Professor Niemann im Jahre 1785 im Duvelsbeker Gehölz die *Forstbaumschule*. Nach dem Zweiten Weltkrieg wurden beide Schulen vereinigt und bis zum Hindenburgufer erweitert. Das Gelände heißt jetzt *Diedrichsen-Park*.
Kiels *Botanischer Garten* gehört zu den ältesten in Deutschland. Seinen Ursprung verdankt er Johann Daniel Major, Professor für Medizin und Botanik an der Universität Kiel. Doch die Anlage in der Nähe des Schlosses verfiel bald wieder. Erst beim zweiten Anlauf – 1878 bis 1890 – wurde er auf dem anschließenden Gelände der Seeburg am Düsterbrooker Weg angesiedelt. Man nutzte dabei recht geschickt einen Hang an der Einmündung eines Baches aus. Inzwischen hat sich dieser botanische Garten zu einem der bedeutendsten in Deutschland entwickelt, den sich vor allem die Liebhaber von Suk-

kulenten merken sollten. Durch die Lage am Hang und die Einbeziehung des Baches wird der Schönheitssinn jedes Gartenfreundes angesprochen.

Ein lohnender Ausflug von Kiel in Richtung Holtenau auf der B 503 ist *Knoop.* Der Gutskomplex in seiner heutigen Gestalt ist nach 1780 entstanden, als der Verbindungskanal zur Eider gerade fertig geworden war. Die Gutsgebäude sind noch von einem Wassergraben umgeben. Das klassizistische Herrenhaus des Grafen Baudissin, von dem dänischen Architekten Axel Bundsen errichtet, liegt etwas abseits im Park. Diese klassische englische Parklandschaft wurde aus dem Ausläufer eines von Nordosten kommenden Laubwaldstreifens entwickelt und nutzt den Abhang zu einem zauberhaften Ausblick über den Kanal, dem auch die gefährliche Nachbarschaft zu den Industriebauten von Holtenau noch nicht allzu viel anhaben konnte.

Hausherrin auf *Knoop* war übrigens um 1780 Caroline, eine Tochter des berühmten Grafen Schimmelmann aus Ahrensburg. Ihre Schwester lebte auf *Emkendorf.* Hier wie in Knoop sammelten sich wie einst in Ahrensburg und Wandsbek Dichter und Künstler um die Damen des Hauses.

Der Weg von Kiel nach Emkendorf geht zunächst auf der B 4 bis kurz hinter Voorde, dann rechts ab in Richtung Schierensee und weiter auf dieser Straße an *Deutsch-Nienhof* vorbei. Auch dieser Park ist Privatbesitz. Er entstand nach 1837. Vor dem Herrenhaus erstreckt sich ein Rasen mit Blumen- und Gehölzanlagen. Querdurch zieht sich ein Graben, der sich im Westen zu einem Teich erweitert. Wo die Bäume dichter stehen, war einst der alte Tiergarten, der bis zur Parkgrenze reichte und einem zweiten größeren Teich Platz bot. Im Osten bildet eine Allee aus Buchen, Eichen und Eschen die Begrenzung; im Westen, schon außerhalb der Anlage, erbaute man 1857 auf einer Anhöhe einen Aussichtstempel. Deutsch-Nienhof gehörte übrigens zunächst den Rantzaus, und von 1680 an dann Hans Hinrich von Ahlefeldt, dessen Sohn in Jersbek den berühmten Garten schuf.

Knoop

Etwa fünf Kilometer hinter Deutsch-Nienhof erreicht man *Emkendorf.* Von Osten führt eine Allee aus Linden, Kastanien und Ahorn auf ein Rondell vor der Gutseinfahrt zu. Hinter aufgereihten Linden verbirgt sich dort das Herrenhaus. Dahinter erstreckt sich der Park. Auf seinen weiten Rasenflächen stehen mächtige Bäume; Schilf umsäumt einen Teich. Dann geht er unmerklich in das hügelige Wiesen- und Waldgelände über. Wenn an einem Spätsommerabend der Dunst aus den Wiesen steigt, scheint es durchaus glaublich, daß Matthias Claudius, der oft in Emkendorf zu Gast war, hier sein berühmtes Gedicht »Der Mond ist aufgegangen . . .« geschrieben hat, wie es die Überlieferung besagt. Die Entwürfe zu Haus und Garten wurden von C. G. Horn für Fritz von Reventlow, dem Ehemann von Julia Schimmelmann, geliefert. Die kleine Rokokoanlage hinter dem Teich ist allerdings neueren Datums.

Emkendorf

Schleswig

Von hier nach *Schleswig* gelangt man schnellstens über die Autobahn. Im Park von *Schloß Gottorf* stößt man auf ein achteckiges Bekken mit Schale und eine kleine Kaskadenanlage zu Füßen eines Tempelchens. Das ist der kümmerliche Rest des großen Parks, der sich im 17. Jahrhundert um das Schloß ausbreitete.

Seit etwa 1600 hatte man an seiner Ausgestaltung gearbeitet. Zuerst entstand für Herzog Johann Hein-

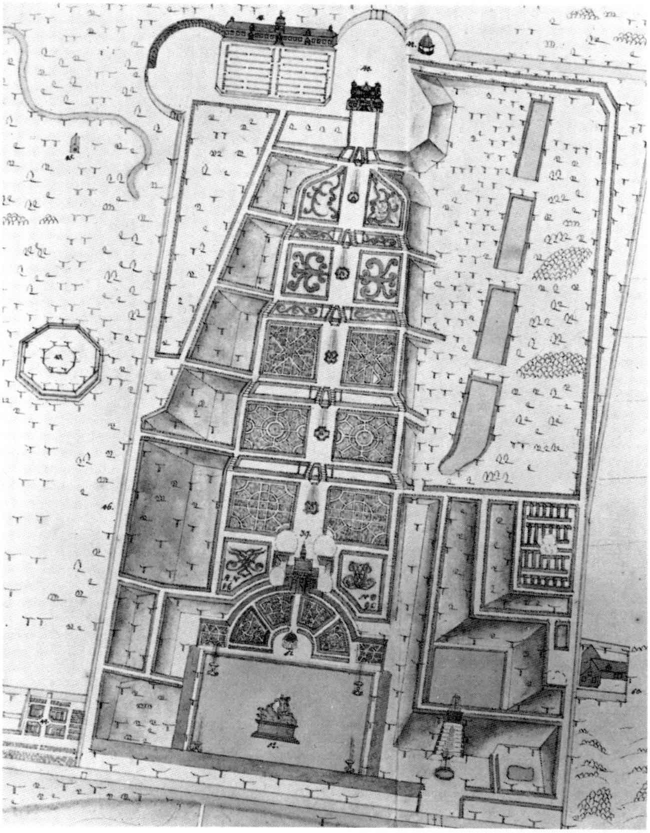

Schleswig, Schloß Gottorf. Neuwerk-garden.

rich ein Renaissancegarten, der später unter Friedrich III. großzügig erweitert wurde und ganz im Stil der Zeit Rondelle, Hecken, Kaskaden und Fontänen erhielt. 1623 wurde der »alte Garten« nach der Schlei zu geschaffen, nach 1640 die Gesamtanlage um das »Neuen Werk« ergänzt, das sich nach Norden zu jenseits des Burgsees ausdehnte. Von alldem berichten nur noch die Pläne des 17. und 18. Jahrhunderts, denn bereits um 1723 begann der Verfall, weil das ganze Gebiet 1713 von Dänemark annektiert worden war und Schleswig lediglich Sitz des dänischen Statthalters blieb.

Einer dieser Statthalter war Landgraf Karl von Hessen, ein jüngerer Sohn des Landgrafen Friedrich II. von Hessen-Kassel und dessen Gemahlin Marie, einer Prinzessin von England. Sie war nicht nur indirekt schuld an dem Hilfstruppenhandel der Kasseler Landgrafen mit dem englischen König, sondern auch der Anlaß dafür, daß man in Kassel sozusagen aus erster Hand über die neueste Entwicklung in der Gartenmode informiert wurde. Davon jedoch später.

Ihr Sohn Karl heiratete die Schwester des dänischen Königs, war einige Zeit Vizekönig von Norwegen und schließlich Statthalter Dänemarks in Schleswig-Holstein. 1770 erbaute er für seine Gemahlin *Louisenlund,* das man über die B 76 erreicht. Das Gelände war ein Geschenk des dänischen Königs an seine Schwester. Heute gehört es dem Herzog von Schleswig, und im Schloß ist ein Landerziehungsheim untergebracht. Es liegt ein wenig abseits zwischen hügeligem Waldgelände und der Schlei.

Der Park wurde gleich im englischen Stil angelegt. Hirschfeld hat ihn ausführlich beschrieben. Vor dem Palais breitet sich nun eine Rasenfläche aus, auf der Buchsbaumkugeln und eine Sonnenuhr stehen. Von hier aus hat man einen wunderschönen Blick auf den Teil der Schlei, der sich zur Großen Breite weitet. Linden flankieren das Palais. Dahinter dehnt sich der Park, in dem es sogar einen Steingarten gibt. Die Blockhauskapelle an einem Wasserspiel stammt aus Norwegen und liegt bereits im Wald.

Saxtorf

Der B 76 kann man dann weiter in Richtung Eckernförde folgen, verläßt sie aber kurz vor dem Ort, um auf der B 203 weiterzufahren. Etwas später geht es nach links in Richtung Rieseby; östlich davon liegt Saxtorf. Das neugotische Herrenhaus wurde nach 1847 erbaut, als das alte aus dem 17. Jahrhun-

dert abgebrannt war; es wirkt eigentlich recht düster, paßt aber in den etwas verwunschenen Park, von dem man nicht weiß, ob er zur gleichen Zeit umgestaltet wurde. Eindrucksvoll sind jedoch die Lindenalleen zu beiden Seiten des Hauses. Sie führen auf eine Kuppe zu einem Ring von zwölf Linden, in deren Mitte eine Lärche steht – Sinnbild der zwölf Apostel mit Christus im Mittelpunkt.
Da auch Saxtorf Privatbesitz ist, empfiehlt es sich, vor dem Besuch die Erlaubnis zur Besichtigung einzuholen. Gleiches ist notwendig, um den Park von *Grünholz* anzuschauen. Er gehört dem Herzog von Schleswig-Holstein-Sonderburg-Glücksburg, der jedoch nicht dort wohnt. Nahe dem Herrenhaus stehen noch beschnittene Bosketts mit Sonnenuhr und Laube in einem Lindenrondell, wie es früher einmal üblich war. Im Süden wird das baumartenreiche Gelände von einer geschwungenen Lindenallee begrenzt.
Eine gewisse Ähnlichkeit mit Grünholz hat das benachbarte *Damp*. Beide erreicht man über die B 203. Bei Vogelsang geht es links nach Grünholz und rechts nach Damp. Hier fühlt man sich fast in alte Zeiten zurückversetzt: die Gutsgebäude liegen als eine Art Vorburg auf einer eigenen Insel vor dem ebenfalls von Wassergräben umgebenen Herrenhaus. Auf dem Weg von der Straße in den Park muß man daher drei Brücken überschreiten.
Dieser Park besteht aus einem eher rechteckigen Westteil, dessen Mittelachse eine ehemals gekappte Lindenallee bildet, und einem Ostteil, durch den gewundene Wege führen. Im Westen und Süden begrenzen Wassergräben das Gelände. Im Süden entsteht daraus sogar ein kleiner Teich. Dem Zauber dieser Anlage kann man sich nicht entziehen, vor allem dann nicht, wenn man sie als einsamer Spaziergänger ganz für sich allein hat.
Auf der B 203 geht es weiter nach Kappel und von dort über die

Grünholz

Damp

Im Park von Schloß Louisenlund, mit Blick auf die Schlei.

Gelting

B 199 nach *Gelting*. Die aus dem Mittelalter stammende Gutsanlage wurde 1758 von Seneca Ingwersen (1715–1786) erworben, der zunächst in holländischen Diensten gestanden hatte und zuletzt Gouverneur von Batavia war. 1759 wurde er vom dänischen König geadelt. Von 1770 an baute Ingwersen, was er vorfand, im Stil des Rokoko und beginnenden Klassizismus aus, wobei er Haus und Garten zu einer Einheit verschmolz. Dabei behielt das Schloß den umgebenden Wassergraben, über den eine Brücke in den Park führt. Hohe Baumgruppen und Rasenflächen bestimmen das Bild. Zum Rand hin stehen die Bäume waldartig dicht. Im Westen hat sich jedoch in dem von einer geschnittenen Buchenhecke eingefaßten Randweg ein Rest des Barockgartens erhalten. So präsentiert sich der Park von Gelting heute vor allem romantisch im englischen Stil. Es gibt indessen einen Plan der Anlage von 1789. Damals war der Garten noch architektonisch streng gegliedert, mit einer Kaskade und einem Dianentempel als Endpunkt der Blickachse vom Haus aus. Mehrere Rechtecke in der Mitte sind als »Küchenland« ausgewiesen – hier gedieh, wie einst in Jersbek, edles Gemüse im Ziergarten. Außerdem ist fast die Hälfte als Schattenzone angedeutet und mit arabeskenartig verschlungenen Wegen ausgestattet: »Engl. Busquets« heißt es in der Beschreibung.

Ein solches englisches Boskett war in vielen Parkanlagen des 18. Jahrhunderts das erste Stadium zum englischen Landschaftspark. Im Norden Deutschlands scheint jedoch vielfach die Landschaft selbst dem Reisenden schon »englisch« zu sein und allmählich wird ihm bewußt, daß dies die Heimat der Angeln ist, die von hier aus gemeinsam mit den Sachsen die britische Insel eroberten.

Flensburg

Wer viel Zeit hat, mag von Gelting aus nach Flensburg fahren. In *Flensburg* hat sich zwar kein besonders erinnernswerter Garten erhalten. Doch auf dem Museumsberg blieb eine Spiegelgrotte aus »Funkes Garten« übrig, wie der Garten zuletzt hieß. Ursprünglich gehörte er Andreas Christiansen, der sein Areal 1820 mit dem Ankauf von Peter Clausen Stuhrs um 1800 angelegten Garten erweitert hatte. Um 1820 wird vermutlich auch die Spiegelgrotte entstanden sein. Sie ist ein spätbürgerliches Zeugnis einer Mode, die in den italienischen

Gelting, Plan der Anlage von 1789 (Zeichnung J. C. Krafft).

Renaissancegärten begonnen hatte. Mit Flensburg ist der nördlichste Punkt der Reise erreicht. Von hier geht es hinüber an die Nordseeküste, und dort ist die erste Station der *Schloßgarten* in *Husum*. Seine Anfänge stammen noch aus dem Mittelalter: die Grauen Mönche hatten hier ihr Kloster. Die Reformation vertrieb sie, und Herzog Adolf I. ließ ab 1577 das Schloß errichten. Ein Garten wurde gleichzeitig angelegt, das prachtvolle Gartentor allerdings erst 1612 von seinem Sohn in Auftrag gegeben. Längst ist aus dem Renaissancegarten ein Park im englischen Stil geworden, der von riesigen alten Eichen und Buchen beherrscht wird. Unter den Baumveteranen breitet sich im Frühling ein dichter Teppich aus Krokusblüten aus, von denen die Sage geht, daß die Mönche sie gepflanzt hätten, um Safran daraus zu gewinnen.

Husum, Schloßgarten.

Husum

Nach Husum fährt man gemeinhin, um die Krokusblüte zu sehen, am Hafen Fisch zu essen und Theodor Storms Haus zu besuchen. Manch einer wird dabei auch einen Blick in den Garten werfen und sich fragen, ob er wohl noch so aussieht wie zu Storms Zeiten. Man hat diesen Garten in der Tat nach einigen spärlichen Angaben in Storms Briefen rekonstruiert und sich zu-

Tönning, Schloßgarten.

gleich auch ein wenig nach dem flüchtigen Grundriß des Gartens an seiner späteren Villa in Hademarschen gerichtet, den Storm einem Brief beigefügt hat. Ein Stormscher Garten ist es also, wenn auch aus zwei Gärten zusammengesetzt.

Koldenbüttel

Von Husum nach Süden geht es auf der B 5. Wo sie mit der B 202 zusammentrifft, biegt man nach links in Richtung *Koldenbüttel* ab. In der Nähe liegt der *Staatshof*, der von einem riesigen Baumgarten umgeben ist. Um 1730 etwa wurden die Bäume angepflanzt, die von der Chaussee aus wie ein Urwelthügel aus der flachen Weidelandschaft wachsen. Baumgärten kamen in dieser Gegend Anfang des 18. Jahrhunderts plötzlich auf. Es muß eine Frage des Prestiges gewesen sein, denn der Windschutz durch die Bäume war offenbar nicht ausschlaggebend.

Hoyerswort

Den ersten Baumgarten scheint *Hoyerswort* gehabt zu haben. Um dorthin zu gelangen, folgt man der B 202 in Richtung Tönning, verläßt sie aber vorher in Richtung Oldenswort. Dieser Baumgarten ist sicher älter als seine ältesten Bäume. Wassergräben durchziehen und gliedern ihn. Das 1591 bis 1595 erbaute Herrenhaus ist übrigens das einzige an der Westküste Schleswig-Holsteins und seit 1771 im Besitz der Familie Hamkens.

Der *Schloßgarten* von *Tönning* ist insofern ein Kuriosum, als er nur die Stelle markiert, an der das 1735 abgebrannte Schloß stand. Der freie Platz wurde bald für Volksfeste und andere größere Versammlungen benutzt und schließlich in einen Landschaftsgarten verwandelt, der inzwischen einige recht romantische Stellen am ehemaligen Schloßgraben vorzuweisen hat. Hier endet auch die »Bootsfahrt«: ein alter Kanal, auf dem die Güter vom Hafen in den sichereren Schloßbezirk gebracht wurden. Dies ist also ein Park nicht für, sondern anstelle eines Schlosses.

Wenn man es nicht schon vorher gewußt hätte, an den Gärten könnte man es erkennen: die großen adeligen Familien wohnen im Osten, die großen Bauern hier im Westen. Auch der Garten von *Hochdorf* bei *Tating* – man erreicht ihn über die B 202 kurz hinter Garding – gehört in diese ursprünglich großbäuerliche Welt. Er umgibt einen Haubarg, der 1764 erbaut wurde, und stammt aus derselben Zeit. 1904 übergaben die letzten Besitzer ihn der Öffentlichkeit. Es handelt sich um eine durch ihre Bepflanzung bemerkenswerte Anlage, denn neben den einheimischen Bäumen stehen so »exotische« wie Walnuß, Gingko oder Magnolie. Im südlichen Teil stößt man sogar auf eine künstliche Ruine, die in den Jahren 1880 bis 1890 entstand.

Auf dem Rückweg nach Hamburg sollte man einen Blick in den *Bürgermeistergarten* in *Wilster* werfen, der 1785 vom Etatsrat Dos angelegt wurde. Das Areal umfaßte einmal zwei Hektar Garten und zwei Hektar Koppel für die Kutschpferde. Den Garten im englischen Stil gibt es noch und dicht am Haus auch das Rondell mit den großen Steinfiguren, die um 1800 aus dem Garten in Drage übernommen wurden. Im hinteren Gartenteil standen früher ein Badehaus und ein doppelstöckiges Badehaus. Letzteres wurde jedoch von Bomben zerstört. An seiner Stelle erhebt sich jetzt ein Gedenkstein für die Familie Dos. Der Garten wurde nämlich bereits 1829 der Gemeinde als Wohnhaus für den Bürgermeister übergeben. Die Etatsrätin Dos, deren Sohn schon 1807 gestorben war, bestimmte in ihrem Testament ausdrücklich, daß in Haus und Garten »im wesentlichen nichts verändert werden« dürfe. Das Haus ist jetzt Bürgermeisteramt und der Garten jedermann zugänglich.

Tönning

Östlich von Itzehoe liegt *Breitenburg*, seit der Reformationszeit im Besitz der Grafen zu Rantzau. Die erste Gartenanlage kennen wir sowohl aus den Schriften des Heinrich Rantzau als auch von einem Stich aus dem Jahre 1580. Als die Befestigung um 1750 beseitigt wurde, erhielt der erweiterte Garten eine neue Form. Sie blieb aber nur bis etwa 1800 bestehen, dann wurde der Garten zum Landschaftspark umgestaltet. Wie er sich heute dem Betrachter bietet, ist er das Ergebnis einer Erneuerung in den Jahren 1882 bis 1884. Weite Wiesen und mächtige Bäume sind die Hauptelemente des Parks. Nördlich des Hauses erstreckt sich ein Bu-

Hochdorf

Wilster

Breitenburg

Wilster, Bürgermeistergarten. Rondell mit großen Steinfiguren.

chenmischwald, Wassergräben sind hier zu einem Teich erweitert. Ein Park im Geschmack des späten 19. Jahrhunderts also.

Seestermühe

In *Seestermühe* werden wir wieder in das frühe 18. Jahrhundert versetzt. Man gelangt dorthin, wenn man von Elsmhorn aus an der Krückau entlang zur Elbe fährt. Seine Glanzzeit hatte der Park um 1700, als er Hans Heinrich von Ahlefeldt gehörte, dem Vater jenes Bendix von Ahlefeldt auf Jersbek, der dänischer Gesandter in Dresden, London, Berlin und Den Haag und Herr auf Deutsch-Nienhof war. Doch erst ein Plan von 1752 gibt einen Eindruck von der Gestaltung: da ist die Gartenachse auf das heutige Herrenhaus gerichtet und nicht auf den Ahlefeldtschen Prachtbau auf der benachbarten »Insel«, der 1713 abgebrannt war.

Die Hauptachse begleiteten zu beiden Seiten Lindenalleen, und die Mitte nahmen mehrere Wasserbekken ein, an denen Figuren standen. Nur in Umrissen ist dieser Park, der nie zu einem englischen Landschaftsgarten umgewandelt wurde, noch vorhanden. Es gibt allerdings immer noch die beiden fast siebenhundert Meter langen Doppelreihen Linden entlang der einstigen Hauptachse, zwischen denen einige Buchen stehen. Von den unterschiedlich geformten Wasserbekken hat sich nur ein langgestreckter Teich erhalten; der Rest ist Rasen. Am Ende fungiert ein 1818 errichteter Pavillon als Blickpunkt. Nur noch zu ahnen sind die Gevierte der Anlagen zu beiden Seiten der Lindenallee. Dies alles ist von dem jetzigen Besitzer, Graf Kielmannsegg, der Öffentlichkeit zugänglich gemacht worden. Die Familie benutzt lediglich den Teil südöstlich des Herrenhauses.

Haseldorf

Von Seestermühe nach *Haseldorf* führt der kürzeste Weg über die Seestermüher und Haseldorfer Marsch. In diesem stimmungsvollen Park ist südöstlich des Herrenhauses noch das Gelände der alten Burg erhalten. Teilweise wurden Reste des Walls und des doppelten Grabens zur Gestaltung genutzt. Das Mausoleum auf einem Platz mit Putten und Hecken aus Buchs und Eiben im Zentrum stammt aus dem 19. Jahrhundert. Der äußere Burggraben umschließt mit seiner Fortsetzung nach Westen den Park und verbindet sich schließlich mit den Gräben der Obstplantagen im Nordosten.

Hier in Haseldorf drängen sich die historischen Reminiszenzen weniger stark in den Vordergrund als bei so vielen anderen Gärten Schleswig-Holsteins. Das mindert jedoch nicht den Genuß eines Spaziergangs unter seinen hohen Bäumen zu jeder Jahreszeit.

Von hier ist es nicht mehr weit zu den Gärten am Elbufer zwischen Blankenese und Altona, wo unsere Gartenreise in den Norden begonnen hat.

Bremen und der Nordwesten

Bremens gartenhistorische Vergangenheit ist nicht so reich wie die Hamburgs. Viele Anlagen sind recht jungen Datums – der weltberühmte Rhododendrongarten, der erst 1936 eingerichtet wurde, soll dennoch erwähnt werden, da Rhododendren zu einer Spezialität der Region geworden sind: Klima und Boden begünstigen sie.

Wallanlagen

Viel älter sind selbstverständlich die *Wallanlagen* im Zentrum *Bremens.* Sie legen sich wie ein flacher Bogen um die Altstadt und zeichnen noch genau die Linien der einstigen Befestigungsanlagen nach. Nach den Befreiungskriegen waren solche Stadtbefestigungen endgültig überflüssig geworden. Überall entstanden an ihrer Stelle Prachtstraßen wie zuletzt die Ringstraße in Wien. In Bremen wurde der Wall begrünt. Den Graben beließ man als nicht überschaubare Wasserfläche. Die Idee dazu lieferte um 1820 der oldenburgische Hofgärtner Christian Ludwig Bosse. Sie war denkbar einfach, da an Gelände und Wasserlauf wenig verändert werden mußte. Doch die Wallanlagen sind wegen der alten Bäume und einiger hübscher Motive immer noch ein lohnender Spaziergang.

Bürgerpark

Ein vielfach größeres Areal nimmt der *Bürgerpark* ein. Er entstand auf einer gleich vor den Toren der Stadt gelegenen Viehweide, die der Bremer Erzbischof im 14. Jahrhundert den Bürgern überlassen hatte. Diese benutzten sie bis 1864 als Weideland. Allerdings hatte der Großkaufmann Hermann Johann Holler an ihrem südlichen und östlichen Rand 1855 bereits Eichenalleen pflanzen lassen.

Im Juli 1865 fand auf der offenen Fläche das Bundesschießen statt. Da es ungewöhnlich heiß war, beschlossen einige Bürger, dem durch Bepflanzung abzuhelfen. Sie gründeten noch im Herbst 1865 den »Verein zur Bewaldung der Bürgerweide«, der heute noch für die Erhaltung des Parks verantwortlich zeichnet. Den Plan dazu lieferte Friedrich Wilhelm Benque, der an

Bremen. Der Bürgerpark entstand im 14. Jh. aus einer Viehweide vor den Toren der Stadt.

der Gestaltung des Central Park in New York mitgearbeitet hatte.
Benque übernahm auch die Ausführung, die ziemlich schwierig war, denn das Gelände war sumpfig und von Wassergräben durchzogen. Deshalb begann er im Juni 1866 zunächst damit, zur Entwässerung den Emmasee auszuheben und Abzugsgräben anzulegen. Mit der gewonnenen Erde erhöhte er das Gelände. Die ersten Bäume wurden im Herbst jenes Jahres gepflanzt. Neben den einheimischen fallen die zahlreichen exotischen Gehölzarten auf. Diese Vorliebe für die neuesten Bäume und Sträucher aus aller Herren Länder hat nicht so sehr mit den weltweiten Verbindungen der Bremer Kaufmannschaft zu tun, sondern war typisch für die Gartenanlagen der zweiten Hälfte des 19. Jahrhunderts. Die Probleme, solche Pflanzen aus ihrer Heimat nach Europa zu bringen, waren damals endgültig gelöst; außerdem hatten sich überall Baumschulen etabliert und deren Vermehrung übernommen.
Im Bürgerpark wurden die Exoten auch zur Belehrung der Besucher angepflanzt. Das Interesse an Botanik war damals weitverbreitet und wurde in solchen Parkanlagen verbunden mit dem Bedürfnis, freie Zeit in wohlgepflegtem Grün zu verbringen. Dazu boten sich reichlich Spazierwege, Seen und Wasserläufe, Wildgehege, Meierei und das Parkhotel gleich hinter dem großen, bassinartigen Hollersee an. Ein für das 19. Jahrhundert wirklich typischer Park für die Allgemeinheit.

Höpkensruh

Seit 1893 hatten die Bremer Bürger aber noch ein beliebtes Ausflugsziel: den Park *Höpkensruh,* einen jener Landschaftsgärten im englischen Stil, der wie so viele andere nach 1800 aus älteren Anlagen entstand. In diesem Fall ließ J. F. Schultz (1769–1827) den Garten seiner Eltern umgestalten. Später ging dieser in den Besitz von Johann Höpken über, dessen Namen er immer noch trägt. Im Jahr 1893 erwarb ihn die Stadt Bremen und öffnete ihn der Allgemeinheit.
Etwas älter ist der Park um das *Focke-Museum,* das auf dem Gelände des ehemaligen Gutes Riensberg 1898 eingerichtet wurde. Riensberg war eine mittelalterliche, mit Graben und Zugbrücke gesicherte Burganlage. Diese Befestigung wurde um die Mitte des 18. Jahrhunderts aufgegeben. 1768 entstand das Herrenhaus und anstelle der Befestigung der Park. In ihm dominieren unter dem alten Baumbestand die Eichen. Zusammen mit Wasserläufen und Wiesenflächen bilden sie immer wieder stimmungsvolle Flecken.

Oldenburg

In *Oldenburg* begegnen wir einem alten Bekannten aus Eutin: dem Herzog Peter Friedrich Ludwig, der dort den Schloßgarten in einen Landschaftspark umgestalten ließ. Auch dänischer Geschichte begegnet man hier wieder: 1448 wurde ein Oldenburger zum König von Dänemark gewählt. Als der letzte Graf von Oldenburg 1667 kinderlos starb, wurde sein Land dänisch. 1773 erhielten die Eutiner als Fürstbischöfe von Lübeck Oldenburg und machten es zum Herzogtum. So kommt es, daß wir Herzog Peter Friedrich Ludwig aus Eutin in Oldenburg wiedertreffen, da er seine Residenz 1803 hierher verlegte. Im darauffolgenden Jahr begann er mit der Erweiterung seines neuen Gartens auf der Südseite des Schlosses an der Alten Hunte. Der schon 1603 erwähnte Kleine Herrengarten wurde in die Anlage einbezogen. Es dauerte jedoch bis 1813, um aus den sumpfigen Wiesen einen Park im klassischen englischen Stil zu gestalten. Dies geschah unter Mitwirkung des Hofgärtners Carl Friedrich Bosse.

Oldenburg. Der Schloßpark im klassischen englischen Stil.

Beide, der Herzog wie der Hofgärtner, waren offenbar Liebhaber seltener Bäume: der Oldenburger *Schloßgarten* hat heute noch prachtvolle Exemplare aus jener Zeit aufzuweisen. Damals mußten sie zumeist in der eigenen Gärtnerei herangezogen werden. Diese heute noch bestehende Gärtnerei entstand 1809 aus dem Küchengarten, ist also mitsamt der Mauer um einiges älter.

Der Park hat sich ein paar modernere Zutaten wie den Rosengarten gefallen lassen müssen; der klassizistische Teepavillon im Blumengarten aber hat die Zeit überdauert.

Rastede

Herzog Peter und sein Hofgärtner Bosse begnügten sich jedoch nicht mit dem Oldenburger Schloßgarten. In *Rastede,* etwa dreizehn Kilometer nördlich der Residenz, begannen sie, den Sommersitz der herzoglichen Familie mit einem weiträumigen Landschaftspark zu umgeben. Hier bestand ehemals ein Benediktinerkloster, das nach der Reformation einem Lustschloß der Oldenburger Grafen weichen mußte. Nach 1782 erhielt das landhausartige Schloß seine heutige Gestalt. Die Arbeiten am Park zogen sich so lange hin, daß Carl Friedrich Bosse darüber starb. Sein Halbbruder Christian Ludwig Bosse, der den Bremern die Wallanlagen gestaltet hatte, führte das Werk zu Ende. Die riesige Anlage besteht aus drei Teilen: dem Großen Forst, dem Vorpark und dem Schloßpark. Endlose Spazierwege führen durch die Stille der Mischwälder und über die lichten Waldwiesen des Großen Forsts. Abwechslungsreicher ist der Vorpark mit seinen Seen und Teichen, vor allem durch seine Bepflanzung, wobei die Rhododendren zur Blütezeit allen an-

Jever

deren den Rang ablaufen. Bosse soll sie als erster gepflanzt haben, nachdem der *Rhododendron catawbiense* 1809 aus Nordamerika nach Europa gekommen war. Inzwischen hat sich der Park von Rastede auch mit den um die Mitte des 19. Jahrhunderts aus dem Himalaya und später aus Asien eingeführten Arten gefüllt, und so bietet der Vorpark zur Zeit ihrer Blüte ein besonders schönes Bild.

Ein Wall aus über hundert Jahre alten Rhododendren trennt den Vorpark vom Schloßpark, der jedoch Privatgarten der herzoglichen Familie geblieben ist.

Nach *Jever* gelangt man am bequemsten über die Autobahn Oldenburg-Wilhelmshaven. Von der Abfahrt Wilhelmshaven sind es nur etwa zehn Kilometer auf der B 210. Mitten in der Stadt liegt das Schloß, das sich aus einer Wasserburg des 14. Jahrhunderts entwikkelt hat. Seit 1575 gehörte es zu Oldenburg und teilte dessen komplizierte Geschichte. Zwischen 1820 und 1830 entstand an der Stelle des inneren Burggrabens, der dafür eingeebnet wurde, der Park. Für ihn mußten sogar mehrere Dienstgebäude abgerissen werden. Vermutlich wurde die Anlage von Julius Friedrich Wilhelm Bosse aus Oldenburg, einem Verwandten des Hofgärtners Bosse, geplant. Besonders groß ist sie nicht, und sie wird von einer der für diesen Landstrich typischen Gräften umschlossen. Diese nimmt zugleich die Stelle des für einen Park notwendigen Sees ein, in dessen Fläche sich die Bäume spiegeln können. Es sind sehr

Jever, Schloß und Park.

alte und zum Teil seltene Bäume: An ihrer Auswahl spürt man Herzog Peters Einfluß.
Der kürzeste Weg von Jever nach *Lütetsburg* führt über die B 210 bis Aurich, von dort nach rechts auf die B 72 und weiter auf der B 70 nach Norden. Kurz vor Norden biegt man dann rechts nach Lütetsburg ab. Man sollte diesen etwas umständlichen Weg in den äußersten Zipfel unseres Landes nicht scheuen, denn als Lohn winkt einer der umfangreichsten Landschaftsgärten Norddeutschlands. Eine Wasserburg bestand hier schon 1374, und noch heute umgeben breite Gräben das Schloß. Dazu gehörte ein französischer Garten, den Carl Friedrich Bosse um 1790 zu dem großzügigen Landschaftspark umgestaltete – eine frühe Arbeit des Oldenburger Hofgärtners.
Typisch für diesen Park sind die zahlreichen Gräfte, künstliche Wassergräben, die zur Freude der Eisläufer im Winter zufrieren. Da fühlt man sich plötzlich nach Holland versetzt. Auch in Lütetsburg stehen prachtvoll entwickelte fremdländische Bäume zwischen dem einheimischen Gehölz. Eine der ältesten Douglasfichten Deutschlands soll darunter sein. Den ersten Samen dieser riesigen Bäume schickte der schottische Botaniker Douglas 1827 aus Britisch Columbien nach England. Von dort eroberte die Douglasfichte ganz Europa, weil sie sich als Parkbaum ebensogut eignet wie in der Forstwirtschaft. Unter den alten Bäumen gedeihen die herrlichsten Rhododendren, die Lütetsburg zur Blütezeit besonders zauberhaft erscheinen lassen.
Unser nächstes Ziel ist der Park von *Altenkamp* in Aschendorf. Dorthin gelangt man von Norden aus über die B 70 in Richtung Papenburg, zu dem das südlich davon gelegene Aschendorf heute gehört.

Aschendorf, Haus Altenkamp. Gesamtanlage mit Garten (Fresko in der Eingangshalle von Schloß Wocklum bei Balve).

Altenkamp kam 1723 in den Besitz von Hermann Anton von Velen, der das Drostenamt im Emsland geerbt hatte und sich einen repräsentativen Amtssitz zulegen wollte. Das holländisch schlichte Wohnhaus wurde 1728 bis 1736 erbaut und hat im Innern anmutige Stuckdecken.
Zu diesem Herrenhaus, das noch immer von einer Gräfte umgeben ist, gehörte selbstverständlich der passende Garten. Wie er einst aussah, ist auf einem Fresko in der Eingangshalle von Schloß Wocklum bei Balve zu sehen, also sozusagen am anderen Ende des Bistums Münster. Dieser Barockgar-

Nachfolgende Doppelseite:
Lütetsburg. Luftaufnahme des prachtvollen Landschaftsparks mit zahlreichen exotischen Bäumen.

Clemenswerth ist der typische Jagdpark des 18. Jh.

Sögel, Clemenswerth

ten, der nie in einen Landschaftsgarten verwandelt wurde, zeigt noch heute viel von seiner ursprünglichen Gestaltung: die strenge Unterteilung durch kreuzende Wege, Bosketts, die um den ganzen Park laufende Baumreihe und vor allem die berühmte Taxushecke mit ihrem kunstvollen Schnitt. Es heißt, sie sei schon bei der Erbauung des Schlosses 1728 in Anwesenheit des Kurfürsten und Landesherrn Clemens August gepflanzt worden. Möglich ist es durchaus. Alt ist sie jedenfalls. Doch Altenkamp ist nicht nur ihretwegen eine wirkliche Entdeckung.

Ist Altenkamp der typische Garten eines barocken Herrensitzes, so ist *Clemenswerth* der typische Jagdpark des 18. Jahrhunderts und wohl einmalig in Deutschland. Man erreicht ihn von Altenkamp aus, indem man über die B 70 bis Lathen und dann rechts nach *Sögel* abbiegt. Von hier führt eine zwei Kilometer lange Allee ostwärts zu dem Eingangsbau, dessen Pendant auf der gegenüberliegenden Seite nie gebaut wurde, und setzt sich fort in der Hauptallee, die in einen kreisrunden Platz mündet. Dessen Mitte nimmt ein doppelstöckiger Pavillon ein; ringsum am Rande des Platzes stehen acht kleinere.

Von diesem Mittelpunkt wird das Prinzip der Anlage überschaubar: Der Mittelpavillon im Zentrum ei-

nes sogenannten »Sterns« bildet den Kreuzungspunkt von acht breiten Alleen – Jagdschneisen, die jeweils von schmaleren Schneisen diagonal gekreuzt werden. Auf dem Plan ist das eine wohldurchdachte geometrische Figur, in der Realität sind diese bis zu ihrem Ende übersehbaren Schneisen eine wertvolle Orientierungshilfe in dem dichten Waldgebiet.
Der Park besteht nur aus Hochwald, sorgfältig gemischt schon zur Zeit seiner Pflanzung ab 1738. Er ist etwas nach Osten geneigt, und an seinem Ende liegen die Fischwässer. Sie waren notwendig, weil sie einer geistlichen Hofhaltung dienten. Außerdem gab es hier auch ein kleines Kloster in einem der Pavillons. Die Tafel mußte also auch an Fasttagen beschickt werden. Denn vom Jagdvergnügen einmal abgesehen: Aufgabe des Parks war die Versorgung der geistlichen Herren mit frischem Fleisch und Fisch.
Clemenswerth ist einer der letzten großen Jagdparks und einer der wenigen, die bis in unsere Tage überdauerten. Eingerichtet wurde er für Clemens August von Wittelsbach (1700–1761), dem jüngeren Sohn des bayerischen Kurfürsten Max Emanuel. Schon in jungen Jahren wurde Clemens Fürstbischof von Paderborn und Münster, 1723 dann Kurfürst von Köln, wenig später Bischof von Hildesheim, 1728 von Osnabrück und 1734 schließlich Hochmeister der Deutschritter. Die Pavillons tragen die Namen seiner »geistlichen Hauptstädte«.
Baumeister dieser anmutigen Gebäude war Johann Conrad Schlaun aus Münster, der auch den Park plante und die Pflanzungen bis etwa 1754 überwachte. Auf dem Gelände gab es nämlich außer einem kleinen Mischwald nur Acker, Heide, Moor und Sumpf. Schlaun hat Skizzen hinterlassen, die zeigen, wie er sich den Park vorstellte. So wie auf diesen Skizzen sieht er immer noch aus: ein dichter Wald, der das Gefühl der Einsamkeit vermittelt, und mittendrin so etwas wie eine Eremitage – einfache, kleine Gebäude, die in ihrer Vereinzelung ein bißchen an ein Karthäuserkloster erinnern. In dem kleinen Kloster lebten allerdings Kapuziner.
Dahinter gibt es noch den Klostergarten. Er ist trapezförmig. Breite Kreuzwege teilen ihn in vier Abschnitte, die wiederum durch weitere sich kreuzende schmalere Wege unterteilt und von einer beschnittenen Taxushecke umschlossen werden. So schlicht dieser Garten auch ist, hier herrschen Gelassenheit und Harmonie. Hierher zog sich der Kurfürst zurück, wenn er der Jagdgesellschaft aus dem Weg gehen wollte. Damals hallte der Wald wider von Hörnerklang. Auf den Schneisen galoppierten die Reiter hinter der Meute her, und am Abend gab es eine fröhliche Tafel und Unterhaltung. Heute ist es in Clemenswerth zur Jagdzeit im Spätherbst besonders still.

Zwischen Osnabrück und der holländischen Grenze

Surenburg

Burgsteinfurt

Münster

Münster. Der Garten am Rüschhaus, in dem einst die Dichterin Annette von Droste-Hülshoff wandelte.

Osnabrücks Vergangenheit reicht in die Zeit Karls des Großen zurück. Der alte Bischofssitz, der auch eine alte Handelsstadt ist, besitzt jedoch keinen im Alter vergleichbaren Garten, nachdem der Schloßpark in den letzten Kriegstagen vernichtet wurde. Damit ist der *Bürgerpark* zum wichtigsten alten Garten von Osnabrück geworden.
Den Kern dieses Parks bildet einer der üblichen Landschaftsgärten, den sich Senator Wagner nach 1832 auf alten Kalksteinbrüchen anlegen ließ. Dann erwarb ihn die Stadt Osnabrück und erweiterte ihn ab 1876 auf seine heutige Größe. Aus dieser Zeit stammen auch die meisten der Bäume. Der Park ist kein Beispiel für großartige Gartenkunst, aber typisch für seine Zeit, sieht man einmal von den »Modernisierungen« ab.

Von Osnabrück geht es auf der Autobahn bis zur Ausfahrt Ibbenbüren, dann die B 219 in Richtung Saerbeck, und nach fünf Kilometern rechts ab nach Riesenbeck: Westlich davon liegt *Surenburg* mit seinem *Schloßpark,* einem kleinen Park rund um eine alte Wasserburg. An regnerisch verhangenen Tagen scheint man hier am Ende der Welt zu sein. Doch die einsame Stille ist das Ergebnis der völligen Neugestaltung einer älteren Anlage, die der Gartenmeister Barnard 1858 durchführte. Man sollte das 19. Jahrhundert nicht immer der Geschmacklosigkeit zeihen. Dieser Park ist ein Beweis des Gegenteils.
Von Surenburg geht es weiter nach Emsdetten und auf Nebenstraßen nach *Burgsteinfurt.* Südöstlich davon, an der B 54, liegt der *Bagnopark.* Er verdankt seinen ungewöhnlichen Namen einem alten Badehaus, das auf italienisch eben »bagno« heißt. Der Reichsgraf Karl Ernst von Bentheim-Steinfurt ließ sich diesen Park 1765 durch seinen Oberforstmeister aus einem Hochwald im englischen Stil einrichten. Somit gehört der Bagnopark mit seinem großen See zu den frühen Beispielen des neuen Gartenstils. Heute wird der Park hart bedrängt von zwei Bundesstraßen. Noch kann man darin dem Getriebe entgehen. Besonders interessant sind der alte Konzertsaal und die künstliche Ruine auf der Insel.
Noch härter bedrängt als der Bagnopark wird in Münster der *Garten am Rüschhaus.* Ein unsensibles Straßenbauamt hat in seine unmittelbare Nachbarschaft die Autobahn samt dem Kreuz Münster-Nord gelegt. Ein bißchen mehr Rücksicht hätte diese Erinnerungsstätte an Annette von Droste-Hüls-

hoff schon verdient. Die Dichterin lebte hier viele Jahre und ging in dem Garten spazieren. Ihn verdanken wir ebenfalls dem großen Architekten Johann Conrad Schlaun, der sich 1745 das Gut als Alterssitz kaufte und das Haus so umbaute, wie es sich heute zeigt. Den Garten hat er wie bei allen seinen großen Bauten vermutlich gleich mit angelegt. Die Steinbänke und die Putten stehen noch. In dieser Idylle fehlt nur ein zärtliches Menuett, das irgendwo im Haus gespielt wird.

Von Münster geht es weiter nach Süden über die Autobahn bis zur Abfahrt Ascheberg und von dort nach *Herbern*. Westlich davon liegt *Westerwinkel:* ein Landschaftspark unbestimmbaren Alters, bei dessen Anblick ein Gefühl der Weite entsteht. Besonders schön ist der Park, wenn auf der anderen Seite einer großen Wiese sich das Schloß erhebt. Es liegt auf einer Insel und spiegelt sich in den Gräften. Zum Herrenhaus, das von 1663 bis 1668 von den Herren von Merveldt erbaut wurde, gelangt man nur über die ebenfalls auf einer Insel gelegenen Vorburg, deren Torbau die Funktion einer künstlichen Burg in einem romantischen Park mitübernimmt. Man sollte die Gelegenheit, das Innere des Herrenhauses am Nachmittag zu besichtigen, wahrnehmen, denn auf diese Weise hat man manchen schönen Blick in die Parklandschaft.

Der Weg von Westerwinkel nach *Nordkirchen* führt auf einer Nebenstraße über Capelle. Nordkirchen, das einmal das »westfälische Versailles« genannt wurde, ist heute nur noch ein Schatten seiner selbst. Das gewaltige Schloß auf der quadratischen Insel, umgeben von so gleichmäßig breiten Gräften, daß

Schloß Westerwinkel.

Westerwinkel

Nordkirchen

es in einem Bassin zu liegen scheint, wurde großartig restauriert. Allerdings ist es nur sonntags zu besichtigen; werktags werden hier Finanzbeamte fortgebildet.
Dieser »Schulbetrieb« hat auf der Ostseite des Schlosses weitere Bauten erforderlich gemacht, die genau auf der Blickachse liegen und in ihrer Modernität einen etwas fragwürdigen Kontrast zum Barockensemble bilden.
Die Geschichte von Nordkirchen begann, als der Fürstbischof Friedrich Christian von Plettenberg 1694 den Besitz kaufte, um dort einen repräsentativen Familiensitz zu schaffen. 1703 bis 1712 entstand der Schloßbau unter Gottfried Laurenz Pictorius; fast gleichzeitig, 1704 bis 1707, wurde ein Garten in holländischem Stil angelegt. Doch Pictorius und auch der Fürstbischof starben. So wurde die Anlage erst durch den Neffen Ferdinand von Plettenberg und unter dem nun schon mehrfach erwähnten Johann Conrad Schlaun ab 1723 weitergebaut.
Schlaun gestaltete den holländischen Westgarten nach französischen Prinzipien um und legte auch den Nordgarten an. Das vorhandene Casino vergrößerte er zu einem Gartenschlößchen – es steht noch als Oranienburg. Die von Schlaun in den Jahren ab 1727 unternommenen Ergänzungen des Westgartens durch Irrgarten, Orangerie, Boskett und Wasserreservoirs sind noch vorhanden, liegen aber jetzt außerhalb des Areals. Im Jahre 1833 erheiratete nämlich Fürst Esterhazy Nordkirchen. Da sich der Gartengeschmack inzwischen grundlegend verändert hatte, wurde der Nordgarten ab 1834 von dem Düsseldorfer Maximilian Friedrich Weyhe zum Landschaftsgarten umgestaltet.
Als Nordkirchen 1903 wieder den Besitzer wechselte, beauftragte

Schloß Nordkirchen, auf einer quadratischen Insel gelegen, galt einmal als das „westfälische Versailles“.

Schloß Ahaus.

Herzog von Arenberg den damals berühmten französischen Architekten Achille Duchêne, den Park dem Zeitgeschmack anzupassen. So wurde der Nordgarten zwischen 1906 und 1914 in eine neubarocke Anlage verwandelt und der Westgarten ebenfalls ziemlich verändert. Das alles verwilderte seit 1918, bis das Land Nordrhein-Westfalen nach dem Zweiten Weltkrieg den größten Teil des Geländes erwarb. Doch 1958 wurde Garten-Denkmalschutz noch sehr klein geschrieben. So wandte man sich nach der Restaurierung der Gebäude nur zögernd dem Garten zu. Immerhin wurde die Duchênesche Version des Nordgartens zum Teil rekonstruiert. Da an diesem Projekt weitergearbeitet wird, lassen sich Fortschritte beobachten. Nähert man sich dem Schloß von Süden, überquert die Staatsbrücke zur Schloßinsel, die aus zwei getrennten Inseln gewonnen wurde, und geht zum Rand des Rondells im Ehrenhof, spürt man selbst in dieser fragmentarischen Form die einstige großzügige Raumaufteilung. Hier am Rondell kreuzen sich die vier Achsen: im Norden geht der Blick zum Schloß, nach Süden zur Einfahrtsallee und nach Westen auf das ehemalige Parterre, dessen Fläche sanft ansteigt. Nach Osten und Westen führen Brücken auf schmale Dämme, kleine Alleen, die im Norden auf der Liebesinsel mit den Resten des Duchêne-Parterres enden. Hier im Norden hat sich auch der zweite Wasserring zu einem ovalen Bassin erweitert. Statuen und beschnittener Taxus sind sparsam verteilt. Kleinere Brücken führen über die Gräften, die hier schmal sind, endgültig aufs Festland. Der Blick zurück aufs Schloß vom Ende des Westparterres ist immer noch märchenhaft, die Ansicht der Gartenfassade über das Bassin hinweg voller Charme.

In seinen besten Zeiten war der Park von Nordkirchen ein Traumgebilde, das seinen Besitzern regelmäßig buchstäblich über den Kopf wuchs.

Die Weiterfahrt geht nach Lüdinghausen. Dort biegt man nach links auf die B 58 bis Seppenrade, dann nach rechts auf die B 474 über Coesfeld nach *Ahaus*. Mitten in der Stadt liegt auf einer Insel das Schloß. Es wurde 1689 bis 1695 unter dem Fürstbischof Friedrich Christian von Plettenberg als Jagd-

Ahaus

Schloß Raesfeld.

Schloß Anholt.

residenz der Fürstbischöfe von Münster erbaut. Auch Johann Conrad Schlaun arbeitete hier: Er beseitigte 1766 die Schäden des Siebenjährigen Kriegs. Von ihm stammt der Giebel auf der Gartenseite.

Diese Gartenseite interessiert uns besonders wegen der herrlichen zweiläufigen Treppenanlage vom Schloß hinunter zum Wasser der umgebenden Gräfte. Man sieht im Geiste Gondeln anlegen und elegante Kavaliere, die anmutigen Damen hineinhelfen. Der zugehörige *Schloßpark* hat sich seitdem erheblich verändert. Längst ist aus der ursprünglich mit dem Schloßbau zusammen entstandenen holländischen Anlage, die unter Kurfürst Clemens August in einen prachtvollen französischen Garten verwandelt wurde, ein Landschaftspark geworden. Die Aa und einer ihrer Nebenarme fließen hindurch. Der Blick schweift über ausgedehnte Rasenflächen, und der alte Baumbestand ist zum Teil so dicht wie ein Wald. Doch immer wieder zieht es den Besucher zu der figurengeschmückten Treppe an der Gartenfront, die sich im Wasser spiegelt.

Von Ahaus geht es weiter über die B 70 in Richtung Borken. Südlich davon liegt *Raesfeld,* seit dem 16. Jahrhundert im Besitz der Familie von Velen.

Der wuchtige Backsteinbau entstand ab 1643 als Residenz für den »westfälischen Wallenstein«: Alexander II. von Velen, der im Dreißigjährigen Krieg Generalfeldmarschall des Kaisers war und dabei unermeßlich reich wurde. Mit seinem riesigen Vermögen verwandelte er das Haus seiner Väter in ein mächtiges Wasserschloß mit Vorburg, beide umgeben von Gräften, einem Damm und einem zweiten Wasserring. Gleichzeitig mit dem Schloßbau gestalteten »welsche Gärtner und französische Fontänemacher« den Garten zu einer der ersten Anlagen nach den Prinzipien des Barock, denn der Garten, der Tiergarten und der Kanal waren auf das Schloß ausgerichtet. Heute erkennt man es allerdings nur noch mit viel Phantasie, denn seit dem 19. Jahrhundert ist der Garten verfallen. Das Schloß wird inzwischen von einem Landschaftspark umgeben, dessen zahlreiche Grünschattierungen einen wirkungsvollen Kontrast zum Backsteinrot des Schlosses bilden.

Anholt

In *Anholt* erwartet den Besucher ein wohlgepflegter riesiger *Park* unmittelbar an der holländischen Grenze. Von Raesfeld aus geht die Fahrt dorthin auf der B 67 über Bocholt bis zur Abzweigung Isselburg. Anholt liegt hinter Isselburg.

Das barocke Wasserschloß gehört immer noch den Fürsten Salm-Salm. Es verteilt sich auf zwei Inseln mit einem schmalen Graben dazwischen. Zwei Brücken verbinden die Inseln mit dem Festland. Auf der Südseite der Schloßinseln gleicht die Gräfte einem Fluß, auf der Nordseite erweitert sich die Wasserfläche seeartig und zieht sich von dort aus unregelmäßig durch den Park.

Raesfeld

Ursprünglich umgaben Sümpfe das Schloß. Fürst Wilhelm Florentin beauftragte darum 1831 den wenig später in Nordkirchen tätigen Düsseldorfer Gartenarchitekten Maximilian Friedrich Weyhe, einen Landschaftspark zu entwerfen. Damals entstanden das »Bergsken«, das »Busquet«, der Kanal- und der Wassergarten.

Für die zweite Erweiterung im Jahre 1858 holte sich Fürst Alfred I. den Engländer Edward Milner, einen Mitarbeiter des großen Sir John Paxton, den man hierzulande mehr als »Erfinder« des Kristall-Palastes für die Londoner Weltausstellung 1851 kennt. Eigentlich war Paxton Gartenarchitekt. Der Kristall-Palast entstand eher als Nebenprodukt, da es ihm vor allem um die Konstruktion riesiger Gewächshäuser ging. Der Kristall-Palast wurde nach Beendigung der Weltausstellung nach Sydenham Hill gebracht und ringsum ein regelmäßiger italienischer Garten und ein malerischer englischer Landschaftspark angelegt. An diesem Projekt arbeitete Milner unter Paxton mit. Zwei Jahre später finden wir ihn in Anholt.

Bei der Erweiterung des Parks auf seinen heutigen Umfang ließ Milner die vorhandene Anlage bestehen. Vor allem bezog er auf meisterhafte Weise viele der älteren Bäume in die Gestaltung seiner Parkteile »Den Hagen« und »De Tonge« ein – englische Gartenkunst aus erster Hand auf deutschem Boden und allein schon deshalb des Anschauens wert. Doch den meisten Besuchern wird eher der »Leopoldspark« Spaß machen, den Fürst Leopold 1895 bis 1902 anlegen ließ.

Eine Waldlandschaft umrahmt hier einen See, die eine Schweizer Landschaft nachahmt. Man sagt, es handle sich dabei um den Vierwaldstätter See, den der Fürst besonders liebte. Jedenfalls ließ er für den Leopoldspark tonnenweise Kalksandstein heranschaffen und sogar ein echtes Haus aus der Schweiz. Es wurde restauriert und wirkt beinah exotisch.

Insgesamt sind die Gartenanlagen wunderbar hergerichtet. Das Parterre auf der Insel in Form eines romanischen Fensters ist ein Juwel. Wem das alles noch nicht genügt, der kann sich an Rosen- und Dahlienschauen ergötzen. Vielleicht sollte man aber doch gegen den Touristenstrom schwimmen und außerhalb der Saison hierherkommen. Dann hat man den Park von Anholt fast für sich allein.

Von Kleve nach Koblenz – eine preußische Gartenprovinz

In *Kleve* betreten wir erstmals preußisches Territorium. Zusammen mit Jülich und Berg gelangte die Stadt 1609 in den Besitz der brandenburgischen Kurfürsten. Deren Statthalter am Rhein wurde 1647 Prinz Johann Moritz von Nassau-Dillenburg (1604–1679), der bereits eine steile Karriere als Generalgouverneur von Niederländisch-Brasilien hinter sich hatte. Die Küstenstadt Recife ist seine Gründung. In deren Nähe erbaute er eine Gartenresidenz.

Hier in Kleve griff der Prinz auf seine brasilianischen Erfahrungen in der Großraumplanung zurück. Rings um die mittelalterlich enge Stadt legte er einen Grüngürtel aus Gärten, verbindenden Alleen, Aussichtshügeln und Wildparks an. Vieles davon wurde von den französischen Revolutionstruppen zerstört, anderes während des 19. und 20. Jahrhunderts vernichtet.

Seit 1950 bemüht sich die Denkmalpflege, einige Abschnitte wieder herzurichten. Eine große Hilfe sind dabei neben vielen alten Plänen vor allem Bilder niederländischer Maler, die diese Anlagen zu Lebzeiten des Prinzen, aber auch noch im 18. Jahrhundert dargestellt haben.

Die Grundzüge der Raumplanung und manche Details gehen auf den niederländischen Architekten Jacob van Campen zurück, der, an Palladio geschult, italienische Einflüsse eingebracht hat. Dies ist am besten am 1656 angelegten *Neuen Tiergarten* und seinem Amphitheater zu erkennen. Er liegt an einem Höhenzug im Nordwesten der Stadt zu Füßen des Springenberges, der mit seinen vielen Quellen das Wasser für die Anlage lieferte.

Neuer Tiergarten

Von einer halbkreisförmigen Säulenhalle floß das Wasser über vier Becken mit Springstrahlen und dazwischen liegenden Kaskaden abwärts. Eingefaßt war das Ganze von figurengeschmückten Terrassen. Am Fuß nahm ein Kanal das Wasser auf, der bis zum Rhein gehen sollte, aber nie fertiggestellt wurde. Dieser Übergang von Amphitheater zum Kanal wird heute empfindlich durch eine Straße – ursprünglich eine alte Lindenallee – gestört. Das soll geändert werden. Der Ausgangspunkt des Kanals ist wiederhergestellt: ein rechteckiges Bassin mit zwei Inseln, die mit kleinen Broderieparterres geschmückt sind.

Wichtig ist jedoch die Blickachse des Amphitheaters: Oben von der Säulenhalle geht der Blick gerade hinüber aufs andere Rheinufer und die Abteikirche Hochelten. Der Kanal weist in dieselbe Richtung. Das Gebiet um den Kanal herum war gegliedert durch sternförmige Plätze und Alleen. Seltene Bäume wuchsen hier und fremdartige Tiere gab es zu sehen. Von Anfang an war dieser »niedere Tiergarten« auch für die Bürger Kleves zugänglich.

Kleve, Neuer Tiergarten mit Amphitheater.

Alter Tiergarten

Nassauer Allee

Der »hohe Tiergarten« lag auf einer Anhöhe oberhalb des Amphitheaters. Die Kuppe wurde als Ausgangspunkt für zehn Schneisen wie ein Jagdstern angelegt – daher der Name »Sternberg«. Die Schneisen dienten gleichzeitig als Achsen, die den Blick auf markante Punkte der engeren und weiteren Umgebung lenkten. Der Ausblick ist heute leider verwachsen, doch diese Sichtbezüge könnten zum großen Teil wieder geöffnet werden.

Eine der Schneisen verband den Sternberg über eine Allee mit dem Klever Berg, wo es wieder einen Stern sowie eine Schneise zum Freudenberg gab. Auf diese Art entstand der Grüngürtel um die Stadt.

Im Süden liegt der *Alte Tiergarten,* der auf einen früheren Wildpark zurückgeht. Dieses Gebiet des Kermisdaels erhielt Prinz Moritz 1652 vom brandenburgischen Kurfürsten Friedrich Wilhelm. Schon 1653 wurde als Verbindungsweg dorthin die *Nassauer Allee* angelegt. Bei deren Anpflanzung war der Kurfürst offenbar zugegen, denn er erteilte von Kleve aus den schriftlichen Befehl, eine gleiche Allee in Berlin vom Schloß zum Tiergarten anzulegen: die später so berühmt gewordene Straße Unter den Linden.

Die Nassauer Allee in Kleve endete auf einem Sternplatz im Tiergarten, der seinerseits von einem System von Alleen und Sternanlagen durchzogen war. Das ganze Gebiet des Kermisdaels diente neben der Jagd auch der Landwirtschaft, was der von der Antike übernommenen Vorstellung vom Leben in »Arcadia« entsprach: der Mensch im Einklang mit einer friedlichen Natur. So stellten es von nun an Maler wie Poussin oder später Claude Lorrain dar. Deren Bilder bereiteten wiederum den englischen Landschaftsgarten vor. Ansätze dazu wurden hier in Kleve verwirklicht, wobei die einzelnen Abschnitte zwar der barocken Idee von einer symmetrischen Anlage gehorchten, sich jedoch völlig in die Natur einfügten.

Ganz in der Nähe, am Fuße des Papenberges, ließ sich Prinz Moritz eine Grabanlage errichten. Literarisches Vorbild zu einer solchen Ruhestätte in der Landschaft war das Grab des Daphnis aus der 5. Ecloge des Vergil. Zum Glück wurde der Grabbau auch von der protestantischen Geistlichkeit gebilligt, da er auf alttestamentarische Vorbilder verwies. So konnte der Prinz 1679 tatsächlich hier beigesetzt

werden, doch wurde der Sarkophag wenig später von der Familie nach Dillenburg gebracht...
Zwischen dem Kermisdael und der Stadt liegt auf der Ostseite der Nassauer Allee, deren vier Lindenreihen nach dem Zweiten Weltkrieg auf zwei reduziert wurden (angeblich um einen besseren Verkehrsfluß zu erreichen), der *Prinz-Moritz-Garten*. Der alte Lustgarten gehörte zur Residenz des Prinzen. Hier herrschte barocke Regelmäßigkeit mit Broderieparterre, Fontänen, Bosketts, Statuen und Kaskaden.
Auch er wurde zerstört. An seiner Stelle schuf Maximilian Friedrich Weyhe aus Düsseldorf nach 1822 einen abwechslungsreichen Landschaftspark. Damals verwandelte Weyhe auch den Tiergarten, das Amphitheater und den 1784 an der Ostseite des unvollendeten Moritzkanals entstandenen *Forstgarten* in einen englischen Landschaftsgarten. Was Weyhe schuf, wurde 1935 wieder zerstört. Aber man könnte den Garten nach Weyhes Plänen restaurieren, genau wie man es mit dem benachbarten Amphitheater und dem Kanal nach historischen Vorlagen macht, der seine geraden Ufer und nach und nach auch seine einfassende Baumreihe zurückbekommt.
Daß in Kleve überhaupt so viel historische Gartensubstanz respektlos behandelt wurde, liegt nicht zuletzt daran, daß hier kein Landesherr residierte, der die Gartentraditionen bewahrte. Nur während der preußische Kronprinz für die Rheinlande verantwortlich war – also ab 1815 –, tat sich einiges, wie wir auch andernorts noch sehen werden.
Zum Beispiel in *Düsseldorf*, das seit 1614 zur Pfalz gehörte und Amtssitz eines Statthalters war. In dessen Auftrag wurde von 1752 bis 1763 *Schloß Jägerhof* von dem Architekten Johann Joseph Couven im Norden der Stadt erbaut. Aber erst 1769 erhielt Nicolas de Pigage (1723–96) den Auftrag, den Garten dazu anzulegen. Pigage war eigentlich Architekt, seit 1749 aber auch Intendant der kurfürstlichen Gärten und Wasserkünste in Schwetzingen bei Mannheim. In Lunéville geboren, war er in Nancy am Hofe Stanislas Lescynskis und in Paris geschult worden. Der Garten für Schloß Jägerhof gehörte zu seinen weniger wichtigen Projekten für den pfälzischen Kurfürsten. Trotzdem entstand ein anmutiger Park mit einem »Großen Weyer«, der mit dem Schloß durch eine vierreihige Allee als Hauptachse verbunden ist.
Die Bäume dazu, sowie die für weitere Alleen, die durch die Bosketts führten, kamen aus Holland. In den Bosketts wurden Heckenräume ausgespart und mit Figuren geschmückt. Ein Kanal schließt das Gelände im Südwesten ab. Dieser alte Garten erhielt seine Chance zur Erweiterung durch Napoleon: in dem von ihm diktierten Frieden von Lunéville 1801 mußten auch Düsseldorfs Festungswälle fallen.
Der nunmehr auch bayerische Kurfürst – 1777 hatten die Pfälzer Bayern geerbt – schenkte das Gelände zwischen Ratinger Tor und Jägerhof den Bürgern Düsseldorfs zur Erweiterung des *Hofgartens*. Diese Aufgabe übertrug man dem 1803 nach Düsseldorf verpflichteten Maximilian Friedrich Weyhe.
Weyhe legte den Park im englischen Stil an und gestaltete bei dieser Gelegenheit auch gleich den alten Park um das Schloß um. Doch bis alles fertig war, hatte Düsseldorf schon wieder den Besitzer gewechselt. Seit 1815 war es preußisch.
Heute wird der Hofgarten, der eigentlich immer ein Garten der Bürger war, an seinen Rändern stark

Prinz-Moritz-Garten

Forstgarten

Düsseldorf

Schloß Jägerhof

Hofgarten

beeinträchtigt von den üblichen Straßenverbreiterungen. Am härtesten hat ihn das Bollwerk der Hofgartenrampe getroffen. Doch noch ist er groß genug, daß man sich unter seinen alten Bäumen oder am Ufer des Sees, auf der Allee zum Schloß oder am Fontänenbecken aus der Großstadt wegträumen kann.

Benrath

Lag der Hofgarten einst unmittelbar vor der Stadt, so war es nach *Benrath* wesentlich weiter: zwölf Kilometer nach Süden ging die Fahrt zu dem kleinen Dorf am Rhein. Die Entfernung ist geblieben, doch statt über Land fährt man nun zwischen Häusern und Villen und zum Teil auf »schnellen« Straßen. Keine ideale Einstimmung auf diese bezaubernde Hinterlassenschaft des Rokoko.

Erst kurz bevor man Benrath erreicht, spürt man an der baumbestandenen Straße, daß es nicht mehr weit sein kann. Und plötzlich trifft man auf den Bogenansatz des großen Weiherbassins, in dem sich mehrere Gebäude zartrosa spiegeln und unvermittelt eine kleine Insel mit einer großen Trauerweide schwimmt.

Selbst wenn man zu Fuß ist, sollte man der Straße folgen, die einen weiten Bogen um das Bassin beschreibt, und die wechselnden Bilder erleben, die sich dabei im Wasser ergeben. Mehrere niedrige Gebäude sind symmetrisch zueinander geordnet. Der eigentliche Schloßbau in der Mitte ist kaum höher als die Wirtschafstrakte. Er steht aber gleichsam auf einem Podest, so daß man auf den Garten hinunterschaut. An der Hauptfront liegt die spiegelglatte Fläche des Weiherbassins, eingefaßt von der weit ausschwingenden Kulisse der Alleebäume. Auf der Ostseite überblickt man von einer kleinen Terrasse aus den langgestreckten französischen Garten, der einst der Privatgarten der Kurfürstin war. An seinem Ende plätschert eine kleine Kaskade, über die der Itterbach in den Park geleitet wird.

Vor der Gartenfront streckt sich wie eine große Galerie mit dem Himmel als gewölbte, die Bemalung ständig wechselnde Decke der offene Gartenraum nach Süden, beherrscht vom langen, schmalen Spiegelweiher. Er ist eingefaßt von schlichten grünen Rasenflächen und Wegen zu beiden Seiten, die wiederum von Hecken begrenzt sind und am Ende auf eine halbrunde Terrasse stoßen.

Von der Gartenfront aus schaut man nicht nur auf diese helle Fläche, sondern auch in zwei diagonal auf das Schloß zulaufende schattige Alleen.

Die nach links führende endet dort, wo einst das alte Jagdschloß stand. Die Allee auf der rechten Seite bildet zugleich eine der Diagonalen des quadratischen Bosketts. Sie trifft sich in der Mitte auf einem Sternplatz mit sieben weiteren Schneisen. Wenn man ihr darüber hinaus folgt, steigt sie leicht hinauf zu einem Rondell. Dort öffnet sich der Blick plötzlich auf den Rhein. In der Mitte zwischen diesem Rondell und dem halbkreisförmigen Abschluß des Parterregartens hat sich als strenge Form in dem jetzt lockeren Waldgebiet das langgestreckte Oval der Reitbahn und eine Doppelreihe gestutzter Linden erhalten, der einzige Abschnitt aus dem 18. Jahrhundert, der im ehemaligen Boskett wieder herausgearbeitet wurde. Alles andere, die von Hecken begleiteten Schneisen, der Irrgarten, die Wasseranlagen und vieles mehr, sind der »Vernatürlichung« geopfert worden.

Auch der Garten an der Westseite des Schlosses, ehemals der Privatgarten des Kurfürsten, wurde 1814 von Maximilian Weyhe vollkommen verändert. Aus dem offenen

Benrath, Garten der Kurfürstin.

Parterre wurde eine ungemein intim wirkende Landschaft mit schlängelndem Bach, Brücken und exotischen Bäumen, zwischen deren grünen Zweigen immer wieder das zarte Rosé des Schlößchens hindurchschimmert. Vielleicht fasziniert dieser kleine Garten vor allem durch den Kontrast zu den anderen Teilen, in denen man das Rokoko noch so stark spürt. Das wird vollends klar, wenn man den Garten aus den Fenstern des Schlößchens betrachtet. Die Harmonie zwischen drinnen und draußen wird bei jedem Blick aus den Fenstern, selbst aus denen des Dachgeschosses, deutlich. Nur im Schlafzimmer des Kurfürsten wollen die anmutigen Stukkaturen nicht so recht zum etwas melancholischen Garten passen. Aber so war es ja ursprünglich nicht gemeint, als Nicolas de Pigage zwischen 1755 und 1769 Schloß und Park in Benrath für den Kurfürsten Carl Theodor von der Pfalz errichtete.
Es gab hier zwar von alters her einen Wildpark und das Jagdschloß, aber das war baufällig und genügte insgesamt nicht mehr den modernen Anforderungen. Da es in Düsseldorf nur die wenig repräsentative und von der Altstadt eingeschnürte Burg gab, mußte Benrath eine doppelte Funktion erfüllen: der Repräsentation dienen und zugleich Sommersitz sein. In strahlender Sonne funkelt es auch heute noch wie ein Diamant. Die Jahreszeit spielt dann keine Rolle. Doch im Herbst fügen braune Blätter im klaren Wasser und ein zarter Herbstdunst zwischen den Bäumen einen wehmütigen Hauch hinzu.
Es wird wohl kaum jemandem einfallen, von Düsseldorf aus ins Ruhrgebiet zu fahren, um sich dort Gärten anzuschauen. Und doch gibt es sie: große Volksparkanlagen

seit dem Ende des vorigen Jahrhunderts und stille Gärten an den alten Herrenhäusern, ein wenig abseits in den Tälern. Als Beispiel seien hier *Schloßgarten* und *Park von Schloß Berge* im Gelsenkirchener Stadtteil Buer genannt. Das Wasserschloß Berge wurde 1550 vom Ritter Georg von Boenen zu Berge auf einer quadratischen Insel erbaut. Um 1780 erhielt das dreiflügelige Herrenhaus nicht nur sein Mansardendach, sondern auch einen englischen Park. Der eigentliche Schloßgarten entstand bereits um 1700 auf dem Gelände des alten Burggartens.

Gelsenkirchen

Als 1924 die Stadt Schloß Berge kaufte, wurde der Garten noch im gleichen Jahr nach alten Stichen im französischen Stil restauriert. Das rechteckige Parterre besitzt einen Mittelweg und zwei Querwege; die Kreuzungspunkte sind verschieden akzentuiert, die Rasenflächen durch schmale Blumenbänder eingefaßt. Zum Park hin schließt sich ein schlauchartiger Heckengarten an, dessen regelmäßige Beete mit Buchs eingefaßt sind. Der Schloßgarten ist so von Wasser umgeben, daß er fast wie eine Insel wirkt. Seine Spazierwege am Ufer werden überwölbt von alten Bäumen.

Der große Park, in den man durch den Heckengarten gelangt, wurde 1926 restauriert, wobei man sich nach alten Gemälden richtete. Die ganze Anlage gehört zu einem Grüngürtel, den die Stadt nach 1922 durch Arbeitslose aufbauen ließ.

Essen

Ein anderes Beispiel für die Gartenkultur im Ruhrgebiet ist der *Park der Villa Hügel in Essen.* Dies ist die typische Anlage eines Großindustriellen aus der zweiten Hälfte des 19. Jahrhunderts mit Blumenbeeten, weiten Rasenflächen, gewundenen Spazierwegen, botanischen Kostbarkeiten aus deutschen und englischen Baumschulen sowie Alleen, für die der Bauherr Alfred Krupp die alten Bäume ganzer Straßenzüge in der Umgebung aufkaufte.

Die Villa des großen Industriepioniers auf dem Hügel über dem Ruhrtal entstand zwischen 1868 und 1872 nach seinen eigenen Entwürfen. In dem dazugehörigen Garten dürfte er ebenfalls eigene Vorstellungen verwirklicht haben. Nur die Aussicht auf den Baldeneysee konnte er nicht einplanen – der wurde erst 1926 durch Aufstauen der Ruhr gewonnen.

Schloß Dyck

Doch zurück nach Düsseldorf und von dort auf die andere Seite des Rheins. Wenn man die Autobahn benutzt, um nach Aachen zu fahren, sollte man sie schon an der Ausfahrt Grevenbroich-Kapellen wieder verlassen und dem beschilderten Weg nach *Schloß Dyck* folgen. Hier erwartet den Besucher neben dem 1656 bis 1663 erbauten Wasserschloß mit seinen reichen Sammlungen ein privater botanischer Garten, den sich Fürst Joseph zu Salm-Reifferscheidt-Dyck zwischen 1809 und 1834 anlegte.

Dieser Fürst war ein ungemein gelehrter Botaniker. Seine Spezialität waren die Sukkulenten, von denen er zuletzt fünfzehnhundert Arten in seiner Orangerie angesammelt hatte. Die Orangerie steht noch, die Sammlung der Sukkulenten ging bald nach seinem Tod zugrunde. Er hatte sie indessen vorher in einem Buch, dem »Hortus Dyckensis«, beschrieben, und davon gibt es noch ein Exemplar von 1834 im Schloß.

Den Park ließ sich der Fürst von dem Schotten Thomas Blaikie (1750–1838) aus einem französischen Parterre- und Heckengarten in einen englischen Landschaftspark verwandeln. Blaikie war kein Unbekannter. Als Botaniker hatte er zunächst für Dr. Fothergill Pflanzen in den Alpen gesammelt.

Essen, Park der Villa Hügel.

Dann wurde er von einem französischen Adeligen mit der Neuanlage seines Parks betraut und zu einem gefragten Gartengestalter in Paris, der am Petit Trianon, Parc Monceau und Bagatelle arbeitete und später sogar für die Kaiserin Josephine in Malmaison tätig war. Blaikie war also genau der richtige Mann für einen botanischen Garten, in dem »alle unter freiem Himmel in hiesigem Klima ausdauernden Bäume und Sträucher« in der gehörigen Ordnung ihren Platz fanden und von allen übrigen Geschlechtern wenigstens eine Art, ohne jedoch die ästhetische Wirkung durch steten Wechsel der Formen und Farbnuancen außer acht zu lassen.

Die späteren Ergänzungsarbeiten in diesem Park durch Maximilian Weyhe und sogar Peter Joseph Lenné hielten sich eng an Blaikies Konzept, so daß sich dieser Park vor unseren Augen ausbreitet, wie Blaikie es zu Beginn des 19. Jahrhunderts gewollt hat.

Hier in Dyck sind wir zum erstenmal auf gesicherte Spuren von Peter Joseph Lenné gestoßen. Von nun an wird uns sein Name häufiger begegnen. Nicht etwa, weil er 1789 in Bonn geboren wurde, 1808 seine Lehre in Brühl beendete und sein Vater ab 1811 zum Direktor der Gärten nach Koblenz berufen wurde, sondern weil er 1816 nach Berlin ging, dort rasch Karriere machte und bereits 1824 zum königlichen Gartendirektor ernannt wurde. Und da die Rheinlande seit 1815 zu Preußen gehörten, hatte Lenné sich auch um die Gärten in dieser Provinz zu kümmern.

Sein Aufstieg kam nicht von ungefähr. Neben dem Fürsten Pückler ist er der bedeutendste deutsche

Schloß Dyck, Torhaus.

Gartenarchitekt des 19. Jahrhunderts. Er hatte sein Metier im Gegensatz zu Pückler, der ein genialer Dilettant war, von Grund auf gelernt, allerdings – und dies ist ein wichtiger Unterschied – nicht an der Quelle in England, sondern in Paris, der Schweiz und in Österreich. In Berlin und am preußischen Hof kamen sich Pückler und er einige Male in die Quere; hier im Rheinland war jedoch Lenné eindeutig der Tonangebende.

Für die Erweiterungsarbeiten in Dyck war Lenné auch insofern hervorragend geeignet, als sein Interesse an Botanik so groß war, daß er 1811 während seiner Studien am botanischen Garten in Paris noch beinahe umgesattelt hätte. Die Begeisterung für die Pflanzenkunde war damals so allgemein, daß fast jeder Garten einer botanischen Sammlung glich.

Aachen

Von Dyck aus nun nach *Aachen*. Der *Kurpark* ist Lennés am weitesten westlich gelegene Anlage. 1853 bis 1855 entstand er auf dem Gelände des ehemaligen Spitalgartens »Maria-Hilf«, das außerhalb der Stadt am Fuße des Wingertsberges lag. Das Spital wurde 1910 abgebrochen, an seiner Stelle steht jetzt das Kurhaus. Die Heilquellen waren ja bereits den Römern bekannt, und der Quellen zuliebe verbrachte Karl der Große hier seine alten Tage.

An dem Kurpark hat sich seit seiner Entstehung viel geändert: 1926 bis 1928 wurde er mit dem botanischen Garten, der 1882 angelegt worden war, und mit dem Farwick-Park zusammengefaßt. Man versucht heute, das Parterre vor Kurhaus und Kurhotel in Anlehnung an Lennés Pläne wieder herzurichten. Das eigentlich barocke Parterre hatte zu Beginn des 19. Jahrhunderts im Landschaftsgarten als eine Art Übergang von strenger Architektur in frei gestaltetem Raum wieder seinen Platz gefunden. Freigestalteten Raum gibt es im Aachener Kurpark noch genug: Vom Konzertplatz mit Rundpavillon an der Ostseite des Kurhauses steigt man den Hügel hinauf zu einer Art Bergpark mit seltenen Bäumen. Es gibt hier auch einen Rosengarten. Darin steht ein Denkmal für Lenné, das 1896 gestiftet wurde.

Von Aachen nach Köln kommt man am schnellsten auf der Autobahn. *Köln* hat sich keine Gärten aus dem Mittelalter bewahrt. Sie waren in der engen Stadt kaum anzulegen. Später hatte sich die Bürgerschaft derart mit ihrem erzbischöflichen Oberhaupt entzweit, daß dieses es vorzog, außerhalb der Stadt zu residieren und dort die repräsentativen Gärten anzulegen.

Köln

So mußten Kölns Bürger im 19. Jahrhundert, wenn sie im Grünen spazieren wollten, zur Selbsthilfe greifen. Sie taten es verhältnismäßig spät. Zuerst gründete der Freiherr Eduard von Oppenheim zusammen mit anderen wohlhabenden Bürgern eine Gartenbaugesellschaft, die »Flora AG«, die sich den Bau einer grünen Erholungsanlage zum Ziel setzte. Diese beauftragte Peter Joseph Lenné mit der Planung. 1864 konnte der neue *Flora-Park* dann eröffnet werden.

Es gab – und gibt noch heute – einen kleinen See, Rasenflächen und Baumgruppen und Laubengänge bei den Kaskaden. Bis 1918 kümmerte sich ausschließlich die Flora AG um die Erhaltung. Dann ging der Park in den Besitz der Stadt über und wurde 1920 mit dem nebenan gelegenen botanischen Garten vereinigt, der erst in den Jahren 1912 bis 1914 entstanden war. Doch damals war der Flora-Park längst nicht mehr der einzige grüne Fleck im Kölner Häusermeer.

Brühl

Das grüne Refugium des Erzbischofs von Köln war vor allem *Brühl,* das man von Köln aus über die B 51 schnell erreicht. Das Hauptschloß *Augustusburg* ließ sich der Erzbischof und Kurfürst Clemens August von Wittelsbach (1700–1761) ab 1724 von Johann Conrad Schlaun errichten – man erinnere sich bei dieser Gelegenheit an ihre Zusammenarbeit in Clemenswerth. Schlaun entwarf eine dreiflügelige Anlage mit Ecktürmen und Wassergräben und drei axial darauf bezogene Gärten. Doch gedieh das Projekt nur bis zum Rohbau. Offenbar erschien dem Kurfürsten Schlauns Münsteraner Schwerblütigkeit zu wenig elegant. So lieh er sich 1728 den Baumeister François Cuvilliés (1695–1768) von seinem Neffen in München aus, der ihm Augustusburg in eine dem veränderten Zeitgeschmack entsprechende Residenz verwandelte.

Cuvilliés ließ an Schlauns drei Flügeln die Türme weg und schüttete die Gräben zu. Vor den Südflügel

Nachfolgende Doppelseite: Brühl, Schloß Augustusburg. Das zweigeteilte „tapis de broderie“.

Aachen, Kurpark mit neuem Kurhaus und Kasino.

mit den Wohnräumen des Kurfürsten legte er eine Terrasse an, die U-förmig das Parterre umgreift und den Blick von oben auf die Ornamente erlaubt. Die Gestaltung des Gartens übertrug Cuvilliés einem Schüler des großen Le Nôtre: Dominique Girard.

Das Konzept Girards ist weitgehend erhalten geblieben: Das Gartenparterre liegt wie ein Festraum unter freiem Himmel zu Füßen des Betrachters; daran schließt sich ein Boskett an, und alles endet schließlich in der »Wildnis«.

Seit 1946 wird der Park nach Plänen von 1750 rekonstruiert. Das zweigeteilte »tapis de broderie« – die Motive dafür entlieh man oft genug Musterbüchern, die auch für Stickereien verwendet wurden – nimmt nur etwa zwei Drittel des Raumes ein. Zwei Springbrunnen auf jeder Seite fügen ein bißchen Höhe hinzu, ebenso die beschnittenen Taxuskegel. Die Ornamentlinien sind aus Buchs gezogen, die Flächen dazwischen mit bunten Kieseln, eingefärbtem Sand und Asche ausgefüllt und damit unabhängig von den Jahreszeiten. Eingefaßt sind die beiden Ornamentflächen jedoch mit einem bunt bepflanzten Blumenband. Den Rest des Parterreraumes nimmt ein Wasserbecken ein, dessen Lage so berechnet ist, daß sich das Schloß darin spiegelt.

Rings um das Parterre läuft ein Weg. Nach außen umschließt eine beschnittene Hecke den Raum wie eine Wand und leitet zugleich über in die angrenzenden Gartenräume. Am Ende verbindet eine kleine Kaskade das Parterre mit dem Kanal, der die Hauptachse fortsetzt, bis er an der großen Fontäne endet, deren heller Strahl vor dem Hintergrund dunkler Bäume weithin leuchtet.

Zu beiden Seiten des Kanals erstreckt sich das von Alleen und Schneisen durchzogene Boskett. Hier hatte Girard drei sternartige Alleen geplant: die Hauptallee in Richtung Poppelsdorf, diagonal dazu die Allee nach Falkenlust; die andere Diagonale wurde allerdings nicht ausgeführt.

Dieser Garten vor der Südfront des Schlosses war aber nicht der einzige: Auf allen Seiten dehnten sich Gartenanlagen, durch ein Kanalsystem verbunden und zum Teil als Küchengärten und Obstplantagen genutzt. Sie sind alle verschwunden.

Schon der Kurfürst ließ Veränderungen durchführen. Der 1743 aus Würzburg geholte Balthasar Neumann verlängerte den Südflügel durch eine Orangerie nach Westen (heute ein Café), änderte im Schloß die Abfolge der Räume und baute das hinreißend schöne Treppenhaus ein, das durch viele Staatsempfänge inzwischen zu Fernsehehren gelangte.

1815 kam Brühl in preußischen Besitz und wurde später durch Lenné, der hier seine Lehrzeit absolviert hatte, in einen englischen Garten umgewandelt, was wiederum seit Kriegsende rückgängig gemacht wird, soweit man gesicherte Pläne dafür hat.

Wer heute die Gärten in Brühl besuchen möchte, sollte sich vorher telefonisch vergewissern, daß sie auch geöffnet sind. Sobald ein Staatsempfang ins Haus steht, werden sie für den ganzen Tag geschlossen (Tel. 02232-1211).

Den kleinen Park von *Falkenlust* kann man immer anschauen. Normalerweise erreicht man das Jagdschlößchen zu Fuß in etwa zwanzig Minuten über die Falkenluster Allee, die von dem Stern im Augustusburger Park abgeht. François Cuvilliés baute das Schloß 1729 bis 1740 nach dem Vorbild der Amalienburg im Park von Nymphenburg. Wie dort hat das

Dach eine Plattform, die von einem zierlichen Geländer umgeben ist. Sie war für die Falkenjagd bestimmt.
Der Park selbst besteht aus zwei Bosketts, die mit Wegsternen und kleineren »Salons« durchsetzt sind. Ein Wasserbecken bildet den zentralen Punkt der einen Schattenzone. In der anderen liegt eine Kapelle, die wie eine Grotte aus Muscheln, Glas, Bergkristall und Lava zusammengesetzt ist. 1730 wurde sie gebaut und ist ebenfalls ein Zitat aus Nymphenburg. Der Kapellenraum der Magdalenenklause dort hat die gleiche Ausstattung.
Die grottenartige Kapelle hat in dem sehr barocken Kult der Büßerin Magdalena ihre Wurzeln: Auf zahllosen Gemälden wurde sie verzweifelt betend am Boden einer Höhle liegend dargestellt. Diese Höhle wiederholte man in einem »wilden« Winkel des Parks als stete Mahnung zu gottgefälligem Lebenswandel. Ausgelassene Lebensfreude und reuige Einkehr lagen im Barock auch räumlich eng beieinander.
Clemens August, der Bauherr von Brühl, benutzte vermutlich die Poppelsdorfer Allee, um nach *Bonn* zu kommen. Wer sich auskennt, kann über die Dörfer fahren, schneller geht es über die Autobahn. Bonn war die Residenz der Kölner Erzbischöfe und Kurfürsten. Das Schloß wurde von Enrico Zucalli 1697 begonnen und von Robert de Cotte 1718 bis 1725 vollendet. 1721/22 erhielt es den obligaten Garten im französischen Stil. Das Schloß selbst ist eine offene Anlage, die die italienischen Einflüsse nicht verleugnen kann.
Heute läßt sich allerdings nur noch schlecht nachvollziehen, wie nah die umgebende Landschaft damals war und wie ungestört der Hauptblick auf das Siebengebirge sich dem Auge darbot. Eine lange Galerie führte direkt zum Ufer, und vom westlichen Anbau genoß man den freien Blick bis zum Poppelsdorfer Schloß.
Das alles hat sich gründlich verändert. Schon 1777 wurde der *Hofgarten* nach dem Brand des Schlosses neu angelegt, wobei man das Spiegelbassin mit dem Schutt zuschüttete. Und 1818 verwandelten die Preußen die feudale Residenz in eine Universität. Der Hofgarten hat noch seine Lindenalleen herübergerettet, auch ein paar alte Bäume auf den Rasenflächen. Aber selbst an ihm nagten die Verkehrsplaner und zwickten die fehlenden Meter für breitere Fahrbahnen ab. Den Rest geben ihm die großen Kundgebungen, von denen er von Zeit zu Zeit »heimgesucht« wird.

Bonn

Poppelsdorfer Allee und Schloß

Im 18. Jahrhundert muß es ein Genuß gewesen sein, vom Stadtschloß aus die *Poppelsdorfer Allee* entlangzufahren zum Lustschloß Clemensruhe, wie es damals hieß. Das *Poppelsdorfer Schloß* wurde 1715 bis 1730 ebenfalls von Robert de Cotte erbaut. Später ergänzte Balthasar Neumann den Innenhof, arbeitete an der Ausstattung und lieferte die Pläne zum Garten. Daraus wurde gleich nach der Universitätsgründung der botanische Garten, der sich zum Glück nicht allzu wissenschaftlich nüchtern vor der Gartenfront des Schlößchens ausbreitet. Im Schloß selbst sind das zugehörige botanische Institut sowie die Steinsammlung der Universität untergebracht. Neuerdings trägt sich die nordrhein-westfälische Landesregierung mit der Absicht, diese Steinsammlung anderweitig unterzubringen und das Schloß der Stadt Bonn zu schenken. Es könnte dann Zwecken zugeführt werden, die seiner Natur eher entsprechen – es muß ja nicht unbedingt eine Spielbank sein.

Alter Friedhof

In Bonn sollte man auch einen Blick in den Friedhof werfen. Der

Alte Friedhof war ursprünglich ein schlichtes Gräberfeld für »gemeine Einwohner, Passanten und Soldaten«, bevor König Friedrich Wilhelm IV. anregte, daraus einen romantischen Landschaftspark zu machen. Es wäre durchaus denkbar, daß Friedrich Schinkel ein paar Vorschläge dazu geliefert hat. Einige Grabmale sind gewiß von ihm, aber es gibt auch solche von Rauch und Stüler. Beethovens Mutter liegt hier begraben und Schillers Frau sowie dessen Sohn Ernst. August Wilhelm Schlegel fand hier seine letzte Ruhestätte, ebenso die Brüder Boisserée sowie Robert und Clara Schumann. Ein Friedhof der Spätromantik in jeder Beziehung.

Arenfels

Wenn man in Bonn aufs andere Rheinufer wechselt und flußaufwärts auf der B 42 bis Bad Hönningen fährt, geht gleich linkerhand ein Weg bergan zum *Schloßpark von Arenfels*.

Die Burg von 1259 wurde im 17. Jahrhundert zum Schloß, das Friedrich Ludolf von Westerhold 1840 kaufte. 1849 bis 1855 entstand dann der neugotische Bau, eine Verwandlung, die sich so manche Burg am Rhein in der Mitte des vorigen Jahrhunderts gefallen lassen mußte. Die Mode kam aus England, und die Engländer waren es auch, die nach den Befreiungskriegen den Rhein als Touristenattraktion entdeckten.

In Arenfels verband man den neugotischen Umbau der Burg mit der Anlage eines den Hang überziehenden Landschaftsparks, dessen Serpentinenwege und verschlungene Pfade immer wieder zu neuen Ausblicken auf das zu jener Zeit sicher viel romantischere Rheintal führen. In dieser für das 19. Jahrhundert so typischen Anlage fehlen indessen die damals so geschätzten fremdländischen Gehölze. Aber Boden und Klima sind hier nicht so günstig. Man vermißt die Exoten auch nicht. Sie würden im Grunde nur die eigenartige Stimmung stören, zumal wenn ein freundlicher Nebel den Blick auf den allzu geschäftig gewordenen Fluß und seine Uferstraßen gnädig verhüllt und damit den Park auf dem Felsen aus dieser Welt entrückt.

Bad Neuenahr

Zurück im Tal, kann man flußabwärts bei Linz die Fähre über den Rhein nehmen und dann die Ahr flußauf bis *Bad Neuenahr* fahren. Die *Kurparkanlagen*, die sich am Ufer entlangziehen, haben als Keimzelle den *Kurgarten*, den Peter Joseph Lenné um 1858 gestaltete. Ihm zu Ehren wurde eine Erweiterung *Lenné-Park* genannt. An den Namen der anderen Partien läßt sich unschwer die Entstehungszeit ablesen: Kaiser-Wilhelm-Park und Kaiserin-Auguste-Viktoria Park. Trotz der Veränderungen scheinen sie die Atmosphäre ihrer Zeit mit ihren üppigbunten Teppichbeeten, schattigen Promenaden, der abwechslungsreichen Bepflanzung und wohlgepflegten Rasenflächen bewahrt zu haben.

Bürresheim

Eine ganz andere Welt tut sich im kleinen Garten der *Burg Bürresheim* auf, die man von Bad Neuenahr über die Autobahn bis zur Ausfahrt Mendig erreicht. Weiter fährt man auf der Straße nach Mayen und wendet sich dort in nordwestlicher Richtung nach Kirchesch. Fünf Kilometer hinter Mayen liegt Bürresheim auf einer Anhöhe über dem Tal der Nette.

Die Burg besteht aus einer malerischen Gebäudegruppe aus verschiedenen Jahrhunderten. Sie war im Besitz kleiner Adelsfamilien und lag etwas gefährlich im Grenzbereich der Erzbistümer Köln und Trier. Seit 1657 gehörte sie den Herren von Breitbach, deren hervorragendstes Familienmitglied Emmerich Joseph Erzbischof und Kurfürst von Mainz in den Jahren

Burg Bürresheim, barocker Terrassengarten.

1763 bis 1774 war. 1938 wurde die Burg samt Inhalt an den Staat verkauft. Im Inneren vermittelt sie noch immer die behagliche Wohnlichkeit der vergangenen beiden Jahrhunderte.
Wenn man den Hauptweg zur Burg hinaufsteigt, führen Stufen links hinab in den barocken Terrassengarten, der 1683 angelegt und 1952 restauriert wurde: ein langgestrecktes Rechteck, längs und quer von Wegen unterteilt, die Rasenflächen von Buchs eingefaßt und an den Ecken durch Taxuskegel betont, im Mittelpunkt ein geschwungenes Fontänenbecken – so schlicht waren die Gärten kleiner Adeliger in der Barockzeit.
Im Marschallszimmer der Burg zeigt ein Gemälde aus dem Jahr 1711, daß der Garten wirklich so aussah; deshalb legte man 1952 den ehemaligen Küchengarten im Tal im gleichen Stil an. Das ist vom historischen Standpunkt gesehen zwar nicht ganz korrekt, bietet aber einen hübschen Anblick, wenn man von der Burg hinabschaut.

Trier

Warum nicht von Bürresheim aus durch die Eifel nach *Trier* fahren? Als eine der vier römischen Kaiserresidenzen hatte die Stadt selbstverständlich auch Gärten. Nur ist davon nichts übriggeblieben. Selbst in der Barockzeit war Trier keine ausgesprochene Gartenstadt, denn die Erzbischöfe und Kurfürsten von Trier hatten wie ihre Kölner Amtsbrüder kein gutes Verhältnis zu ihren Untertanen und residierten lieber auf dem Ehrenbreitstein bei Koblenz. Außerdem wurde die Stadt ständig in die zerstörerischen Auseinandersetzungen der großen Politik hineingezogen.
Trotzdem gibt es ein kurfürstliches Palais, das aber nie fertig geworden ist, ebensowenig wie der dazugehörige Garten. Was sich heute vor der Gartenfront ausbreitet, wurde im wesentlichen erst nach dem letzten

Trier, Garten des kurfürstlichen Palais.

Krieg anstelle eines Kasernenhofes – allerdings nach alten Plänen – angelegt.
Im südlichen Stadtteil gibt es jedoch die Anlagen am *Mattheiser Weiher*. Hier hatten die Mönche der Abtei St. Matthias einst ihre Fischteiche. Nach der Säkularisation wurde der Besitz von dem Bankier Philipp Nell erworben und in einen Park verwandelt. Aus den Fischteichen entstanden malerische Weiher mit alten Bäumen an ihren Ufern.
Der Bruder des Bankiers Nell war Kanonikus am Stift St. Paulin. Dieser Nikolaus Nell nutzte die Zeit der politischen Unsicherheit und französischen Besatzung und kaufte 1792 im Norden der Stadt ein Sumpfgelände, um dort einen romantischen Gutspark anzulegen. *Nells Park* heißt dieser englische Landschaftsgarten seitdem. Das alte Gutshaus steht noch, ebenso eine alte Mühle. Sogar der Eiskeller ist vorhanden. Eiskeller gab es in beinahe jedem größeren Park an einer günstigen Stelle, meist tief in die Erde gegraben. Viele wurden später als zu profan zugeschüttet oder sonstwie unkenntlich gemacht.

Burg Stolzenfels bei Kapellen

Doch zurück zum Rhein und seiner Burgenromantik. Das königlich preußische Vorbild dort war die *Burg Stolzenfels*. Man erreicht sie von Trier aus, indem man an der Mosel entlang bis Winningen und dann auf einer Nebenstraße über das Hochplateau hinüber nach Rhens fährt. Von dort geht es auf der B 9 in Richtung Koblenz bis *Kapellen*.
Diese Burg aus dem 13. Jahrhundert gehörte dem Erzbischof von Trier, deshalb wurde sie 1689 von den Franzosen zerstört. 1823 schenkte die Stadt Koblenz die nutzlose Ruine dem preußischen Kronprinzen Friedrich Wilhelm, den man später den »Romantiker auf dem Thron« nannte. Der Prinz

wollte unbedingt dort wohnen und ließ sich von keinem Geringeren als Karl Friedrich Schinkel die Pläne zum Ausbau entwerfen. 1825 begann man sie zu verwirklichen, indem man den Weg hinauf ausbaute. Aber erst in den Jahren 1836 bis 1845 wurde ernsthaft an der Anlage gearbeitet. Die Reste der alten Burg wurden sorgsam den neuen Baukörpern eingefügt, um neben einer behaglichen Wohnung auch einen malerischen Anblick vom Fluß aus zu erhalten. Nur die Burgkapelle auf der Rheinterrasse ist dabei neu entstanden.

Merkwürdig und einmalig jedoch ist der Burggarten, den Schinkel aus maurischen und mittelalterlichen Elementen entwickelte. Man erreicht ihn über den oberen Burghof durch die offene, dreibogige Treppenhalle. Wie ein Schiffsbug läuft er auf den Adjutantenturm zu, dessen Untergeschoß zum Garten hin ein offener Sitzplatz ist. In der Mitte steht eine hohe Brunnensäule, aus deren Schale Wasser herunterfällt, darum herum liegen rosettenartig kleine buchsumrahmte Beete, und ringsum an der Mauer läuft eine weinberankte Pergola.

Den schönsten Blick auf diesen Garten mit der Treppenhalle im Hintergrund hat man von der kleinen Halle im Adjutantenturm. So wurde der Garten auch 1845 aquarelliert. Das Bild hängt in einem der Wohnräume im Schloß. Aus dem Pergolagarten führt ein Durchschlupf einige Stufen hinunter auf die Terrasse mit dem weiten Blick über das Rheintal und die Lahnmündung. Wieder gibt es buchseingefaßte kleine Beete, einen Brunnen, einen kleinen Söller und – ursprünglich als Keller geplant! – einen weißblau gekachelten Gartensaal – die Kronprinzessin war die Tochter des bayerischen Königs. An einem heißen Sommertag ist es hier herrlich kühl, und der Blick hinaus auf die Terrasse wirkt erfrischend. Man sollte aber auch an der gußeisernen Etagère mit darauf arrangierten Blumentöpfen nicht achtlos vorübergehen. Der Entwurf dazu stammt ebenfalls von Schinkel.

Von diesem Teil der Terrasse führt ein Torbogen zu dem schmalen Rosengarten. Hier blühen allerdings moderne Teehybriden. Es wäre stilvoller, wenn dort alte Rosensorten aus dem vorigen Jahrhundert ständen. Es gibt sie ja wieder, und sie wären das Tüpfelchen auf dem i dieses biedermeierlichen Traums von der Burggartenromantik eines preußischen Königs und seines Architekten.

Ein letzter Blick in einen alten Garten an den Ufern des Rheins: der *Schloßgarten in Neuwied*. Der kürzeste Weg dorthin führt von Koblenz aus über die B 9. Hinter dem Schloß der Fürsten zu Wied erstreckt er sich nur zweihundert Meter breit, aber dafür vierzehnhundert Meter lang am Flußufer. Aus aufgekauften Weinbergen entstand hier um 1720 zuerst der übliche Barockgarten. 1815 wurde dieser dem Zeitgeist entsprechend in einen englischen Park verwandelt. Dieser Park wurde jedoch 1834 durch Hochwasser zerstört. Gleichzeitig gingen auch die Pflanzen verloren, die der weitgereiste Maximilian Fürst zu Wied zu Beginn des Jahrhunderts aus fernen Ländern mitgebracht hatte.

Neuwied

Aus dem, was das Hochwasser übriggelassen hatte, entstand der heutige Park, der inzwischen auch schon wieder hundert Jahre alt ist. Das beherrschende Element der Anlage ist der Fluß, den man immer wieder sieht, hört und vor allem auch riecht.

Manchmal ist es auch am Rhein für Sekunden still. Dann versteht man, was die Menschen einst an diesem Fluß so begeisterte.

Berlin – ein Kapitel für sich

Der Sprung vom Rhein nach Berlin scheint gewaltsam, ist aber historisch sinnvoll. Hier begegnen wir auch Peter Joseph Lenné wieder, der seit 1816 die Gartenlandschaft in und um Berlin prägte, angefangen von Gutsgärten in der Mark über die königlichen Gärten in Berlin und Potsdam bis hin zu dem großen Volkspark in Magdeburg. Alle sind nur mit gewissen Schwierigkeiten zu besichtigen. Doch selbst wenn man sich auf die im Westen Berlins gelegenen Gärten beschränkt, stößt man immer wieder auf Lennés Wirken.

Berlin ist übrigens noch in anderer Hinsicht bemerkenswert: es besitzt als einziges Bundesland seit 1978 eine eigene Abteilung für Gartendenkmalpflege beim Senator für Stadtentwicklung und Umweltschutz. Seit diese Behörde ein wachsames Auge auf private wie öffentliche Gartenanlagen richtet, kann sich Berlins historisches Grün wieder sehen lassen, zumal man dabei in edlem Wettstreit mit der Verwaltung der staatlichen Schlösser und Gärten liegt, in deren Obhut zum Beispiel der *Park von Schloß Charlottenburg* gehört.

Schloß Charlottenburg

So heißt dieser Park seit 1705. Vorher nannte man das Schloß die Lietzenburg. Sie gehörte Sophie Charlotte, der zweiten Frau des Kurfürsten Friedrich III., der sich, seit 1700 als König in Preußen, Friedrich I. nannte. Der Kurfürst hatte das Gelände an der Spree weit vor den Toren der Stadt 1695 seiner Gemahlin geschenkt, die sich hier ein sommerliches Refugium schuf. Der Ursprungsbau, eine Villa im italienischen Stil mit flachem Dach, ist im Mitteltrakt unter der Kuppel noch zu erkennen.

Erhalten blieb in diesem Teil trotz der Umbauten auch die starke Beziehung der Innenräume zu dem umgebenden Garten: die Repräsentationsräume lagen im Erdgeschoß. Dort öffneten sich Glastüren zum Garten, denen Spiegel gegenüberlagen, die das Bild des Gartens in die Räume holten. Schön wäre es, wenn man als Besucher durch diese Türen hinaus auf die Terrasse und in den Garten gehen könnte.

Aber der Weg dorthin führt um die Seitenflügel herum. So betritt man leider nicht zuerst das weiträumige Broderieparterre, sondern die von Lenné umgestalteten Bosketts.

Die meisten Besucher werden rechts am Neuen Flügel vorbei gehen und zunächst auf den Schinkelpavillon stoßen. Schinkel errichtete diesen an eine italienische Villa erinnernden Bau im Jahre 1825 für König Friedrich Wilhelm III. und seine zweite Gemahlin, die Fürstin von Liegnitz, als Sommerhaus – daher die Loggien an allen vier Seiten. Trotzdem ist der Pavillon nicht zum Park, sondern quer zur Gartenfront des Schlosses ausgerichtet. Eine Allee aus Büsten römischer

Schloß Charlottenburg, Blick von der Parkseite.

Kaiser und Kaiserinnen läuft darauf zu. Sie wurde bereits 1740 von Friedrich dem Großen angelegt. Nur fehlen inzwischen die geschnittenen Hecken als Hintergrund.
Als die Büsten aufgestellt wurden, gab es hier noch den französischen Garten der Kurfürstin Sophie Charlotte, den Siméon Godeau ab 1697 in ihrem Auftrag angelegt hat. Godeau war ein Schüler Le Nôtres. Trotzdem finden sich in seinem französischen Gartenkonzept holländische Anklänge: das Broderieparterre war nicht eingetieft, die Spree an der rechten Seite wurde wie ein Kanal als Rahmen einbezogen. Bosketts erstreckten sich seitlich am Parterre entlang, und den Abschluß bildete ein Bassin. Das alles lag wie in den holländischen Gärten auf einer Ebene.
Im Jahre 1787 gestaltete Johann August Eyserbeck daraus einen Landschaftspark. Man hatte Eyserbeck aus Wörlitz bei Dessau geholt, wo es den ersten maßgebenden Landschaftsgarten gab. Das Parterre wurde entfernt, das Bassin erhielt ein »natürliches« Ufer und erweiterte sich zu einer Seenlandschaft. Das Belvedere erbaute man 1788 auf einer Insel – längst wurden Wiesen daraus, auf denen der anmutige Bau etwas verloren steht. Man sollte nicht versäumen, die dort aufgestellte Porzellansammlung anzuschauen, denn viele Stükke aus der Zeit um 1800 bis 1840 tragen minutiöse Darstellungen der Königlichen Gärten in Berlin und Potsdam nach ihrer Umgestaltung in Landschaftsparks. Charlottenburg und das Belvedere sind auch dabei.
Der Park, wie er sich heute darbietet, ist das Ergebnis der denkmalpflegerischen Bemühungen seit 1946. Das Parterre wurde nach alten Vorlagen des 18. Jahrhunderts rekonstruiert und liegt nun wie ein prachtvoller Teppich vor der barocken Gartenfassade, begleitet von gestutzten Alleen und abgeschlossen von dem regelmäßig gefaßten Rand des Teiches. Die gußeiserne Hohe Brücke über seinem Ausfluß trägt seit 1962 einen lackroten Anstrich, ein auffallender Kontrast zum Grün ringsum. Er erinnert an fernöstliche Bilder.

Westlich vom Parterre ahnt man noch die Geometrie des Bosketts. Dort liegt am Ende einer Allee aus Douglasien das Mausoleum der Königin Louise, von Schinkel 1810 als dorischer Tempel entworfen.
Noch eine Neuerung gibt es: Vor der Gartenseite des Orangerieflügels wurde ein »holländisches« Gärtchen angelegt: buchsgefaßte Schnörkel im Kies, die im Frühling mit einzelgesetzten Tulpen recht überzeugend wirken. Man weiß, daß die Kurfürstin Sophie Charlotte ein solches Gärtchen besaß, jedoch nicht an dieser Stelle. Die Kurfürstin hat sich übrigens nicht lange an ihrem Garten freuen können, in dem sie um 1700 mit dem großen Philosophen Leibniz die Idee zur preußischen Akademie der Wissenschaften entwickelte. Sie starb 1705, noch vor ihrer Mutter, der Kurfürstin Sophie von Hannover, die den großartigen Garten in Herrenhausen anlegen ließ und ursprünglich aus Heidelberg kam, wo de Caus vor 1618 den fantastischen Terrassengarten am Schloß angelegt hatte. Mitunter ist die Genealogie der Fürsten auch eine der Gärten, zumindest der Gartenbegeisterung.

Tiergarten

Der *Tiergarten* lag früher vor den Toren der Stadt und hat auch heute wieder eine Randlage. Mindestens seit der ersten Hälfte des 16. Jahrhunderts ist er als umzäuntes Jagdgebiet nachweisbar und damit ein Park im strengen Sinne. Durch ihn führte ab 1697 die Fortsetzung der Straße Unter den Linden nach Charlottenburg. Damals wurden auch der Große Stern mit seinen acht Alleen und das Halbrondell des Zeltenplatzes angelegt. Friedrich der Große gab den Tiergarten zu Beginn seiner Regierung als Promenade für die Bevölkerung frei und ließ gleichzeitig Labyrinthe, weitere Alleen und Heckensalons anlegen sowie das Venusbassin und den Rundweg »Poetensteig«. Sein Architekt Knobelsdorff lieferte auch für diese abwechslungsreiche Gestaltung des Tiergartens die Vorlagen.
Erhalten ist davon kaum etwas. Aus dem Bomben- und Geschoßhagel der letzten Tage des Zweiten Weltkrieges ist der Tiergarten als Torso hervorgegangen. Den Rest besorgte die Not des ersten Nachkriegsjahres, als die Berliner die übriggebliebenen Bäume verfeuerten und das Gelände zum Anbau von Kohl und Kartoffeln benutzten.
Der heutige Tiergarten geht mehr oder weniger auf die Erneuerung seit 1949 zurück. Dabei hat man sich weitgehend an die Absichten Lennés gehalten, die er 1833 bis 1840 nur unvollkommen verwirklichen konnte: Lenné wollte die bis dahin unberührten und verwucherten Teile des Tiergartens durch malerische Wasserläufe, Lichtungen, Rasenplätze und Wege aufhellen. Dagegen formierte sich damals allgemeiner Widerstand. Immerhin entstand 1846/47 der Neue See, der auch ein wesentlicher Teil des wiedererstandenen Tiergartens ist. In diesem wurden auch die von Lenné gewünschten großen sonnigen Wiesen endlich verwirklicht. Verlorengegangen sind indessen viele landschaftlich schöne Elemente durch Kahlschläge, wie sie die Entlastungsstraße oder das russische Ehrenmal mit seinem Sicherheitsbereich notwendig machten. Dennoch findet man im Tiergarten trotz des lärmenden Verkehrs und der von allen Seiten hineingreifenden Verunstaltungen wieder stille Plätze, Wege und Ufer, als hätte es die kahle Fläche von 1945 nie gegeben. Bewundernswert ist nicht nur die gewaltige Wiederanpflanzung, sondern auch die Tatsache, daß dort immer noch Bäume und keine Hochhäuser in die Höhe wachsen.

Im Norden grenzt der *Bellevue-Garten* an das Tiergartenareal, ein Landschaftsgarten vom Ende des 18. Jahrhunderts, den man durch den rückwärtigen Eingang nur betreten kann, wenn der Bundespräsident nicht in Berlin weilt. Da dies jedoch nicht allzu häufig der Fall ist, sollte man sich von einem Rundgang nicht abhalten lassen. Nach den Dimensionen des Tiergartens ist die Intimität des Bellevue-Gartens recht erholsam. Dort haben sich drei fächerförmige Sichtachsen auf das Schloß hin erhalten, an den Enden zweier Sichtachsen auch die Hügel, die noch aus den Jahren nach 1784 stammen, als Schloß und Garten vom jüngsten Bruder Friedrichs des Großen, dem Prinzen Ferdinand, in Auftrag gegeben wurden. Das Schloß verdankt seinen Namen übrigens der einst herrlichen Aussicht über die Spree.

Eine lange, jedoch eher profane Vergangenheit hat der *Heinrich-von-Kleist-Park* in Schöneberg: Hier befand sich der Küchengarten des Großen Kurfürsten, in dem einschließlich Hopfen alles angebaut wurde, was die Hofküche benötigte. 1679 wurde daraus der Botanische Garten, in dem später die ersten Gewächshäuser aus Stahl und Eisen standen. Als der Garten Ende des vergangenen Jahrhunderts von der Stadt überrollt zu werden drohte, entschloß man sich, ihn nach Steglitz zu verlegen. Geblieben ist die reiche Bepflanzung. Hinzugefügt wurden die Königskolonnaden, die Karl von Gontard 1777 bis 1780 für die Königsbrücke am Alexanderplatz entworfen und gebaut hatte.

Daß der ehemalige Botanische Garten den Namen Heinrich von Kleists trägt, erklärt sich aus dem patriotischen Empfinden der wilhelminischen Epoche. Näherliegend wäre die Benennung nach Adalbert von Chamisso gewesen; denn dieser 1781 in Frankreich geborene deutsche Lyriker war ein gelernter Botaniker. Er nahm 1815 bis 1818 an der Weltumseglung der »Rurik« unter Kapitän von Kotzebue – dem Sohn des russischen Staatsrates und deutschen Lustspieldichters – teil und schrieb darüber eine lebendige, von Alexander von Humboldt gelobte Abhandlung. Bei seiner Rückkehr nach Berlin erhielt Chamisso eine Anstellung am Botanischen Garten, wo er bis zu seinem Tod 1838 arbeitete.

Dabei blieb ihm noch Zeit genug, die herrliche Geschichte von »Peter Schlemihl« zu erfinden, die zu einem Inbegriff romantischer Dichtung geworden ist!

Der *Botanische Garten* wurde also von Schöneberg nach Steglitz verlegt. Mit seiner Anlage begann Alfred Koerner 1897. Er ließ sich dabei von den Gestaltungsprinzipien des Historismus leiten, die auf Lenné und seine Schule zurückgehen. So tritt ein symmetrisches Bauwerk im Zentrum an die Stelle des Schlosses – in diesem Fall sind es die Pflanzenschauhäuser, von denen das große Tropenhaus allerdings erst 1907 errichtet wurde. Vor den Schauhäusern liegt, ebenfalls als symmetrische Anlage, der Italienische Garten mit einem Wasserbecken auf der oberen Terrasse und einer Parterreanlage auf der unteren. Die zwölf gußeisernen Vasen standen einst im ehemaligen Lustgarten am Berliner Stadtschloß, der vor 1679 als botanischer Garten genutzt worden war. Vom Italienischen Garten führen die Wege zu den verschiedenen Parkteilen; quer hindurch verläuft die lange Allee, die beide Haupteingänge miteinander verbindet. Den symmetrischen Teil umschließen die landschaftlich gestalteten pflanzengeographischen Abteilun-

Bellevue-Garten

Heinrich-von-Kleist-Park

Botanischer Garten

Botanischer Garten.

gen. Achtzehnhundert verschiedene Arten sind hier versammelt. Damit ist der Berliner Botanische Garten einer der reichsten der Welt.

Pfaueninsel

Ein privater botanischer Garten der preußischen Könige war die *Pfaueninsel*, gewissermaßen die Verwirklichung dessen, was Watteau 1718 in seinem Gemälde »Abfahrt nach Cythera« erträumte: eine zauberische Insel der Liebe fern vom Trubel der Welt. Man sollte das Bild zuvor im Charlottenburger Schloß anschauen und sich dann am frühen Morgen zur Insel übersetzen lassen. Die Jahreszeit spielt dabei kaum eine Rolle, nur still sollte es sein, damit man die märchenhafte Stimmung dieses wahrhaft sentimentalen Gartens auf sich wirken lassen kann.

Die Insel war schon lange als Akker- und Weideland benutzt worden, bevor Friedrich Wilhelm II. sie im Jahre 1793 kaufte. Zuvor war er häufig von Potsdam herübergekommen, um hier Enten und Schnepfen zu jagen. Das Schlößchen, das er 1794 bis 1797 für sich und seine Geliebte errichten ließ, ist eher Theaterkulisse als ein wirklicher Wohnsitz und mehr auf Fernwirkung berechnet – an klaren Tagen leuchtet es weiß bis Potsdam hinüber. Vom Seeufer aus sieht man es nicht.

Bei der Überfahrt fällt einem zunächst der Fregattenschuppen von 1833 auf, also das Bootshaus, und dann auf dem steilen Weg zum Runden Garten das Kastellanshaus, das 1795 entstand. Der Runde Garten von 1821 ist die erste Überraschung auf dieser Insel; schlicht und doch voll Atmosphäre, mit seiner rundum führenden Pergola aus rohen Robinienstämmen, liegt er da. Vermutlich hatte Lenné, der von König Friedrich Wilhelm III. mit der weiteren Ausge-

staltung der Pfaueninsel beauftragt wurde, bereits bei dessen Planung seine Hand im Spiel.
Auf Lenné gehen auch die Sichtschneisen über die weiten Wiesen zurück – wirklich wilde Blumenwiesen, die nicht betreten werden dürfen. Nur zwei Liegewiesen sind für die Besucher freigegeben. Am Schlößchen selbst ist der Rasen kurz und gepflegt. In ihm sind wie Farbtupfer kleine Beete mit jetzt wieder originalgetreuer Einfassung und Bepflanzung verstreut.
Noch ganz in der Nähe des Schlößchens kommt man am Jakobsbrunnen vorbei, der 1795 in der Art eines römischen Ruinenrestes erbaut wurde. Von hier sieht man in der Ferne bereits die Meierei. Der heute noch funktionierende Bauernhof wurde um 1797 als Kirchenruine errichtet. Den besten Blick über diesen vom See umschlossenen Zipfel der Insel hat man vom Luisentempel. Seine Fassade stand ursprünglich in Charlottenburg, bevor dort 1829 das heutige Mausoleum gebaut wurde. Es ist ein düster melancholischer Fleck, da kein Sonnenstrahl auf die nach Norden gerichtete Fassade fällt. Geht man von hier aus den Uferweg zurück zur Anlegestelle, gelangt man zum unter Bäumen gelegenen Jagdschirm. Dies ist ein durch Wasser von der Insel abgetrenntes Inselchen, zu dem man über eine rot angestrichene Brücke, gleich der im Charlottenburger Park, hinübergeht. Aus dem ursprünglich freistehenden Borkenhäuschen schoß Friedrich Wilhelm II. einst auf Wasservögel.
Weiter auf diesem Uferweg mit seinen schönen Ausblicken auf den See biegt rechts ein Weg ab zur Volière, eine Erinnerung daran, daß König Friedrich Wilhelm III. hier auf der Pfaueninsel eine umfangreiche Menagerie unterhielt (der Lamabrunnen stand damals in der Nähe eines Lamahauses), die 1842 dem neugegründeten Zoologischen Garten einverleibt wurde.
Von der Volière führt ein Weg durch den Wald an einem dunklen Teich vorbei zum eisernen Schalenbrunnen von 1827: eine hohe Säule inmitten eines runden Wasserbekkens, in das ständig aus Schalen Wasser herabsprudelt. Dieser Brunnen steht auf dem höchsten Punkt der Insel, die durch ein Pumpwerk mit Havelwasser von hier aus versorgt wird.
Vom Brunnen ist es nicht mehr weit zur Anlegestelle. Überall auf

Pfaueninsel, eiserner Schalenbrunnen von 1827.

Schloß Klein-Glienicke, Kleine Neugierde.

den Wegen begegnet man Pfauen, die dem Namen der Insel alle Ehre machen. Manchmal entdeckt man auch riesige abgestorbene Bäume, die aus den Bildern von Caspar David Friedrich hierher versetzt zu sein scheinen und deren düsterer Anblick einen bewußten Kontrast zu der heiteren Inselwelt bilden soll: eine Insel der Liebe, ein Utopia, wo nur die toten Bäume an die Realität des irdischen Lebens gemahnen.

Vom preußischen Cythera zum preußischen Traum von Italien sind es nur wenige Kilometer auf der Königstraße. Klein-Glienicke liegt direkt am ost-westlichen Nadelöhr der Glienicker Brücke. 1816 erwarb der preußische Staatskanzler Fürst Hardenberg den Besitz. Wenig später beauftragte er den gerade in Berlin angekommenen Peter Joseph Lenné damit, das Gelände zwischen Schloß und Havelbrücke in einen Garten zu verwandeln. Dieser alte Garten am Haus, der »pleasureground«, war durch einen Zaun vom großen Park getrennt und ist inzwischen wieder nahezu vollständig restauriert. Es fehlt nur die Fläche, die 1939 der neuen Straße geopfert werden mußte. So präsentiert sich diese erste Arbeit Lennés in Preußen in neuem Glanz.

Klein-Glienicke

Zu diesem »pleasureground« gehört das Stibadium, eine halbrunde überdachte Bank, 1840 im antikischen Stil errichtet. Davor stehen eine Granitschale und die Löwenfontäne, die Schinkel 1837 einer Fontäne in der Villa Medici nachgebildet hat. Von hier hat man einen schönen Blick hinüber nach Potsdam.

Anschließend senkt sich der Weg hinunter zur Kleinen Neugierde, dem Teepavillon von 1825, vor dem man eines jener runden Blumenbeete mit einer Einfassung aus reliefierten Ziegeln bewundern kann, wie sie jetzt auch auf der Pfaueninsel zu sehen sind. Diese Beete mit der originalgetreuen Einfassung sind das Ergebnis der gartenarchäologischen Untersuchungen in Glienicke, die sich auf Bodenspuren und in der Erde gefundene zerbrochene Ziegel stützen konnten.

Die Kleine Neugierde ist auch der Punkt, von dem aus sich der Blick auf das wellige Gelände bis hinauf zum Schlößchen am besten genießen läßt. Rasen und Bäume, schwingende Wege und die Farbtupfer der Beete akzentuieren die Geländemodellierung.

Den äußersten Zipfel nimmt die Große Neugierde ein, 1835 bis 1837 ebenfalls von Schinkel erbaut. Man muß sie sich allerdings elf Meter weiter hinausgeschoben denken, denn um soviel wurde sie 1939 zurückversetzt. Der Blick über die Havel und nach Potsdam wäre immer noch traumhaft, gäbe es nicht das tote Monstrum der Glienicker Brücke.

Am Havelufer schließlich steht das langgestreckte Kasino, 1824 von Schinkel als Ergänzung des »pleasureground« gebaut, und zwar bereits für den neuen Besitzer. Fürst Hardenberg war 1822 gestorben, und Glienicke wurde von Prinz Carl von Preußen erworben, der hier bis zu seinem Tod 1883 lebte. Prinz Carl vergrößerte das Schloß durch Anbauten und faßte bis 1860 alle Flächen, auch die landwirtschaftlich genutzten, zu einem großartigen Landschaftspark zusammen. Das Jagdschloß Glienicke und ein Teil des jetzt durch eine unnatürliche Grenze zerschnittenen Geländes auf der anderen Straßenseite, gehörten dazu. Der Blick ging weit hinaus in die Umgebung nach Babelsberg, Potsdam und Sacrow. Auch dafür wurde Lenné engagiert. Schinkel und Prinz Carl übertrugen hier die Idee eines italienischen

Landsitzes in die Mark, wie sie der Prinz von seiner großen Italienreise im Jahre 1822 mitgebracht hatte. Allenthalben sind an den Gebäuden Spolien eingefügt, die der Prinz auf dieser Reise sammelte. Die Restaurierungsarbeiten in den Weiten des Glienicker Parks werden noch Jahre in Anspruch nehmen. Aber schon jetzt ist abzusehen, daß sich der Aufwand lohnt, um dieses Gartenkunstwerk zu erhalten. Vielleicht wird man eines Tages auch wieder über die Brücke nach Babelsberg fahren können, um eine Arbeit von Lennés Zeitgenossen und großem Konkurrenten zu besichtigen: einen Park des Fürsten Pückler, der übrigens der Schwiegersohn des Fürsten Hardenberg war.

Schloßpark Tegel

Der *Schloßpark Tegel* ist gleichfalls eng mit der preußischen Geistesgeschichte verbunden. Das Gut kam 1765 in den Besitz der Familie Humboldt und gehört heute noch deren Nachkommen. Dies ist der Grund, weshalb der Park nur zeitweise im Sommer zugänglich ist.

Die ersten gartengestalterischen Schritte unternahm hier der Vater der Brüder Humboldt. Angeregt wurde er dazu von Fürst Franz von Anhalt-Dessau und dessen gerade entstehendem Park in Wörlitz. Aber auch der Hauslehrer der Humboldt-Kinder, Johann Christian Kunth, hatte einigen Anteil an dieser ersten Gartenanlage, die sich Ende des 18. Jahrhunderts auf den ehemaligen Weinberg beschränkte und in Ost-West-Richtung verlief. Von dort hatte man einen freien Blick auf das Schloß, auf die Dorfkirche, über den See und bis Charlottenburg und Kreuzberg. Südlich und westlich des Hauses gab es einen kleinen Garten.

Die berühmte Lindenallee, die heute zur Grabstätte führt, wurde 1792 anstelle einer Maulbeerbaumallee gepflanzt. Die große Wiese im Zentrum des Parks nimmt heute den Platz eines Ackers zwischen Allee und Weinberg ein. Am Hang nördlich der Wiese ließ Wilhelm von Humboldt unter den sechs Linden eine Straße als Grabmal für den Vater errichten. Die Linden symbolisieren die Eltern und Kinder, denn der Vater hatte bei der Geburt eines jeden eine Linde gepflanzt.

Auch Wilhelm von Humboldt engagierte den vielbeschäftigten Schinkel. Zwischen 1821 und 1824 ließ er sein Haus umbauen und 1829 das Familiengrab am Ende der großen Wiese errichten. Die Grabstätte im eigenen Park war damals im protestantischen Raum allgemein üblich. In den katholischen Gegenden beließ man es dagegen bei den Pseudo-Grabanlagen, die im Landschaftsgarten einen festen Platz hatten. Ihr Ursprung war eine Nachbildung des fiktiven Grabes von Vergil als eine Art *memento mori* im ansonsten heiteren Arkadien.

Gutspark Britz

Ein weiteres Beispiel für die zahllosen Gutsgärten um Berlin und in der Mark ist der *Gutspark Britz*. Seine Anfänge gehen zurück auf den barocken Gutsgarten des Staatsministers Rüdiger von Ilgen von 1719. Davon ist jedoch nur die Lindenallee übriggeblieben, die von Osten auf das Gutshaus zuläuft und am halbrunden Parterre endete. Heute steht hier die Porträtbüste Ilgens.

Vom Gutshaus – 1706 erbaut und 1883 im Renaissancestil umgestaltet – ist die Allee durch einen Zaun und eine Pflanzung abgetrennt. Südlich vom Park, in dem Ilgen eine der ersten Robinien auf Berliner Boden pflanzte, liegt der ehemalige Gutshof; 1963 entstand ein neuer Garten zwischen Park und Fulhamer Allee. Trotzdem ist hier noch etwas von der alten Gesamtanlage spürbar, die einst aus Dorfanger,

Dorfteich, Feldsteinkirche, Gutsbesitz, Schulhaus, Pastorat und Eiskeller gebildet wurde.
Eine ausgesprochen städtische Anlage des späten 19. Jahrhunderts ist der *Viktoriapark*. Entstanden nach Plänen des Stadtgartendirektors Hermann Mächtig in den Jahren 1888 bis 1894, trägt der Viktoriapark alle Züge des späten Historismus. Den Mittelpunkt bildet Schinkels Nationaldenkmal zur Erinnerung an die Befreiungskriege, das bis dahin allein auf einem kahlen Hügel stand. Bereits 1878 erhielt es einen Unterbau und wurde auf die Straße nach Großbeeren ausgerichtet. In dieser Achse entstand eine Nachbildung des Zackelfalls im Riesengebirge, um das Denkmal »wie auf Fels gebaut« erscheinen zu lassen. Der Fall, der nachts illuminiert wird, sollte den Berlinern nebenbei auch ein damals beliebtes Reiseziel näher heranholen. Westlich des Zackelfalls steht noch eine aufwendige Granitbank aus jener Zeit, für die auch das wegen des steilen Geländes engmaschige Wegenetz charakteristisch ist.

Viktoriapark

Der Viktoriapark wurde als erste öffentliche Grünanlage Berlins 1980 unter Denkmalschutz gestellt. Sie ist nicht die einzige geblieben. Die hier aufgeführten Gartenanlagen sind nur die wichtigsten. Wer mehr darüber erfahren will und auch die nach 1900 entstandenen sehen möchte, dem stehen inzwischen Broschüren zu dem Thema zur Verfügung. Die Reise zu den Gärten Berlins lohnt sich!

Hannover und das Weserbergland

Der große Philosoph Leibniz reiste des öfteren zwischen Berlin, wo er Präsident der 1700 durch ihn initiierten Preußischen Akademie war, und Hannover hin und her. In Hannover bekleidete er seit 1676 das Amt eines Rates und Bibliothekars. Außerdem war er ein enger Freund der hochgebildeten Kurfürstin Sophie. In Berlin erging er sich mit Sophies Tochter diskutierend im Charlottenburger Schloßgarten, in Hannover verbrachte er viele Stunden mit der Mutter in ihrer Gartenschöpfung *Herrenhausen.* Denn der *Große Garten* ist im wesentlichen ihr zu verdanken.

Herrenhausen

Kurfürstin Sophie war die Tochter des unglücklichen »Winterkönigs«, des Kurfürsten von der Pfalz, und seiner englischen Gemahlin. Statt in Prag zu residieren, hatten beide nach Holland fliehen müssen. Dort im Exil war Sophie 1630 geboren worden. Erst ihr Bruder bekam nach 1648 die Pfalz zurück. Sophie heiratete den Herzog von Braunschweig-Lüneburg, später Kurfürst von Hannover. Diese Heirat brachte dem Haus Hannover 1714 die englische Königskrone ein. Deshalb ist der Große Garten in Herrenhausen auch dem Durchschnittsengländer bekannt.

Daß dieser Garten über die Jahrhunderte seine originale Gestalt behielt, verdankt er dem Umstand, daß Hannover über hundert Jahre nicht Fürstensitz war und somit die Gartengeschichte am Großen Garten vorüberging.

Die Denkmalpflege besann sich wieder darauf: Die sorgfältige Restaurierung nach dem Krieg hat dieses Juwel eines Barockgartens erneut zum Leuchten gebracht. Nur das 1943 völlig zerstörte Schloß fehlt. Die optische Lücke macht sich äußerst störend bemerkbar, denn dem Broderieparterre fehlt nun der architektonische Rückhalt. Die Galerie von 1694 – ursprünglich als Orangerie erbaut und später als Festsaal benutzt – ist kein Ersatz. Sie bildet mit dem »Parterre à oranges« eine abgeschlossene Einheit: vier schachbrettgemusterte Beete, auf denen im Sommer 108 Orangenbäumchen stehen. Für sie wurde 1720 die heutige Orangerie errichtet.

Herrenhausen wurde 1665 Sommerresidenz der Welfen und erhielt 1666 einen Lustgarten von Michael Grosse. Dieser Garten wurde 1674 durch den Hofgärtner Henri Perronet aus Celle kunstvoll ausgestattet. 1680 übernahm Kurfürstin Sophie den kleinen Garten und ließ ihn 1692 auf die heutige Größe erweitern. Diese Arbeiten überwachte Martin Charbonnier, der seit 1682 in Hannover tätig war. Er verwandelte das alte Quadrat in ein Rechteck, wie wir es heute kennen.

An den drei Seiten wurde zwischen 1696 und 1700 die Gruft ausgehoben – man sagt, von Soldaten unter den anfeuernden Klängen von Militärmusik.

Alleen begleiten das Wasser auf allen Seiten. Die Mittelachse geht jedoch nur bis zur Großen Fontäne, die als Mittelpunkt der schattigen südlichen Parkhälfte um 1700 nach Plänen von Pierre la Croix zusammen mit vier kleineren Fontänen entstand. Diese Große Fontäne – »die Schöne von Herrenhausen« –

erreichte damals schon beachtliche sechzig Meter. Mit ihren mehr als zweiundachtzig Metern ist sie heute die höchste Europas. Sie zu installieren bedurfte es großer technischer Anstrengungen. Sogar Leibniz trug zur Lösung des Problems bei.

Da auch die anderen Wasserspiele im Großen Garten einen erheblichen Wasserbedarf haben, werden sie nur zu bestimmten Zeiten in Gang gesetzt. Mit seiner nach innen gerichteten Atmosphäre, die ein Gefühl der Abgeschlossenheit vermittelt, trägt dieser Garten eher holländische Züge, zumal ihm die Betonung durch die Mittelachse der französischen Gärten fehlt. Dies ist nicht verwunderlich – die Kurfürstin war ja in Holland aufgewachsen und hatte eine Vorliebe für die dortigen Prinzipien der Gartengestaltung bewahrt.

So ist das Broderieparterre von drei Seiten eingeschlossen: im Osten durch das Heckentheater (1689 bis 1693 als erstes seiner Art entstanden), im Westen durch ein Labyrinth, in das man leicht hinein-, aber schwer herausfindet, und im Süden durch vier Fischbecken. Zwischen der Parterrezone und dem schattigen Boskett liegen offene Heckengärten. Das Boskett ist durchzogen von längs, quer und diagonal verlaufenden Alleen mit Fontänen in den Schnittpunkten.

Wie im Barock üblich, füllten Obstbäume die von Hecken umschlossenen Triangel. Der Duft zur Blütezeit muß bezaubernd gewesen sein. Ein lauer Sommerabend verführt aber auch jetzt noch zum Träumen . . .

Die Kurfürstin genoß übrigens ihren Garten bis ins hohe Alter. Sie starb dort 1714 in einem Pavillon. Ein Denkmal erinnert daran.

Neben dem Großen Garten und durch die Graft von ihm getrennt liegt der *Georgengarten,* ein Landschaftsgarten mit weiten Rasen- und Wasserflächen. In seinem Mittelpunkt befindet sich das Georgenpalais von 1779, das heute das Wilhelm-Busch-Museum beherbergt. Eigentlich war es ein Gartenpalais des Reichsgrafen von Wallmoden-Gimborn, der mehrere Grundstücke zu einem Garten im englischen Stil vereinen ließ. 1818 kam das Palais in damals noch königlich-englischen Besitz.

Nachfolgende Doppelseite: Hannover, Schloß Herrenhausen. Großer Garten.

Georgengarten

Nachdem noch weitere Gartengrundstücke erworben waren, ging Hofgarteninspektor Heinrich Ludolph Wendland 1835 daran, daraus einen Landschaftsgarten für den Herzog von Cumberland zu gestalten, der als Vizekönig in Hannover residierte. Der königliche Bruder des Vizekönigs in London war jedoch kinderlos und die Tochter eines weiteren Bruders somit Thronfolgerin. Diese weibliche Erbfolge galt jedoch nicht für Hannover; so war es nur eine Frage der Zeit, bis das Land unter einem eigenen König wieder selbständig wurde, und der brauchte schließlich eine »moderne« Sommerresidenz.

Im Georgengarten hat auch der Philosoph Leibniz seinen Ehrenplatz bekommen. Der Leibniz-Tempel liegt auf einer Anhöhe und wurde bereits 1780 errichtet. Die Büste des großen Mannes, der durch seine Philosophie die Kurfürstin und damit indirekt auch den Großen Garten beeinflußte, wurde allerdings erst 1935 aufgestellt.

Welfengarten

Auf der Nordseite der Herrenhäuser Allee und damit dem Georgengarten gegenüber liegt der *Welfengarten,* ursprünglich ein Barockgarten, der 1779 in einen Landschaftsgarten verwandelt wurde. Im Zweiten Weltkrieg schwer zerstört, umgibt der Park jetzt wieder das alte Welfenschloß, das nach 1857 errichtet wurde und heute die Technische Universität beherbergt.

Berggarten

Göttingen

Celle

Westlich davon und gegenüber dem Großen Garten befindet sich der *Berggarten,* heute der botanische Garten der Stadt Hannover. Der Name übertreibt entschieden, denn der Garten liegt auf dem eingeebneten Sandrücken einer Hügelreihe, die kaum als Erhöhung zu erkennen ist. 1666 wurde hier der Küchengarten angelegt, den Perronet 1677 barock umgestaltete – damals verband man noch den Nutzen mit einem ästhetischen Vergnügen.

Dieser Garten war gleichzeitig so etwas wie eine Gartenbau-Versuchsstation, denn man erprobte mit wechselndem Erfolg neue und exotische Pflanzen. Reis zu kultivieren gelang natürlich nicht. Eine glücklichere Hand hatte man dagegen mit Maulbeerbäumen.

Diesen Versuch hatte Leibniz angeregt, da man Maulbeerblätter für die Seidenraupenzucht brauchte. Der Erfolg ermöglichte immerhin eine kleine Seidenmanufaktur in Hameln, die erst von Napoleon geschlossen wurde, weil er jede nur denkbare Konkurrenz für die Manufakturen in Lyon ausschalten wollte.

1686 stand im Berggarten bereits das erste Gewächshaus, dem im 18. Jahrhundert ein Palmenhaus und ein Ananashaus folgten. 1850 waren es 34 Gewächshäuser, die alle im Zweiten Weltkrieg vernichtet wurden.

Die Bedeutung des Berggartens als privater botanischer Garten des Königs geht auch aus dem Bibliothekspavillon hervor, der ab 1816 erbaut wurde und eine der besten Sammlungen botanischer Werke enthielt. Daß ausgerechnet hier auch das Mausoleum der Könige von Hannover errichtet wurde, gibt dem Garten seinen zusätzlichen Reiz. Hannovers erster König Ernst August fand hier 1851 seine letzte Ruhe.

Den Sarkophag für sich und seine Gemahlin ließ er von Christian Rauch arbeiten. Er war übrigens mit Friederike, der Schwester der preußischen Königin Louise verheiratet. Vielleicht wünschte sich Friederike ein Mausoleum im Park wie ihre berühmte Schwester. 1847 wurde es erbaut. Die zweiunddreißig Eichen, die es umgeben, stammen aus demselben Jahr.

Der Berggarten als botanischer Garten Hannovers erinnert an einen anderen botanischen Garten des Kurfürstentums Hannover, den *Botanischen Garten der Universität Göttingen.* Er wurde 1736 gegründet und liegt heute noch im Zentrum der Stadt zu beiden Seiten der baumbestandenen alten Wallanlagen.

Als botanischer Garten einer damals schon berühmten Universität kommt ihm vor allem historischer Wert zu, weil er in seiner Bedeutung gleich hinter Kew Garden, dem königlichen botanischen Garten in Richmond bei London, rangierte und demzufolge von allen für Kew erworbenen Pflanzen oder Samen einen Anteil erhielt. Göttingen war deshalb an allem beteiligt, was zwischen 1772 und 1837 an Pflanzenmaterial nach England eingeführt wurde.

Bis zum Tod Georg III. 1820 in Windsor waren das immerhin über 7000 Pflanzen aus aller Welt, die sowohl in Kew Garden als auch in Göttingen zum erstenmal in Europa wuchsen und von dort den Weg in die Gärten nahmen – auch solche Verbindungen sollte man nicht vergessen.

Nördlich von Hannover und über die B 3 leicht zu erreichen liegt Celle, seit 1705 zum Kurfürstentum Hannover gehörend. Der Kurfürst und nachmalige erste englische König Georg hatte die Tochter des letzten Celler Herzogs geheiratet, die somit die Stammutter der engli-

schen Könige wurde, ohne je Königin zu sein, weil sie schon vorher in Ungnade gefallen war.
Man erinnere sich – für den Großen Garten in Herrenhausen hatte man den Celler Hofgärtner Perronet geholt. Am Schloß von Celle befindet sich dagegen erst seit 1837 eine landschaftlich gestaltete Anlage, nachdem die Fortifikationen endgültig beseitigt waren. Dieser *Schloßgarten* gibt dem prachtvollen Bau heute einen anmutigen Rahmen und hält den Verkehr auf Distanz.
Ein größerer Garten befand sich seit dem 16. Jahrhundert südlich der Altstadt am Magnusgraben. Diesen Garten gestaltete Henri Perronet nach 1670 im Auftrag von Eleonore d'Olbreuse neu, die den letzten in Celle regierenden Herzog Georg Wilhelm geheiratet hatte. Seitdem heißt dieser Garten *Französischer Garten*. Damals scheint er nicht mehr gewesen zu sein als eine Anlage mit rechtwinklig angelegten Beeten und Wegen sowie vier Fischbecken am äußersten Ende.
Das Schlößchen – eine etwas hochtrabende Bezeichnung für den kleinen Fachwerkbau – blieb unangetastet. Ein Pomeranzenhaus kam 1677 hinzu; in ihm ist heute das Bieneninstitut untergebracht. Die Anlage war wohl eher ein Nutzgarten mit kleinen Wasserspielen und Statuen, denn es wurden auch exotische Gewächse angepflanzt, die Zierde und Nutzen zugleich versprachen, zum Beispiel Pomeranzen-, Zitronen- und Granatapfelbäume. Die Fischbecken lassen ebenfalls auf diese Doppelfunktion schließen. Die Lindenallee wurde 1695 gepflanzt, ebenso die Ulmenallee am Magnusgraben, die inzwischen wegen der Ulmenkrankheit durch Ahorn ersetzt werden mußten.
Als Celle nach 1705 zu Hannover kam, verfiel der Garten. Erst 1772 erwachte er zu neuem, doch nur sehr kurzem Leben, als Königin Caroline Mathilde von Dänemark wegen ihrer unglücklichen Affaire mit Struensee von ihrem Bruder, dem englischen König, nach Celle »verbannt« wurde. In den wenigen Jahren bis zu ihrem Tode 1775 wurden die Fischbecken in einen einzigen runden Teich verwandelt, an dessen Ufer das Lusthaus stehen sollte – mit Blick aufs Wasser und eine Freifläche, gerahmt von der Allee und einer Gebüschzone. Alles im neuen englischen Stil.
Wann diese Umgestaltung schließlich vollzogen wurde, läßt sich kaum noch feststellen. Es scheint erst nach 1821 geschehen zu sein. Man ging sogar wesentlich konsequenter vor, so daß von den Strukturen des Barockgartens außer den Alleen nichts übrig blieb. »Französischer Garten« heißt er trotzdem noch.
Doch zurück nach Hannover und von dort über die B 65 nach Westen ins Weserbergland, ein Gebiet, in dem Kuranlagen vorherrschen. Da ist zunächst einmal der *Kurpark in Bad Nenndorf*. Seine Anfänge liegen um 1787, der auffallend große Buchenbestand ist wohl noch älter. Um 1850 wurde der Park durch viele seltene Baumarten bereichert, die man aus Kassel bezog. Es fällt sicher auch dem Laien auf, daß die Bäume sich besonders schön entwickelt haben; der vulkanische Untergrund dürfte daran nicht unbeteiligt sein.

Bad Nenndorf

Weiter auf der B 65 erreicht man nach kurzer Zeit *Stadthagen*. Ein *Schloßgarten* umgibt hier das 1534 bis 1544 erbaute Renaissanceschloß der Grafen von Schaumburg-Lippe. Mächtige Bäume und weite Rasenflächen bilden heute eine wirkungsvolle Kulisse für den alten Bau. Ein Fachwerklusthaus (16./18. Jahrhundert) steht inmitten eines Wasserbassins. Nach Süden

Stadthagen

Bad Oeynhausen

Bückeburg

schließt sich der Stadtgarten an, der einst als barocker Küchengarten aus der Zeit um 1700 zum Schloßareal gehörte. Zur Blütezeit bietet die Schloßgartenallee mit ihren fünf Reihen aus Linden und Kastanien einen wunderschönen Anblick. Sie wurde einst als Brunnenpromenade zur Stahlquelle der Stadt angelegt.

Die nächste Station auf der B 65 ist *Bückeburg*. Der *Schloßpark* im englischen Stil stammt vom Beginn des 19. Jahrhunderts, auch die meisten Bäume sind aus dieser Zeit. In dieser Anlage beherrscht das Schloß der Fürsten von Schaumburg-Lippe mit dem umgebenden Wassergraben das Bild.

Von Bückeburg über Minden und den Weserdurchbruch an der Porta Westfalica nach Bad Oeynhausen, wo wir erneut auf die Spuren des genialen Peter Joseph Lenné stoßen.

Bad Oeynhausen ist aus dem 1751 von Friedrich dem Großen begründeten Neusalzwerk bei Rehme hervorgegangen, dessen Quellen bis 1839 allerdings ausschließlich der Salzgewinnung dienten. In diesem Jahr entdeckte der preußische Berghauptmann Carl August Ludwig Freiherr von Oeynhausen bei neuen Bohrungen eine Heiltherme, die alsbald einen lebhaften Badebetrieb hervorrief. Acht Jahre später nahm Lenné im Auftrag des fernen Berlin Ort und Landschaft höchstpersönlich in Augenschein und entwarf den Plan eines Kurgartens, den er am 26. August 1847 »zu

Bad Oeynhausen, Kurpark.

Neusalzwerk« eigenhändig unterzeichnete.
Sein Entwurf bediente sich der vorhandenen Gärten, Wiesen und alten Baumgruppen, bestehend aus »knorrigen Eichen und schattigen, breitästigen Buchen«, die hier wie überall am »Weserknick« zum unentbehrlichen Zubehör eines ländlichen Gehöftes gehören. So entstand – trotz des Widerstandes der heimischen Colone, die schließlich »expropriiert« werden mußten – ein Park, der, hufeisenförmig von Ost- und Westkorso umschlossen, westfälisches Bauernland in einen »englischen« Landschaftsgarten verwandelte.
Diesem Lenné-Park begegnet man heute freilich nur noch in kärglichen Resten. Schon kurz nach der Jahrhundertwende, als dem Neubau eines »barocken« Kurhauses ein Garten nach französischem Muster vorgelagert wurde, veränderte er sein Gesicht. Die Kombination von »Englisch« und »Französisch« (die hier wie auch anderswo vorbildlich gelang) änderte jedoch nichts daran, daß Peter Joseph Lennés Schöpfung bis in die 30er Jahre dieses Jahrhunderts zu den schönsten Gärten in Deutschland gezählt wurde.
Leider wurde der Lenné-Park in den Jahren nach 1945, als Bad Oeynhausen ein geschlagenes Jahrzehnt Hauptquartier der britischen Rheinarmee war und als »Weltbad hinter Stacheldraht« traurige Berühmtheit erlangte, weitgehend zerstört. Der »Wiederaufbau« ist nur teilweise gelungen. So hat sich zum Beispiel der Versuch, der streng geometrisch zugeschnittenen Partie vor dem schloßähnlichen Kurhaus (im Volksmund die »Lästerallee« genannt) »zeitgemäße Akzente« zu verleihen, als wenig glücklich erwiesen. Es bestehen deshalb Bestrebungen, den alten Zustand wiederherzustellen. Von Bad Oeynhausen über Lohe und Exter nach *Bad Salzuflen,* dem nur etwa zwölf Kilometer entfernten Nachbarbad, dessen Kurpark zwar nicht mit dem Ruhm großer Namen getränkt ist, aber sicherlich zu den gelungensten und gepflegtesten Gartenanlagen in Deutschland zählt.
Die Salzgewinnung in der Stadt an der Salze ist bereits für das 11. Jahrhundert bezeugt. Die Heilquellen wurden erst zu Beginn des 19. Jahrhunderts erbohrt Der Badebetrieb begann 1818, zunächst in sehr bescheidenem Umfang, so daß sich die Anlage eines Kurparks in der ohnehin im Grünen gelegenen alten Salzsiederstadt erübrigte. Erst 1872 – nach dem in den örtlichen Annalen als außerordentlich nützlich gewerteten Großfeuer, dem die damalige Solbadeanstalt zum Opfer fiel – wurde mit der Anlage eines kleinen Kurparks begonnen, geplant vom Fürstlichen Hofgärtner Kahl aus Detmold, der mit der bescheidenen Order nach Salzuflen entsandt wurde, »an der Gradierung zur Verschönerung der Promenade einige Gruppen von Blumen und Gesträuch anzubringen«.
Diese erste Anlage ist sozusagen natürlich weitergewachsen, immer dem Tal der Salze folgend, deren sanft ansteigende Hänge sie nach und nach okkupierte. Die außerordentliche Gunst der Lage hat dann einen Park entstehen lassen, der heute mit einem üppigen Blumengarten im Weichbild von Kurhaus und Wandelhalle beginnt, an einem künstlichen See vorbei in den erst nach 1950 geschaffenen Landschaftspark führt und schließlich in den sauerstoffreichen Wäldern endet, die die Kur- und Badestadt im Norden abschirmen. Kein »historischer Garten« im eigentlichen Wortsinn also, aber ein gewachsener Park, der alle Möglichkeiten der Gartengestaltung souverän durchbuchstabiert.

Von Salzuflen weiter nach Lemgo (der alten Hansestadt, der man einen freundlichen Blick gönnen sollte), dann auf der B 66 über Dörentrup und Barntrup nach Aerzen. Von dort lohnt sich ein Abstecher nach *Schwöbber*. Es liegt an der B 1 in Richtung Aerzen, wo man bei Groß Berkel rechts abbiegt. Da das ab 1570 erbaute Renaissanceschloß inzwischen zu einem Golfhotel umgebaut wurde, fehlt es nicht an entsprechenden Hinweisen.

Schwöbber

Schwöbber darf den Ruhm für sich in Anspruch nehmen, der erste englische Landschaftsgarten auf deutschem Boden zu sein. 1750 ließ ihn Baron Otto von Münchhausen jenseits des Schloßgrabens anlegen. Derzeit ist der Park noch nicht wieder in einem seiner Bedeutung entsprechenden Zustand, aber für Besucher zugänglich. Eine Wiederherstellung ist für die nächsten Jahre geplant.

Bad Pyrmont

Auch *Bad Pyrmont* – man erreicht es ebenfalls über die B 1 und biegt kurz hinter Aerzen rechts ab – hat einen Erstling aufzuweisen: den ersten Kurpark überhaupt. Seine Anfänge gehen zurück auf das Jahr 1668, als Fürst Georg zu Waldeck-Pyrmont die Lindenallee anlegen ließ, auf der sich der Kurbetrieb abspielte. Zu Anfang des 18. Jahrhunderts kamen die Kloster-, Hylligen Born- und Kurhausallee hinzu. Die Lindenallee führt am Graben des fürstlichen Wasserschlosses entlang zum Brunnenhaus mit der Quelle. Heute sind die Alleen eingebettet in einen Landschaftspark, dessen Reichtum an verschiedenen Baumarten gerühmt wird. Es gibt

Schwöbber. Der erste englische Landschaftsgarten auf deutschem Boden.

sogar einen Palmengarten, den der Hofgartendirektor Werner Dirks 1904 bis 1906 aus dem einstigen Küchengarten entstehen ließ.

Folgt man der B 1 weiter in westlicher Richtung, erreicht man als nächstes *Bad Meinberg*. Hier geht der *Alte Kurpark* auf das Jahr 1767 zurück: eine quadratische Anlage mit zwei sich kreuzenden Alleen aus Linden und Kastanien. Doch der Landschaftsstil setzte sich auch hier schnell durch. Der sich anschließende Berggarten besteht aus symmetrischen Terrassen, die steingartenartig bepflanzt sind. Eigentümlich für die Kuranlagen in Bad Meinberg ist die vier bis fünf Zentimeter starke Kohlensäureschicht über dem Boden.

Ein Abstecher nach *Detmold* führt in eine lebendige Stadt mit dem noch immer spürbaren Flair der alten Residenz. Hier hat sich in Resten auch eine barocke Kanalanlage erhalten. Dieser Kanal verband das Residenzschloß Friedrich Adolphs Graf zur Lippe in der Stadtmitte über den Burggraben mit der Sommerresidenz südlich der Stadt.

Die Sommerresidenz ist längst zerstört. Aber der ab 1701 erbaute Kanal – man holte sich Hilfe aus Holland – prägt immer noch das Bild der südlichen Vorstadt. Zwei Kilometer war er lang und gerade so tief, daß man mit Booten vom Schloß ins Friedrichsthal fahren konnte, wobei Schleusen zur Überwindung der Höhenunterschiede eingebaut waren. Ab 1705 ließ der Graf zu beiden Seiten des Kanals Hecken und Alleen anlegen. Ein Stück davon blieb erhalten, wenn auch vom Verkehr arg bedrängt.

Wo der Kanal einen Knick nach rechts macht, liegt linkerhand der *Garten des neuen Palais*. Das Palais, um 1706 begonnen und 1709 als Schenkung an des Grafen Gemahlin Amalie von Solms gelangt, erhielt ab 1708 einen Garten, der sich nach Osten am Fuß des Büchenberges entlang erstreckte. »Favorite« hieß er damals wohl nach der berühmten kaiserlichen »Favorite« in Wien, die der Graf von Besuchen her kannte.

Bad Meinberg

Die Detmolder »Favorite« war allerdings eine eher bescheidene Anlage. Man weiß von einem zentralen Fontänenbecken, das um 1790 schon in eine Blumenanlage verwandelt wurde. Im hinteren Teil befanden sich Obsthaine und Gemüsebeete, mit deren Erträgnissen der Schloßbau teilweise finanziert werden mußte. Sicher gab es hier eine Mittelachse, doch wurde der holländisch-intime Charakter dadurch nicht gestört.

Detmold

Schaut man diesen unteren Garten ein bißchen genauer an, entdeckt man die Reste der niedrigen Terrassen, die es hier einst gegeben hat. Stufen führten in der Mitte von einer zur anderen.

Palais und Garten gingen 1746 an den Schwiegersohn der Gräfin Amalie. Er veranlaßte wahrscheinlich die Einbeziehung des Büchenberghanges als »Thiergarten«. Es scheint, daß im unteren Garten auch weiterhin Obst und Gemüse angebaut wurden.

Abgesehen von einer kurzen Unterbrechung um 1800, verfielen Haus und Garten fast gänzlich, bis der Erbprinz und nachmalige Fürst Leopold III. Palais und Garten als Wohnsitz dem Stadtschloß vorzog. 1843 begannen die Vorarbeiten, um aus dem heruntergekommenen Nutzgarten einen repräsentativen Landschaftsgarten nach den Vorstellungen des Fürsten anzulegen, der sich zu seiner Unterstützung den Gärtner Carl Limberg aus Wien geholt hatte. Auf Limberg geht sicher die abwechslungsreiche Bepflanzung mit einheimischen und exotischen Gehölzen zurück. Aber auch der Fürst trug dazu bei,

Detmold, Garten des Neuen Palais.

unter anderem mit einem Mammutbaum, den er 1858 aus Italien mitbrachte. Die Blumen und Blumenzwiebeln bezog er übrigens aus Berlin, wo er als Erbprinz seine Militärzeit verbracht und die Gärten Lennés eingehend studiert hatte.
Die Gartenanlage von 1852 ist weitgehend erhalten geblieben. Man betritt den Park heute durch das südliche Gartentor und stößt gleich auf eine kleine Delphinfontäne. Sie ist der Rest des intimeren Blumengartens und gehört zu den Wasserspielen, die erst 1858 fertiggestellt worden waren. Vor der Gartenfront erstreckt sich sanft ansteigend die Rasenfläche bis zur Großen Kaskade am Ende des Gartens, durchschnitten nur von drei diagonalen Wegen. Der dicht am Haus nach links zum Hang versetzte Teich wurde 1851 angelegt, erhielt jedoch erst 1858 seine Fontäne, die nur zusammen mit der Wasserwand der Zyklopenmauer und einer weiteren Fontäne auf deren Krone in Betrieb gesetzt werden konnte. Die Zyklopenmauer ist ein Teilstück der ehemaligen Stützmauer des Hangs vom Büchenberg. Am Fuße dieses Hanges rieselt an einer zweiten Felswand Wasser herunter. All diese Kaskadenfelswände erinnern unwillkürlich an Wilhelmshöhe.
Der Gartenteil am Hang erschließt sich erst von der Großen Kaskade am Ende des unteren Gartens. Hier lenkt eine Wiese den Blick und führen von Bäumen und Gebüsch gesäumte Wege hinauf. Auf der Höhe steht eine ringförmige Baumgruppe: die zwölf Apostel. Von hier hätte man eigentlich einen hübschen Ausblick, der leider durch die Dachflächen der modernen Ergänzungsbauten der Musikakademie, die im Palais untergebracht ist, gestört wird.
Hangabwärts stößt man zuerst auf den Schwanenteich, dessen Mitte die Reproduktion des Knaben mit dem Schwan ziert. Das Original schuf der Berliner Bildhauer Kalide für die Pfaueninsel. Wahrscheinlich hat der Fürst die Gruppe dort gesehen. Unterhalb vom Schwanenteich befindet sich der Steinerne Tisch, der 1851 hier aufgestellt wurde, aber eigentlich eine Trittplatte von 1713 ist.
Dieser Park besticht durch seine Stille und seinen Baumbestand, der allerdings nicht mehr ganz original ist. Vieles wurde seit 1880 nachgepflanzt. Aber schon zu Zeiten des Fürsten Leopold wurde der Park

wegen seiner besonderen Pflanzen und exotischen Vögel viel besucht. Damals konnte man sich während der Abwesenheit des Fürsten gegen einen Obolus von den Gärtnern herumführen lassen. Einen Führer braucht man heute nicht mehr. An Werktagen gibt es auch nicht viele Besucher. Nur Kinder, für die ein Spielplatz auf der linken Seite des unteren Gartens eingerichtet wurde, wo im 19. Jahrhundert noch Gewächshäuser und Gemüsebeete gelegen haben.
Folgt man der Straße am Kanal entlang, erreicht man vorbei an den Externsteinen wieder die B 1. Sie führt nach *Bad Lippspringe,* an dessen südwestlichem Ortsrand sich der um 1850 angelegte *Arminius-Park* befindet. Auch die Pläne für diesen Landschaftsgarten stammen von Peter Joseph Lenné. Es ist ein typischer romantischer Garten des 19. Jahrhunderts, dem Helden der Schlacht im Teutoburger Wald gewidmet. Als Parkbilder nutzt er die Quelle der Lippe und die Ruine der Burg aus dem 14. Jahrhundert.

Bad Lippspringe

Über Neuenbeken erreicht man die B 64 und folgt ihr nach *Bad Driburg.* Auch hier stammt der *Kurpark* aus dem 18. Jahrhundert. Kurz nachdem Graf Caspar Heinrich von Sierstorpff Bad und Heilquelle 1782 gegen Erbzins übernommen hatte, begann er mit der Anlage des Landschaftsparks. Auffallend sind die mächtigen Pappeln, die weiten Rasenflächen und schönen Baumgruppen. Neuere Gartenteile sind eingefügt. Es gibt einen Rosengarten, einen Konzertgarten und einen Steingarten. Steingärten sind übrigens eine Errungenschaft des 19. Jahrhunderts.

Bad Driburg

Bad Driburg, Kurpark.

Die Gärten in und um Kassel

Arolsen

Über Nebenstraßen führt der Weg von Bad Driburg nach Scherfede und jenseits der Autobahn auf der B 252 nach *Arolsen*. Der Ort ist ein hervorragendes Beispiel für eine wenn auch unvollendete barocke Stadtplanung. Das Ensemble aus Schloß und Stadt geben immer noch einen Begriff davon.

Das Schloß entstand ab 1713 an der Stelle eines im 16. Jahrhundert säkularisierten Klosters. Fürst Friedrich Anton Ulrich von Waldeck ließ es einebnen und beauftragte Julius Ludwig Rothweil, den er aus Weilburg geholt hatte, mit der Neuanlage. Vom Park, der gleichzeitig entstand, sind nur die Terrassen erhalten, und auch sie sind den Besuchern nicht zugänglich.

Aber wer die Schloßführung nicht scheut, wird mit dem prachtvollen Gartensaal, dessen Stukkaturen von Andreas Gallasini um 1719 vollendet wurden, und dem Blick auf Terrasse und Garten entschädigt.

Natürlich wurde der Park inzwischen verändert: Aus der Tiefe blitzt zwischen dichten Baumkronen ein kleiner See hervor, und zwei mächtige Alleen verlieren sich in der umgebenden Landschaft.

Arolsen, Schloßpark.

Die *Große Allee* jedoch ist einmalig! In sechs Reihen stehen die Eichen am Rand der barocken Stadt. Die Allee zieht sich ungestört vom Verkehr 1625 Meter hinunter ins Luisental, wo sie an einem inzwischen verschwundenen Lusthaus endete. Am oberen Ende, beinahe dem Schloß gegenüber, stößt sie auf den kleinen, jetzt zum Schloßhotel gehörenden, völlig offenen Landschaftsgarten, den sich die Fürstinwitwe Christiana gegen Ende des 18. Jahrhunderts anlegen ließ. In der Nähe überrascht die saalartige Eichenpflanzung *Am Driesch*. Sie erinnert an ähnliche Planungen des Barock, wurde aber erst 1845 auf einem öden Feld angelegt.

Wieder über Nebenstraßen geht es von Arolsen über Volkmarsen nach *Hofgeismar*. Von 1701 bis 1866 war dies ein vielbesuchter Badeort, dessen *Kurpark* sich erhalten hat. Der Brunnentempel von 1792 wird immer noch von barocken Badehäusern flankiert. Hirschfeld erwähnt den Park lobend in seiner »Theorie der Gartenkunst« und beschreibt den oberen Teil als noch streng französisch, während der größere Teil bereits durch den Hofgärtner Schwartzkopf aus Kassel im englischen Stil angelegt war und sich durch viele ausländische Gehölze auszeichnete. Davon ist noch einiges erhalten.

In Hofgeismar befinden wir uns auf dem Territorium der Landgrafen von Kassel. In dieser Familie scheint die Leidenschaft für Pflanzen und Gärten erblich gewesen zu sein. Der erste, der europaweit von sich reden machte, war Landgraf Wilhelm IV. Seiner Bildung wegen erhielt er den Beinamen »der Weise«. Er tat sich besonders in den Naturwissenschaften hervor und da wiederum in Astronomie und Botanik. Seine Korrespondenz zu diesem Thema hat sich erhalten.

Wilhelm IV. ließ sich durch Agenten Samen und Pflanzen aus aller Welt kommen (sogar Kartoffeln!) und zahlte dem damals besten Pflanzenkenner Clusius sieben Jahre lang ein Honorar, damit er ihn über die neuesten Pflanzenentdeckungen auf dem Laufenden hielt.

Hofgeismar

Kurz vor seinem Tod 1592 erwarb er von dem thüringischen Arzt Ratzenberger ein zweibändiges Herbarium, das dieser während seiner Studienzeit in Montpellier zusammengetragen hatte. In diesem Herbarium wird der Versuch unternommen, die Pflanzen in eine Ordnung zu bringen, die der später von Linné propagierten ähnlich ist. An der Universität in Montpellier beschäftigte man sich schon um 1570 mit diesem System.

Ratzenberger wollte sein kostbares Herbarium nur einem wirklich verständigen Wissenschaftler überlassen, und der Landgraf schien ihm dazu die rechte Person. Es wird heute im *Ottoneum* oberhalb der *Karlsaue* aufbewahrt.

Vom Ottoneum steigt man hinunter zur Fuldainsel, auf deren äußerster Spitze der Landgraf 1568 seinen Lustgarten anlegen ließ. Wie dieser Renaissancegarten aussah, zeigen die Porträts des Landgrafen und seiner Gemahlin im Astronomisch-Physikalischen Kabinett des Landesmuseums: Auf ihnen ist der Garten im Hintergrund so minutiös dargestellt, daß man ihn danach restaurieren könnte. Denn nachdem er 1703 in ein Vorparterre verwandelt wurde, machte man ihn in unserem Jahrhundert zu einem Sportplatz.

Die ganze Fulda-Insel war Jagdgebiet der Landgrafen, und das blieb sie auch, nachdem Landgraf Carl sie um 1710 zu einem Barockgarten umgestaltet hatte: die Karlsaue. Statt eines Schlosses, das ja auf dem Felsen thronte, entstand hier

Kassel

Kassel. Die Karlsaue.

1703 eine neue Orangerie. Der holländische Gärtner Marcus Schlichting wurde zur gleichen Zeit in seine Heimat geschickt, um die neuesten Gärten zu studieren. Von ihm stammen sicher die Entwürfe.

Karlsaue

Das Grundkonzept ist heute noch zu sehen. Von einem halbkreisförmigen Parterre gehen drei Strahlen aus – zwei Kanäle, die sich am Ende der Insel zu einem Halbkreis schließen, und eine Mittelallee, die an einem Bassin mit Segmentausbuchtungen endet, in dem wiederum eine Insel mit einem Tempel liegt – also drei ineinander verschachtelte Inseln. Und damit nicht genug – den Abschluß bildete die Insel Siebenbergen, die immer noch von den Wassern des Kanals umschlossen ist.

Diese barocke Struktur blieb erhalten, obgleich Landgraf Wilhelm IX. 1791 einen Plan zur Umwandlung in einen Landschaftsgarten in Auftrag gab. Nur Teile davon wurden ausgeführt. So finden wir in der Karlsaue das reizvolle Beispiel für einen Garten, in dem das barocke und das landschaftsgärtnerische Konzept wie Schichten übereinander liegen.

Davon abgesehen ist die Karlsaue angenehm abwechslungsreich bepflanzt, ein klimatisch begünstigter Platz im rauhen Kassel. Besonders die Insel Siebenbergen besitzt einige botanische Kostbarkeiten. Auffallend sind die vielen Eichenarten, von denen etliche zurückzuführen sind auf Samen, die hessische Offiziere während des amerikanischen Unabhängigkeitskriegs aus Amerika schicken mußten. Überall am Wasser stehen Trauerweiden. Sie sind wohl eine Hinterlassenschaft der Franzosenzeit, denn die Trauerweide war Napoleons Lieblingsbaum, und der hatte seinen Bruder Jerôme als König von Westfalen mit Residenz in Kassel eingesetzt.

Daß die Karlsaue nicht gänzlich zu einem Landschaftspark umgestaltet wurde, verdankt sie dem Umstand, daß Landgraf Wilhelm IX. sich viel stärker für seine Schöpfung *Wilhelmshöhe* interessierte. Allerdings vollendete er auch hier eine Hinterlassenschaft seines Urgroßvaters, des Landgrafen Carl. Der wollte nach einer Italienreise 1699 auf dem Weißenstein, einem ehemaligen Kloster, das unter Landgraf Moritz als Jagdschlößchen genutzt wurde, einen barocken Berggarten mit von der Höhe herabstürzenden Kaskaden anlegen, wie er es in Italien gesehen hatte. Dazu engagierte er G. F. Guerniero, der die Pläne für die Verwandlung des gesamten Hanges in ein gigantisches System von Terrassen, Kaskaden, Rampen und Alleen erstellte. Die Finanzierung hätte eine gigantische Summe verschlungen. Deshalb wurde nur ein Drittel fertiggestellt – das die Höhe krönende Riesenschloß mit Herkules und Kaskade bis zum Neptunbassin, wo jeden Mittwoch, Sonnabend und Sonntag um 14.30 Uhr die Wassermassen zu Tal donnern.

Wilhelmshöhe

An diesem faszinierenden Schauspiel, für dessen Verwirklichung umgeheure Wassermengen aus der ganzen Umgebung des Habichtswaldes herangeführt und in mehreren Bassins hinter dem Oktogon gesammelt werden müssen, änderten auch seine Nachfolger nichts.

Sein Enkel Friedrich II., der mit einer englischen Prinzessin verheiratet war, begann, die in der Nähe des Jagdschlößchens gelegenen barocken Gartenräume zu »anglizieren«. Der Hofgärtner Daniel August Schwarzkopf legte dort aller-

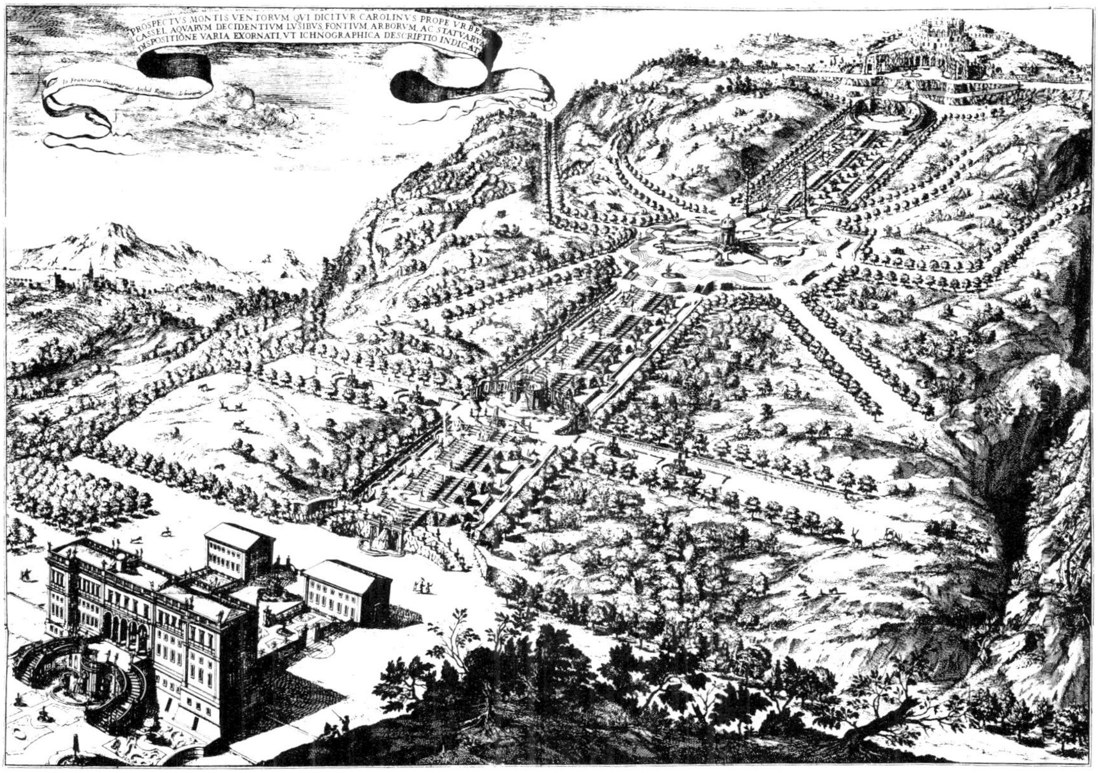

Kassel, Wilhelmshöhe (Kupferstich).

dings auch einen Rosengarten an. Das Rosarium entstand noch vor jener berühmten Anlage der Kaiserin Josephine in Malmaison und vereinte alle damals bekannten Rosenarten und sogar solche, die in Kassel gezüchtet wurden. Salomon Pinhas hat sie 1806 bis 1815 in 150 Aquarellen gemalt, die sich gebunden zu einem Buch in der Schloßbibliothek erhalten haben. Nach 1866, als Kassel an Preußen kam, wurde die Sammlung zerstört. Inzwischen hat private Initiative jenes einst berühmte Rosarium im Park der Wilhelmshöhe wiederbelebt.

Wilhelmsthal bei Calden

Als Landgraf Wilhelm IX. seinem Vater 1785 in der Regierung folgte, wandte er sich vor allem dem Weißenstein zu: Er machte aus dem gesamten Hang, der wie ein antikes Theater das Schloß auf seinem Plateau im Halbkreis umgibt, den wahrscheinlich größten Landschaftsgarten Europas, sicher aber den größten Deutschlands. Folgerichtig hieß der Weißenstein nun Wilhelmshöhe.

Von den beiden Schloßbauten, dem klassizistischen Schloß (1788–1802) und der neugotischen Löwenburg (1793) einmal abgesehen, ließ er den Park mit Wasserkünsten aller Art, Seen, Grotten, Tempeln, Eremitagen und sogar dem »Grab des Vergil« ausschmücken, eine arkadische Landschaft mit einer Fülle von Reminiszenzen. Die Löwenburg und ihre Umgebung sind als Traum vom Mittelalter ein programmatischer Kontrast, wozu der »Mulang«, das chinesische Dörfchen von 1782 bis 1785 das exotische Gegenstück lieferte.

Es ist unmöglich, mit dürren Worten alle Schönheiten dieser grandiosen Anlage anzuführen. Jeder Besucher, gleichgültig, zu welcher Jahreszeit er kommt, wird mit einer Fülle von eindrucksvollen Bildern belohnt, mit der Entdeckung seltener Bäume und Sträucher oder ganz einfach nur mit sentimentalen Erinnerungen an den hier in Gefangenschaft lebenden Kaiser Napoleon III. oder Kaiser Wilhelms II. Lieblingsdackel, der Grab und Platte im Park erhielt.

Es soll nicht unerwähnt bleiben, daß in Wilhelmshöhe 1822 das erste Gewächshaus mit einer Eisen-Glas-Konstruktion erbaut wurde und die Camellien dort aus derselben Zeit stammen. Keinesfalls sollte man jedoch hindurchrasen und sich nur die spektakulären Punkte der Wasserspiele herauspicken.

Von der Wilhelmshöhe führt die Rasenallee fast schnurgerade nach *Calden*, an dessen Rand *Wilhelmsthal* seit 200 Jahren in ländlicher Stille träumt – zumindest an Wochentagen, außerhalb der Saison. Der Name hat nichts mit Wilhelm IX. zu tun, dafür um so mehr mit seinem Großvater Wilhelm VIII. Dieser war nahezu zeit seines Lebens »nur« der Statthalter seines Bruders Friedrich, der von 1715 bis 1751 König von Schweden war (und auf dessen Spuren wir in Holstein gestoßen sind).

Wilhelm hatte das alte Hofgut also 1743 von seiner Gemahlin Dorothea geerbt und alsbald beschlossen, es in einen Sommersitz zu verwandeln. Die Pläne für das Schloß ließ er von François Cuvilliés aufstellen. Dessen Entwürfe für den Garten waren jedoch unbrauchbar, da Cuvilliés das Gelände nicht kannte. Schon eher stimmen die Pläne, die Simon Louis du Ry 1746 bzw. 1753 anfertigte – auch ein Holzmodell aus dieser Zeit wird in Wilhelmsthal gezeigt –, mit der vorhandenen Gartensubstanz überein. Ähnlich wie in der Karlsaue sollten eine Hauptachse und zwei Nebenachsen von der Gartenfront des Schlößchens ausgehen. Doch nur die Südachse wurde vollendet: die Grotte mit dem schmalen Bas-

Calden. Das Rokokokleinod Wilhelmsthal.

sin bezaubert seit 1744 den Betrachter. Ab 1751 wurde ernsthaft am Ausbau der Anlage gearbeitet, das Schloß jedoch erst 1753 begonnen. Noch später, nämlich 1756, begann man mit der Hauptachse des Gartens: In den kleeblattförmigen Teich vor der Gartenfront sollte sich über den Abhang des niedrigen Hügels eine Kaskade aus mehreren Stufen ergießen. Sie wurde nie vollendet, der Siebenjährige Krieg und der Tod des Landgrafen 1760 verhinderten es.

Der Nachfolger, Friedrich II., ließ das Sammelbecken auf der Hügelkuppe von 1768 bis 1771 in ein Bowlinggreen verwandeln. Dieser für Barockgärten typische Teil – die französischen Theoretiker nannten es »boulingrin« – entstand aus einem sehr kurz gehaltenen Grasstück elisabethanischer Gärten, auf dem ein Kegelspiel stattfand und das daher besonders glatt und gepflegt sein mußte. Dies könnte die Keimzelle des berühmten englischen Rasens gewesen sein. Die gleichmäßig grüne Fläche paßte jedenfalls ins Gartenbild der Barockzeit und zum Landschaftsgarten gleichermaßen.

Auch Wilhelmsthal wurde schließlich nach den Plänen Schwarzkopfs in einen Landschaftsgarten umgestaltet. Doch die Arbeit daran zog sich von 1796 bis 1814 hin, denn in diese Zeit fielen die Napoleonischen Kriege. So träumt das Rokokokleinod des Schlößchens in

einem Park von verhaltener Melancholie. Der Hang, der einmal die Hauptachse bilden sollte – die dritte Nebenachse wurde nie begonnen – zeigt noch Spuren seiner früheren Kaskaden.
Auf dem Hügel, doch südlich aus der Achse gerückt, steht der gotische Turm. Erbaut wurde er 1799 bis 1801 aus dem Material der Kaskade nach einem Plan von du Ry an der Stelle eines Rundtempels von 1766. Wilhelm IX. bestand in allen seinen Gärten auf einem solchen gotisierenden Bau. Von diesem Turm blickt man hinunter zur südlichen Nebenachse, die aus mehreren Bassins bestand und von Alleen umgeben war. Die Alleen sind noch vorhanden, eins der Bassins ergab einen hübschen See. Von dort erreicht man die Grotte von hinten.
Um so überraschender ist der Blick auf die heitere Rokokoeleganz der Anlage, die absolut nicht an die skurrilen Grotten anderer Gärten erinnert. Vergoldete Figuren spiegeln sich im Wasser, und niedrige Fontänen tanzen auf der Oberfläche. Eine optimale Ergänzung bildet der strahlend blaue Himmel eines Vorfrühlingstages.
Zurück nach *Kassel.* Bevor wir uns endgültig nach Süden wenden, noch ein Wort zum *Park Schönfeld.* Haus und Garten lagen einst vor dem Frankfurter Tor. Oberst Nikolaus Heinrich von Schönfeld gestaltete das Anwesen 1777. König Jerôme kaufte es 1809, und in der Folge kam es in landgräflichen, das heißt nunmehr kurfürstlichen Besitz. Kurfürst Wilhelm II. schenkte das Anwesen seiner Gemahlin Auguste, von der er getrennt lebte. Es ist noch heute eine intime Anlage mit einem eher biedermeierlichen Ambiente, geradezu kunstlos verglichen mit Karlsaue und Wilhelmshöhe und vielleicht deswegen immer in Gefahr, zerstört zu werden.

Gärten zwischen Lahn und Main

Fulda

Von Kassel aus begeben wir uns über die Autobahn nach *Fulda*. Die ehrwürdige Reichsabtei war in den ersten Jahrhunderten der Christianisierung ein kulturelles Zentrum und wichtiger Vorposten an der Grenze zum heidnischen Osten. Mit der Verlagerung dieser Grenze sank Fuldas Bedeutung; daran konnten weder der Kult um das Grab des Bonifatius noch die Erhebung zum Bischofssitz etwas ändern. Beidem verdanken wir jedoch die durchgreifende Barockisierung der Stadt und ihrer Kirchen.

Selbstverständlich bezog man die bischöfliche Residenz in diese Umgestaltung ein. Zwischen 1707 und 1734 wurde sie nach den Plänen Johann Dientzenhofers umgebaut. Dem *Schloßgarten* wandte man sich erst vergleichsweise spät zu; er wurde um 1720 begonnen. Den Entwurf dafür fertigte Maximilian von Welsch an, der für die klerikalen Oberhäupter in Mainz und Bamberg zahlreiche Schlösser und Gärten geplant und gebaut hat.

Der Plan für den Schloßgarten in Fulda war im Stil bereits veraltet, obgleich oder gerade weil er sich an französischen Vorbildern orientierte. Er wurde nie ganz ausgeführt. Außerdem fehlte es sowohl an Geld als auch an der notwendigen Wasserzufuhr für die Wasserspiele. Auf dem beengten Raum konnte man sich nicht richtig entfalten. Die Hauptachse läuft deshalb parallel zum Schloß, während die Querachse zwischen Kaisersaal und der gegenüber liegenden Orangerie angelegt ist. Einst stieg man über die ausschwingende Treppenanlage in einen Blumengarten mit Wasserspielen und auf der anderen Seite über eine ebenfalls im Bogen verlaufende Freitreppe mit einem ovalen Podest aus halber Höhe wieder hinauf zur Orangerie.

Diese Orangerie wurde 1722 bis 1730 nach einem Plan von Welsch erbaut und hat im Innern einen großen Festsaal, den der aus Arolsen schon bekannte Andreas Gallasini stuckiert hat. Auch nach der Umgestaltung des barocken Gartens in einen Landschaftspark beherrscht die Orangerie noch immer die gesamte Anlage. Besonders die Treppenanlagen der Querachse vermitteln etwas von jener italienischen Atmosphäre, die in der Zeit der Entstehung diesen Teil des Gartens prägte. Heute wird er auch von den alten Bäumen und dem Weiher in ihrer Mitte bestimmt. Augenfälliger ist jedoch das Barock der Orangerie. Zu nennen sind die Floravase, die der Bamberger Bildhauer Johann Friedrich Humbach 1728 geliefert hatte und die seitdem auf dem ovalen Podest steht, die ebenfalls barocken Skulpturen auf der Schloßterrasse und das schmiedeeiserne Gartentor von 1731. Der Blick von der Schloßterrasse zur Orangerie gehört mit zum Schönsten in diesem ansonsten eher zurückhaltenden Garten.

Schloßgarten

Fulda, Blick vom Schloßgarten auf die Orangerie.

Bronnzell, Fasanerie

Wer sich mehr Zeit für Fulda lassen kann, mag noch nach *Bronnzell* zum ehemaligen Sommersitz *Fasanerie* der Fürstbischöfe hinausfahren. Er gehört heute den Landgrafen von Hessen, an die Fulda 1814 fiel. 1866 verloren die Landgrafen ihre Souveränität an Preußen, behielten jedoch die Fasanerie. Auch hier erstreckt sich die Hauptachse des Gartens die Front entlang, und eine elegante Terrasse verbindet das Innere mit dem Garten. Eine Besonderheit dieses Gartens, die ihn aus der Vielzahl vergleichbarer Anlagen heraushebt, sind ein noch erhaltener chinesischer und ein japanischer Teepavillon. Allzuoft haben diese Chinoiserien, die im 18. Jahrhundert beinahe in jeder Gartenanlage zu finden waren, das 19. Jahrhundert nicht überstanden. Das lag zum einen an ihrer allzu leichten Bauweise, zum anderen aber auch an der veränderten Einstellung gegenüber dem Fernen Osten: Das 18. Jahrhundert betrachtete aufgrund der Berichte jesuitischer Missionare China noch als Verwirklichung der Utopie des Gerechten Staatswesens und einer hochzivilisierten Gesellschaft. Doch je stärker China unter westlichen Einfluß und zuletzt gar in Abhängigkeit geriet, desto mehr verschob sich der Blickwinkel, bis man schließlich auf die einst hochgeschätzte Kultur herabsah. Gleichzeitig kamen die chinesischen Pavillons zugunsten eigener Gartenlauben mehr und mehr aus der Mode.

Von Fulda westwärts geht es auf der B 254 bis Lauterbach und dort auf die B 275. Hier fällt nach einigen Kilometern Schloß *Eisenbach* auf, eine im wesentlichen aus dem 16. Jahrhundert stammende, in diesem stillen Tal geradezu übermächtig wirkende Burg. Sie liegt auf einem Vorsprung, dessen Hänge im 19. Jahrhundert landschaftlich gestaltet wurden. Einige gewaltige fremdartige Baumriesen geben dem Bild etwas Unwirkliches.

Eisenbach gehört zu den seltenen Gärten, die man von außen betrachten sollte, weil hier der Zusammenklang mit der umgebenden Landschaft und dem romantischen Burgkomplex das Wesen der Anlage ausmacht. Eisenbach gehört seit dem Mittelalter den Riedesels, die auch das Amt des Erbmarschalls in Hessen innehatten. Der Erbmarschall Georg von Riedesel war wie sein Herr, Landgraf Wilhelm IV., ein Pflanzenliebhaber. Er besaß auf seiner Burg Ludwigseck eine der größten Rosensammlungen seiner Zeit. Doch davon ist leider nichts übriggeblieben.

Hinter Schloß Eisenbach biegt man rechts ab über eine Nebenstraße nach Schotten und gelangt dann auf der B 276 nach *Laubach*. Der *Schloßpark* von Laubach liegt im Norden der alten Stadt hinter dem aus dem 17. Jahrhundert stammenden Schloß der Grafen zu Solms-Laubach. Es ist ein Garten im englischen Stil des ausgehenden 18. Jahrhunderts. Die alten und zum Teil seltenen Bäume tragen wesentlich zu den romantischen Bildern bei, in deren Mittelpunkt ausschnitthaft immer wieder das Schloß oder auch die Untermühle von 1588 stehen.

Es geht weiter über Lich und die B 457 nach *Gießen*. Auch hier befinden wir uns noch auf dem einstigen Territorium der Landgrafen von Hessen-Kassel. Gießen war ihre Universität. 1609 erhielt die dortige medizinische Fakultät einen »hortus medicus«, woraus mit der Zeit der heutige *Botanische Garten* wurde. Er ist also einer der ältesten Westdeutschlands. Um 1800 wurde in seiner Nähe der Universitätsforstgarten gegründet, der später mit dem botanischen Garten zusammengelegt worden ist. Das ist die Erklärung für die reichhaltige Baumsammlung im Mittelteil der Anlage. Sie wird inzwischen von der Stadt hart bedrängt. Andererseits entstehen durch die Nähe des Alten Schlosses, des Neuen Schlosses und des Zeughauses reizvolle Durchblicke und Bilder.

Weiter geht es das Lahntal abwärts auf der B 49, die man bei Löhnberg in Richtung *Weilburg* verläßt. Die kleine Stadt liegt an einer Verengung des Flußtals, und hoch über ihr thront auf einem Felsen, der fast zu Dreivierteln vom Fluß umfaßt wird, das Schloß der Grafen von Nassau-Weilburg. Nach Osten fällt die Felswand steil zum Fluß ab.

Je näher man in der Stadt zum Schloß vordringt, desto spürbarer wird die Atmosphäre einer kleinen Residenz der Barockzeit. Natürlich gab es hier eine mittelalterliche Burg und später einen Renaissancebau. Unter Johann Ernst (1648–1719) erfolgte die Erweiterung des Schlosses. Mit der Leitung hatte der Graf von Nassau-Weilburg Julius Ludwig Rothweil beauftragt. Es war eine Lebensaufgabe für ihn, denn er arbeitete von 1703 bis 1746 daran.

Den Renaissancegarten südlich des alten Schlosses begann man schon um 1700 dem neuen Stil anzupassen. Diese Aufgabe übernahm der Saarbrücker Hofgärtner François Lemaire – die weitverzweigte Familie der Grafen von Nassau regierte auch an der Saar, der Hofgärtner blieb also in der Familie. Was Lemaire auf diesem beschränkten Raum hervorzauberte,

Schloß Eisenbach bei Lauterbach

Laubach

Gießen

Weilburg

entzückt noch heute den Betrachter, obgleich es nur noch bruchstückhaft erhalten ist. Im oberen Lustgarten mußte eine gewaltige Futtermauer hochgezogen werden, um eine gestaltbare Fläche zu bekommen. Gleichzeitig errichtete Rothweil die protestantische Hofkirche (1707–13) und als Verbindung zwischen ihr und dem Schloß im Segmentbogen die Orangerie (1703–05). Der stuckierte Saal im hohen Mittelbau wird von bogenförmigen Galerien flankiert, in denen die Delfter Fliesen »nur« aufgemalt sind, und öffnet sich mit Fenstertüren zum symmetrisch aufgeteilten Garten.

Damals gab es dort noch Wasserkünste und Grotten, für die das Wasser über Rohrleitungen zu einem kupfernen Wassertank auf dem Kirchturm geleitet wurde, ein System, das bis ins 20. Jahrhundert hinein der städtischen Wasserversorgung diente. Den Lahnblick aus der Orangerie heraus verstellen jetzt zwei mächtige Buchen. Von der gußeisernen Balustrade aus hat man jedoch immer noch einen weiten Blick in die Umgebung.

Die Balustrade mit ihren Vasen auf Marmorsockeln zieht sich von der Ostseite bis zur Terrasse auf der unteren Orangerie. Den oberen Garten beschließt hier das Miniaturboskett geschnittener Linden, eine willkommene Schattenzone in der Sommerhitze. Zu beiden Seiten der oberen Terrasse führen breite Treppen hinab zum Parterre vor der Orangerie. Die Treppe wurde 1710 bis 1714 nach dem Vorbild von Versailles zum Ausgleich des erheblichen Höhenunterschieds in den Geländestufen erbaut. Die untere Orangerie diente im Gegensatz zur oberen, die gleichzeitig Festsaal

Weilburg, Balustrade mit Vasen auf Marmorsockeln im oberen Teil des Renaissancegartens.

war, nur zur Überwinterung der Kübelpflanzen. Unterhalb bildet ein zweites, jedoch wesentlich schmaleres Parterre den Abschluß der Anlage.
Obgleich alle Gartenteile seit 1935 nur in vereinfachter Form wiederhergestellt wurden, dominieren unübersehbar barocke Züge. Weilburg wurde als Residenz nicht weiter ausgebaut, weil der zum Fürsten erhobene Nachfolger des Grafen Johann Ernst sich der Residenz *Kirchheimbolanden* zuwandte. Aber davon ließen die französischen Revolutionstruppen nur den Ostflügel und einen bescheidenen Garten übrig. 1816 wurde die Residenz endgültig nach Wiesbaden verlegt, das man von einem anderen Nassauer Familienzweig geerbt hatte. Auch wir begeben uns in Richtung Wiesbaden, nicht ohne uns zu erinnern, daß Weilburg der Geburtsort des großen Gartenarchitekten Friedrich Ludwig von Sckell ist, dem wir südlich des Mains noch oft begegnen werden.
Von Weilburg geht's auf kürzestem Weg über die B 49 nach Limburg und dort auf die Autobahn. Sie führt an *Idstein* vorbei, lange Zeit Residenz der Grafen von Nassau-Weilburg-Saarbrücken. Das dreiflügelige Renaissanceschloß von 1614 beherrscht von seinem Felsplateau das Tal und die gepflegte Altstadt mit ihren Fachwerkhäusern. Der *Schloßgarten* war einmal berühmt, geblieben ist davon nur der ummauerte Platz. Rasen, Rosen und ein paar Bänke sind ein spärlicher Ersatz für die einstige Pracht. Wie es hier 1651 aussah, zeigen zwei Abbildungen im »Blumenbuch«, das der Straßburger Maler Johann Walther d. Ä. im Auftrag des Grafen Johann angefertigt hatte. Der Garten war flächig und sprang bastionsartig vor, die buchsgefaßten Blumenbeete in Form von Früchten bildeten kein einheitliches Motiv, und eine Verbindung mit dem Schloß gab es auch nicht. Dafür brachten ein Pavillon mit Grotte, Wasserspiele, ein Gartensaal, eine Galerie auf der einen Seite und ein Weg zwischen Hecken viel Abwechslung hinein.
Diesen Garten hatte sich der Graf Johann anlegen lassen, nachdem er aus seinem Straßburger Exil während des 30jährigen Krieges zurückgekehrt war. Es ist der einzige Garten, der nach Plänen des Architekturtheoretikers Joseph Furttenbach (1591–1667) entstand, und war bereits 1652 vollendet. Der botanisch sehr interessierte Graf hatte ihn mit so vielen seltenen Pflanzen angefüllt, daß er die Sammlung auch im Bild festhalten wollte. Daher der Auftrag für das »Blumenbuch« mit dem pompösen lateinischen Titel »Simulacrum Scenographicum Celeberrimi Horti Itzsteinensis...« Ein Exemplar davon besitzt auch das Victoria & Albert Museum in London.

Idstein

Von Idstein nach *Wiesbaden* folgt man den Wegweisern durch die waldreichen Täler und über die Höhen. Der schon den Römern bekannte Badeort liegt am Südhang des Taunus und öffnet sich zum Rhein hin. Internationaler Badeort ist Wiesbaden wieder seit dem 19. Jahrhundert; demzufolge hat es auch einen Kurpark. Die Anlage vor dem Kurhaus mit Wasserbekken, alten Platanen und Teppichbeet, gerahmt von Brunnen- und Theaterkolonnaden, datiert zurück bis 1810. Nur das Kurhaus wurde 1906 neu gebaut.

Wiesbaden

Dahinter erstreckt sich der Park mit seinem durchaus eleganten und weitläufigen Flair: See und Rasenflächen, eine Fülle blühender Sträucher und seltener Bäume, Blumenbeete und Narzissenwiesen machen diesen typischen Park des 19. Jahrhunderts zur Visitenkarte Wiesbadens.

Wiesbaden, Kurpark.

Talaufwärts ziehen sich die Kuranlagen am Ufer des Rambachs bis zur Ruine Sonnenberg hinauf. Diese mittelalterliche Ruine war ein Verwaltungssitz und ist sozusagen die Keimzelle Wiesbadens als Landeshauptstadt. 1816 wurde die Residenz der nunmehrigen Herzöge von Nassau von Weilburg nach hier verlegt. Das Stadtschloß mitten im Zentrum, heute der Landtag, stammt aus dieser Zeit. Genügend Platz für einen Park war allerdings nicht vorhanden. Dafür gab es das nahegelegene Schloß *Biebrich,* seit 1734 Residenz der Grafen von Nassau-Usingen, die es von einem anderen Familienzweig geerbt hatten. Erbaut wurde das Schloß 1707 bis 1718 nach Plänen von Maximilian von Welsch aus Mainz – wir trafen ihn bereits in Fulda. Er hatte ein luftiges Lustschloß aus Pavillons, verbunden durch Galerien, entlang dem Rheinufer und mit einem herrlichen Ausblick über den Strom ersonnen. Eine anmutige Gartenarchitektur, die aber schon 1719 durch Aufstockung repräsentative Erdenschwere erhielt. Einen barocken *Garten* gab es auch; er nahm ein Drittel des heutigen Parks ein und wurde von einem Kanal eingefaßt.

Schloß Biebrich

Nachdem Wiesbaden 1816 an Weilburg gefallen war, wandte sich Herzog Wilhelm von Nassau ein Jahr später an Friedrich Ludwig von Sckell, dem damaligen führenden Gartenarchitekten.

Sckell war 1750 in Weilburg geboren, hatte seine Ausbildung aber in Schwetzingen, Zweibrücken, Bruchsal und Frankreich erhalten. 1773 bis 1776 hatte der pfälzische Kurfürst ihn zu weiteren Studien nach England geschickt. Nach seiner Rückkehr trat er in kurpfälzische Dienste und blieb dort für den Rest seines Lebens. Als der Kurfürst Carl Theodor Bayern erbte, erweiterte sich automatisch auch Sckells Arbeitsbereich: 1789 wurde er zur Beratung des Projektes »Englischer Garten« nach München geholt, und später machte Maximilian Joseph ihn zum Gartenbaudirektor der Rheinpfalz und Bayerns. 1804 übersiedelte Sckell endgültig nach München, wo ihm der Rang eines Hofgartenintendanten verliehen wurde. Von dort holte ihn Herzog Wilhelm von Nassau zur Neugestaltung des Biebricher Parkes.

Sckell war nur selten am Ort, die meisten Anordnungen gab er schriftlich von München aus. Dieser Schriftverkehr ist vollständig erhalten, so daß man die derzeitigen Wiederherstellungsarbeiten im Park darauf gründen kann. Die endgültige Fertigstellung 1824 erlebte Sckell nicht mehr, er starb im Jahr davor.

Die Dicke Allee und die beiden kleinen Alleen aus Sckells Planung sind zum Glück erhalten geblieben. Der Springbrunnen in der weiten Rasenfläche wurde wieder ausgegraben. Das Wasser dazu war in einem Röhrensystem von den Taunushängen herangeführt worden. Die Strenge der Alleen hatte Sckell durch asymmetrische Sichtbezüge aufgelockert.

Durch vorsichtiges Ausholzen sind diese Bezüge wieder freigelegt worden, wobei besonders der Blick hinüber zum Taunus kaum durch moderne Bauten gestört wird. Was Sckells Anlagen auszeichnet, ist die glückliche Verbindung von Landschaft und Garten, die Gestaltung großzügiger, ruhiger Parkbilder ohne den Schnickschnack übertriebener Staffagen – Weite ohne Langeweile. Das alles läßt sich am Alterswerk des damals führenden Gartenarchitekten ablesen.

Vorhandenes hat Sckell immer mit Behutsamkeit behandelt, deshalb blieb in Biebrich auch die Mosburg von 1806 unangetastet. Das gilt jedoch nicht für den Park. Herzog Wilhelms Nachfolger Adolf, der 1839 als Zweiundzwanzigjähriger an die Regierung kam, war ein Pflanzennarr – man sieht's an den Rechnungen für Lieferungen zum Beispiel aus Wien, die sich im Hessischen Staatsarchiv befinden. Allein die Rhododendren, die er von dort bezog, lassen einen immer noch vor Neid erblassen. Der Herzog interessierte sich auch für exotische Pflanzen, seine Sammlung war berühmt. Als er 1866 abdanken mußte (Preußen zwang ihn dazu, weil er wohl vor allem aus familiärer Neigung Parteigänger Österreichs war, denn die Schwester seines Vaters hatte Erzherzog Karl, jenen berühmten Sieger von Aspern, geheiratet), wurde sein Biebricher Palmenhaus samt Inhalt der Grundstock des Frankfurter Palmengartens. Doch davon später; denn um Frankfurt machen wir erst einmal einen Bogen und wenden uns nach *Bad Homburg*.

Bad Homburg

Von 1622 bis 1866 war Homburg Residenz der Landgrafen von Hessen-Homburg, einer Seitenlinie von Darmstadt. Die mittelalterliche Burg wurde 1680 bis 1695 barock umgebaut. Die barocken Gartenanlagen beschränkten sich auf den engen Raum zwischen Schloß und Dorotheenstraße. Geblieben ist davon nichts außer der seitlichen Orangerie und einer Andeutung von Parterre, das jedoch aus Homburgs Zeit als preußischer Sommerresidenz stammt: Kaiser Wilhelm II. wohnte hier, wenn er seine Mutter, eine Tochter von Queen Victoria, besuchte, die in Kronberg lebte.

Den *Schloßpark von Homburg*, wie wir ihn heute kennen, verdanken wir Landgraf Friedrich V.

(1748–1820). Aber auch das sind im Grunde nur die Reste, an denen die Straßenbauer weiterhin nagen. Ursprünglich zog sich der Park bis zum Gotischen Haus den Taunushang hinauf. Da gab es Monumente, Eremitagen und Tempel, Weiher und Bachläufe. Wie es dort aussah, zeigen die Gemälde von Thiery im Schloß: sie hängen im Schlafzimmer der Kaiserin. Vom Schloß aus, genauer aus den Fenstern des Elisabethflügels, übersieht man noch immer das Gelände. Die »Tannenwaldallee« führt als Achse genau auf das Pompejanische Speisezimmer zu. »Tempé« hatte es der Landgraf nach der von Homer besungenen Schlucht in Thessalien genannt.

Auf dem Stadtplan wird das Gebiet, heute eine wohlgepflegte Villengegend, deren Gärten noch von den alten Baumpflanzungen des Landgrafen profitieren, als »Kleiner« und »Großer Tannenwald« bezeichnet. Auch ein stiller eingezäunter Weiher existiert noch. Das immergrüne Lustwäldchen machte auf die Zeitgenossen einen ungeheuren Eindruck. Doch als Homburg an Preußen fiel, war dieses riesige Areal nicht mehr zu halten. Es wurde veräußert, und man beschränkte sich auf den kleinen Teil am Fuß des Burgfelsens. Der kann sich selbst in seiner Verstümmelung noch sehen lassen; besonders die Partie am Teich mit dem Blick hinauf zum Schloß hat nichts von ihrer malerischen Qualität eingebüßt. Nur der Insel fehlen die Pappeln, sie waren zu mächtig geworden für das Eiland.

Das Gegengewicht zum Teich als offener Raum ist die »Märchenwiese« – eine durch die Bepflanzung endlos erscheinende Rasenfläche. Auch hier wachsen im milden Klima des Vordertaunus exotische Raritäten. Berühmt sind die Zedern am stadtwärts gerichteten Königsflügel: Das besonders eindrucksvolle Exemplar neben der Terrasse ist ein Geschenk des Herzogs von Cambridge 1820 an seine Schwester Elisabeth, die 1818 mit 48 Jahren noch geheiratet hatte.

Mit dem Geld der englischen Königstochter konnte Landgraf Friedrich VI. das Schloß ausbauen und den Park annähernd erhalten. Seine ihm nachfolgenden Brüder schafften das nicht einmal mehr mit Hilfe der Spielbank. Als der letzte 1866 starb, verlor Homburg mit seiner angestammten Herrscherfamilie auch den Status als Residenz.

Seinen Ruf als Weltbad hatte sich Homburg mittlerweile glücklicherweise gesichert. Der Aufschwung begann nach 1850, so daß man die Pläne zum *Kurpark von Peter Joseph Lenné* 1854 verwirklichen konnte. Schon 1867 mußte der Park erweitert werden, was Ferdinand Jühlke besorgte. Nun zieht er sich in der von Nord nach Süd verlaufenden Senke des Kirbaches zwischen Stadt und Hardtwald dahin. Der Bach ist geschickt in die Gestaltung mit einbezogen; mächtige Bäume und großzügige Grasflächen vermitteln das Gefühl von Weiträumigkeit. Den Anforderungen des Kurbetriebs entsprechen die Alleen und Brunnenbauten.

Kaiser Wilhelm II., der den Park sehr liebte, entwarf dafür den Elisabethbrunnen. Zar Nikolaus stiftete 1896 die Russische Kapelle, und 1906 ließ König Chulalongkorn den Siamesischen Tempel aus Thailand heranschaffen. Die große Welt des Fin de siècle traf sich in Bad Homburg. Die Schatten des einstigen Glanzes sind selbst auf den stilleren Seitenwegen noch spürbar. Unglücklicherweise ist auch dieser Park von einer verkehrsreichen Straße angeschnitten: die B 455 nach Friedrichsdorf. Wo sie oben am Waldfriedhof entlangläuft, las-

Bad Nauheim

Bad Homburg. Die 1896 von Zar Nikolaus gestiftete Russische Kapelle im Kurpark.

sen sich rechter Hand im Wald heute noch die Schneisen eines alten Jagdsterns ausmachen.
Die B 455 stößt vor Friedberg auf die B 3. Ihr folgen wir nach *Bad Nauheim*. Das Solbad mit den beiden kräftigen Sprudeln wurde ebenfalls um die Mitte des 19. Jahrhunderts zum aufblühenden Badeort, ohne jedoch wie Bad Homburg die ganz große Welt anzuziehen. Der inzwischen mehrfach erweiterte und erneuerte *Kurpark* geht in seinem Mittelstück in die Zeit um 1860 zurück. Eine Gedenktafel am See erinnert an jene französischen Kriegsgefangenen, die ihn aushoben. Der Alte Kurpark zeigt noch Züge der damals praktizierten deutschen Variante des englischen Landschaftsgartens in der Nachfolge von Lenné und Pückler. Der um 1900 angelegte Neue Park wurde als Naturpark geplant. Beide Teile zeichnen sich durch wohlgewachsene Gruppen einheimischer und exotischer Bäume sowie mächtige Einzelexemplare aus.
Wasser spielt naturgemäß in diesem Park eine größere Rolle: es fließt von den Taunushängen und dringt aus dem Boden. Mehrere Teiche bereichern die Anlage, und die Jugendstilarchitektur des Großen Sprudels mit den Kolonnaden bildet den eindrucksvollen Übergang vom Kurviertel in den Park.

Bad Salzhausen

Machen wir von hier aus einen Abstecher nach *Bad Salzhausen*, indem wir von Bad Nauheim weiter auf der B 455 in Richtung Nidda fahren. Kurz vor Nidda liegt mitten im Wald der alte Badeort: ein Idyll aus dem Biedermeier. Die Zeit scheint dort stehengeblieben zu sein. Aber dies in der Tat nur optisch. Der *Kurpark* geht ebenfalls auf die Zeit um 1830 zurück und ist bis heute der Prototyp einer biedermeierlichen Kuranlage geblieben, in die sich das Fachwerk der Trinkhalle aufs Glücklichste einfügt. Zusätzlich überrascht dieser Park am Ende der Welt mit einer Artenvielfalt an Bäumen und Sträuchern, wie sie kaum in viel größeren und berühmteren Kurgärten anzutreffen ist. Der Untergrund aus verwittertem Vulkangestein des Vogelsbergs gibt dazu die idealen Wachstumsbedingungen. Es verwundert eigentlich, daß Bad Salzhausen bei den Gartenliebhabern nicht bekannter ist.

Von hier aus wenden wir uns nach Nidda, folgen der B 457 südwärts bis Lieblos und fahren auf der B 40 bis Langenselbold. Dort verlassen wir die Schnellstraße und wechseln über zur B 43. In Niederrodenbach geht es rechts ab auf eine Nebenstraße, bis wir nach etwa sechs Kilometern hinter Oberrodenbach das *Hofgut Trages* erreichen. Es befindet sich seit wenigstens zweihundert Jahren im Besitz der Familie von Savigny.

Hofgut Trages bei Oberrodenbach

Dies und der kleine Gutspark allein wären nicht gerade bemerkenswert. Aber in dem stark verwilderten Park stoßen wir auf Spuren der literarischen Romantik: der Sohn des Hauses Friedrich Carl von Savigny war mit Clemens Brentano befreundet und später verschwägert. Im Sommer 1804 verbrachte Brentano mit seinen Freunden und Geschwistern hier glückliche Wochen. Ihr Übermut hinterließ bleibende Zeichen in Form von Karikaturen an den Wänden des Dichterzimmers im Schloß, in denen sich Brentano über Goethe und den Weimarer Kreis lustig macht.

Der Park war damals sicher schon ein Landschaftsgarten, der den Hang überzog. Davor hatte es hier eine barocke Anlage gegeben. Drei Erdterrassen und eine quer dazu verlaufende dreihundert Jahre alte Lindenallee sind sprechende Zeugen dafür. Diese prachtvolle Allee hüten die Besitzer wie ihren Augapfel. Seitlich im Park gegen die Felder hin vervollständigt ein altes Fachwerkgartenhaus die verwunschene Idylle. Ohne Teich und kunstvolle Wasserführung nimmt sie sich bescheiden genug aus. Doch empfindsame Besucher werden dem Zauber unter den alten Bäumen bald erliegen.

Hanau

Von Trages aus ist es ein Katzensprung nach *Hanau*, wo die Grafen von Hanau seit dem 15. Jahrhundert residierten. Mit der Altstadt wurde 1945 auch das Stadtschloß bis auf Marstall und Kanzleibau zerstört. Der zugehörige *Schloßgarten* im Landschaftsstil ist wieder hergestellt. In diesem Garten gab es bis 1830 die 1143 erwähnte romanische Burg, die aber völlig abgerissen wurde. An ihrer Stelle entstand 1897 ein Gartenparterre im barokken Stil, das man nach dem Krieg leider modernisierte. Nachdem oft genug Burgruinen künstlich in Landschaftsgärten eingefügt wurden, wundert es ein bißchen, daß hier eine echte Burg abgerissen worden ist. Das hat möglicherweise persönliche Gründe: Kurfürst Wilhelm II. von Hessen-Kassel könnte der Ruinenromantik überdrüssig gewesen sein, mit der sein Vater überall die Gartenanlagen dem Zeitgeist entsprechend verschönert hatte: die Löwenburg in Kassel-Wilhelmshöhe, der Gotische Turm in Wilhelmsthal und hier bei Hanau die Ruine in Wilhelmsbad.

Kurfürst Wilhelm I. ist jener Landgraf Wilhelm IX., den wir in Kassel bereits kennengelernt haben. Er wuchs in Hanau auf, weil seine Mutter – die englische Prinzessin Marie – die Kinder nach dem heimlichen Übertritt ihres Gatten zum katholischen Glauben vor dessen »verderblichem« Einfluß bewahren wollte.

Hanau, Schloß Philippsruhe.

So verbrachte der 1743 geborene Erbprinz seine Jugend zusammen mit Mutter und Brüdern in *Philippsruhe.*
Zu diesem Schloß im Vorort Kesselstadt führt immer noch die sogenannte Philippsruher Allee von 1768 mit ihren niedrigen Häusern. Seinen Namen verdankt das Schloß dem Grafen Philipp Reinhard von Hanau. Er verwandelte einen am Main gelegenen Obstgarten ab 1696 in einen Barockgarten mit einem Gartenpavillon. Zu diesem Unternehmen hatte ihm sein Schwiegervater, der Pfalzgraf von Birkenfeld, seinen Hofgärtner Max Doßmann aus Bischweiler – der Birkenfelder Residenz im Elsaß – geschickt. Erst als der Garten fertig war, begann man 1701 mit dem Schloßbau nach Plänen von Julius Ludwig Rothweil (wir trafen ihn schon in Weilburg und Arolsen), der 1702 von dem aus Paris herangeholten Architekten Jaques Girard abgelöst wurde.
Von dem Barockgarten mit den üblichen Fontänen, Statuen, Parterreanlagen und Hecken blieben nur die Lindenalleen übrig, als er 1817 in einen Landschaftsgarten verwandelt wurde.
Die vier Wasserbecken des Parterres wurden in Rasen eingebettet; verschlungene Wege führten durch die Anlage. 1866 fiel auch Hanau an Preußen, Philippsruhe wurde jedoch 1873 dem hessischen Landgrafen, der mit Prinzessin Anna von Preußen verheiratet war, zurückgegeben.

Zwischen 1875 und 1880 wurden Schloß und Park grundlegend umgestaltet. An der Gartenseite fügte man die Terrasse mit den heraldischen Löwen an. Die aus dem Barockgarten übriggebliebenen regelmäßigen Wasserbecken wurden zu einem »natürlichen« Teich zusammengefaßt und der flache niedrigere Gartenbereich zur »hügeligen« Landschaft mit Rasen und Baumgruppen umgestaltet – ein typischer Garten des Historismus, wie wir ihn allmählich wieder schätzen lernen. Denn erst in jüngster Zeit macht man einige Anstrengungen, ihn und auch die Orangerie von 1723 zu restaurieren, die seit der Nachkriegszeit als Autowerkstatt ein kümmerliches Dasein fristete.
Das schönste an Philippsruhe ist vielleicht die Terrasse entlang dem Mainufer. Das Schloß selbst ist nur mit einem Seitenflügel gegen den Fluß gerichtet: aber von der an den Flügel angelehnten Terrasse schaut man immer noch auf die gegenüberliegenden Felder.

Wilhelmsbad

Als Erbprinz regierte Landgraf Wilhelm IX. ab 1764 die Grafschaft Hanau. In dieser Zeit erwachte offenbar seine Gartenleidenschaft, und es entstand *Wilhelmsbad*, von Philippsruhe heute in wenigen Autominuten zu erreichen. Hier zeigte sich zum erstenmal die später so heftig kritisierte Geschäftstüchtigkeit des Landgrafen; denn Wilhelmsbad wurde von allem Anfang an als Kurbad für wohlhabende Leute aller Stände konzipiert und nicht als privater Garten, obgleich der Landgraf sich auch eine separate Wohnmöglichkeit bauen ließ.
Die Heilquelle des »Guten Brunnens« war seit 1709 bekannt, und es gab schon einige schnell errichtete Bauten ringsum. 1777 entschloß sich Wilhelm IX. zum Ausbau und beauftragte Franz Ludwig Cancrin, der in kürzester Zeit Gebäude und Garten anlegen ließ.
Wer heute über die Wilhelmsbader Allee hierher kommt, findet den Platz fast unverändert. Zuerst führt die Allee an der Mauer des alten Wildparks entlang, der inzwischen heute dem Golfclub vorbehalten ist. Danach biegt sie scharf nach rechts. Hier liegen auf der einen Seite alle für den Badebetrieb errichteten Gebäude Die Allee führt nicht, wie sonst üblich, auf einen besonders markanten Punkt zu. Sie folgte ursprünglich dem alten Weg von Hanau nach Wachenbuchen. Dabei trennt sie als Promenade die symmetrisch angeordneten Gesellschaftsbauten vom »englischen« Landschaftspark, für den das vorhandene Gelände mit einem Steinbruch und einem Bach optimal genutzt wurde. Der Bach wurde zum See gestaut und erhielt zwei Inseln, der Aushub ergab den Schneckenberg gleich gegenüber dem Comoedienhaus, das 1781 ganz aus Holz errichtet wurde. Das Brunnenhaus, 1779 vollendet, steht ebenfalls an der Allee, und zwar gegenüber dem ehemaligen Badhaus.
Den Park gestaltete man als abwechslungsreiche Landschaft voller Attraktionen zur Unterhaltung eines erholungsuchenden und dafür zahlenden Publikums. Da gibt es zum Beispiel das Karussell in Form eines Rundtempels, dessen Säulen jedoch frei vom Dach hängen, damit die Holzpferde und Karossen ungestört auf ihrem Rad bewegt werden können – von Menschenhand zuerst, später von Pferden. Es gab ein Heckentheater, das nicht mehr existiert, desgleichen ein zweites Karussell vor dem »alten Gewölbe« und einem zweiten Tempel oben auf dem Schneckenberg. Die eher gemütlich wirkende Teufelsbrücke über einer künstlichen Schlucht ist noch da. Von hier führt ein Stollengang zur verfallenden Neptunsgrotte. Noch 1785, kurz vor seiner Übersiedlung nach Kas-

sel, ließ Wilhelm IX. die Eremitage einrichten, ein grottenartiges Gebilde im Hügel hinter dem Comoedienhaus. Durch ein Fenster konnte man die Figur des Eremiten am Tisch sitzen sehen, die im Halbdunkel gruselig echt wirkt.

Manche Fürsten hatten einst selbst in ihren Gärten Eremit gespielt oder sich jemanden gehalten, der den Eremit spielen mußte. In Wilhelmsbad begnügte man sich mit dem Abbild. Das Original verschwand leider und wurde durch eine schlechte Kopie ersetzt. In denselben Hügel wurde übrigens auch die höchst profane Bergküche mit einem Eiskeller gegraben.

War die Eremitage eine verspielte Erinnerung an die Eitelkeit der Welt, so ist die Grabpyramide auf der kleineren Insel im langgestreckten See mehr als ein spielerisches *Memento mori*. 1784 ließ der Landgraf sie errichten, um das Herz seines gerade verstorbenen Sohnes hier beizusetzen. Pyramiden als Grab waren gerade in Mode. In Dessau war 1781 nach dem Vorbild der Cestius-Pyramide in Rom ein solcher Bau für den Fürsten errichtet worden, und in Karlsruhe steht er sogar im Zentrum der Stadt. Das Inselgrab hatte sein Vorbild im Grab von Rousseau auf der Insel im Park von Ermenonville, wo der Dichter seit 1778 ruhte. Hier in Wilhelmsbad laufen beide Strömungen schon kurz nach ihrem Auftreten zusammen.

Auf der anderen Insel ließ sich der Landgraf seine Wohnung errichten: außen eine mittelalterliche Ruine, doch im Innern nach neuestem Geschmack höchst komfortabel ausgestattet. 1781 war sie fertig. Die Mode solcher Ruinen kam aus England, die Ruine in Wilhelmsbad gehört mit zu den ersten in Deutschland.

Die Insellage hat hier jedoch nicht Ermenonville zum Vorbild, sondern die alten Gärten der Renaissance und des Barock. Dort bedeutete die Insel bekanntlich die Utopie eines freien Lebens ohne die Zwänge des Erdendaseins.

Wilhelmsbad selbst ist auch eine Art von Traum, der ins 20. Jahrhundert hinübergerettet wurde. Daß die Anlage so geschlossen erhalten blieb, verdanken wir dem Umstand, daß die Quelle in der Mitte des 19. Jahrhunderts ganz plötzlich versiegte. Über Nacht erstarb der lebhafte Badebetrieb, der die Besucher aus allen Himmelsrichtungen angezogen hatte. In jüngster Zeit ist Wilhelmsbad wieder aus seinem Dornröschenschlaf erwacht. Gebäude und Garten werden restauriert. Die Attraktionen wirken wie eh und je. An schönen Sommersonntagen herrscht fröhliches Treiben, denn mit dem Auto ist der Ort leicht zu erreichen. Viel stimmungsvoller ist der Park jedoch im Spätherbst, wenn der Nebel zwischen den Bäumen hängt und die Ruine unwirklich daraus auftaucht; wenn man die Feuchtigkeit riechen und das Laub fallen hören kann, wenn die Melancholie der Jahreszeit sich mit den Schatten einer strahlenden Vergangenheit zu einer unverwechselbaren Atmosphäre verdichtet.

Frankfurt am Main – Gartenbänke neben Banken

Immer wieder sagt man der Stadt Frankfurt zuviel Geschäftssinn und zuwenig Sinn für Kultur nach. Aber die Stadt verdankt ihre Existenz nun mal der für den Handel günstigen geographischen Lage und nicht dem Wohlwollen eines Fürsten. Spezielle Repräsentation fand hier jahrhundertelang, wenn überhaupt, nur bei Kaiserkrönungen statt. Kultur war immer Privatsache. Demzufolge blühten auch die Gärten im verborgenen – aber sie blühten. Alte Pläne und Ansichten beweisen, daß selbst innerhalb der Befestigungsmauern kleine, kostbar ausgestattete Gartenanlagen Platz hatten. Einiges daraus ist im Historischen Museum verwahrt.

Anlagenring

Größere Gärten legten die reichen Frankfurter Familien vor der Stadt an und verbrachten darin den Sommer. Die Stadt hat diese ländlichen Sommersitze längst eingeholt, und einige Gärten verwandelten sich in öffentliche Parkanlagen. Um den alten Stadtkern, in unmittelbarer Nachbarschaft der Großbanken, liegt der *Anlagenring*. Die landschaftlich gestaltete Promenade folgt genau der Stadtbefestigung, die auf französischen Befehl 1805 eingeebnet werden mußte. Der damalige Senator Jakob Guiollett kam auf den Gedanken, auf diesem freien Raum Spazierwege unter Bäumen und an Gewässern vorbei anlegen zu lassen. Zwischen 1806 und 1812 arbeitete der Stadtgärtner Sebastian Rinz daran. Man begann zunächst mit der Partie westlich des Eschenheimer Tors – in zwei Briefen aus dem Jahr 1808 berichtet sogar Goethes Mutter Frau Aja dem Sohn davon. Bestimmte Parzellen konnten dort von Privatleuten erworben werden, wenn sie innerhalb eines Jahres einen Garten anlegten. Dies war im immer noch gültigen Wallservitut verankert, das auch die Begehrlichkeit der Straßenbauer in Grenzen hielt.

Wer heute die fünf Kilometer des Anlagenrings von einem Ende zum anderen spaziert, wird zwar vom Verkehrslärm belästigt; aber er wandelt immer noch unter alten Bäumen. Da gibt es den Rechneigrabenweiher mit seiner üppigen Fontäne; abgesonderte Gärtchen vermitteln einen Hauch von Privatheit, am Bethmannweiher lädt das Odeon zur Pause, das Nebbiensche Gartenhaus bietet Kunst; und allenthalben schmücken Denkmäler und Brunnen diese grüne Landschaft in der Stadt.

Nizza

Wo die Anlage flußabwärts wieder an den Main stößt, liegt das *Nizza*. Diese Uferpromenade zwischen Untermain- und Friedensbrücke hatte eine Vorgängerin in der »Mainlust«, einem Vergnügungsetablissement, das 1832 eröffnet wurde. Dessen Terrasse reichte bis zum Ufer des »Kleinen Mains«, und eine Brücke führte hinüber zur Insel. 1860 wurde der Flußarm zugeschüttet, und man begann nach den Plänen des inzwischen uralten Sebastian Rinz (1782–1861) mit dem Ufergarten, der aber erst 1875 durch Andreas Weber fertiggestellt wurde. Hier befindet sich in der Tat Frankfurts klimatisch günstigster Punkt, wo auch subtropische Pflanzen im Freien gedeihen und der Frühling sich zuerst bemerkbar macht. Trotz gewisser Veränderungen hat sich im Nizza mit den eleganten Treppenabgängen, den Teppichbeeten und gestutzten Plata-

nenalleen eine für die Gründerjahre typische Gestaltung erhalten.
Eine der Hauptarbeiten des Frankfurter Stadtgärtners Sebastian Rinz ist der *Hauptfriedhof*. Als er 1828 eröffnet wurde, lag er so weit draußen vor der Stadt, daß man sich unwillkürlich fragt, wie weniger wohlhabende Leute ihn ohne öffentliche Verkehrsmittel erreichen sollten. Aber man war zu jener Zeit noch so von den gesundheitsschädlichen Ausdünstungen der Begräbnisplätze überzeugt, daß ein um das Wohl der Bürger besorgter Rat das Risiko so gering wie möglich halten wollte.
Rinz war ein gelehriger Schüler des großen Friedrich Ludwig von Sckell und griff dessen Idee der landschaftlichen Gestaltung eines Friedhofs auf: Zwischen Altem Portal und den Arkaden der Gruften, auf die die Hauptachse zuführt, versuchte er seine Vorstellungen zu verwirklichen. Ein Teich sollte die Stelle betonen, wo sich Haupt- und Querachse schnitten; doch das verhinderte der ungeeignete Untergrund. Ringsum führte ein gewundener Weg, und die offene Mitte erhielt statt Rasen Reihengräber. Die Bepflanzung war damals nicht so dicht wie heute.
Gerade in diesem Teil ist ein Spaziergang zwischen den Gräbern auch ein Gang durch die Frankfurter Geschichte, denn fast alle bedeutenden Familien haben hier ihre Ruheplätze, sei es an der Mauer oder in den Grüften.

Hauptfriedhof

Der Alte Friedhof war bald zu klein, Erweiterungen wurden immer wieder notwendig. Man erkennt sie an den Mauerdurchbrüchen und den sich langsam ändernden Gestaltungsprinzipien. Die letzte mehr als großzügige Erweiterung unternahm man zwischen 1907 und 1912 im besten Jugendstil. Auch dieser Teil ist längst eingewachsen. Grabmäler und selbst Gruftkapellen verschwinden fast unter den mächtigen Bäumen, unter denen es viele fremdländische gibt. Von seiner Funktion als Begräbnisplatz einmal abgesehen, ist der Hauptfriedhof eine der größten, eindrucksvollsten und stillsten Gartenanlagen Frankfurts.
International bekannt ist dagegen der *Palmengarten*. Er verdankt seine Entstehung indirekt einem Fürsten. Denn als Herzog Adolf von

Der Palmengarten mit dem Gesellschaftshaus, um 1873.

Skizze des Palmenhauses, 1868/69.

Nassau 1866 abdanken mußte, zog er zwar nach Frankfurt, konnte aber seine umfangreiche Sammlung exotischer Pflanzen, die er in Biebrich angelegt hatte, nicht mitnehmen. Deshalb suchte er nach einem Weg, sie wenigstens in der Nähe zu haben. 1868 gründeten der Gartenarchitekt Heinrich Siesmayer und einige andere Frankfurter Bürger die »Palmengarten Gesellschaft«, kauften dem Herzog die Sammlung ab und richteten einen Garten dafür ein. 1871 wurde der Garten eröffnet.

Palmengarten

Von Beginn an war der Palmengarten als ein allen Bürgern zur Belehrung und Unterhaltung offenstehendes Areal gedacht, was sich schon daran zeigte, daß sich unmittelbar an das pompöse Gesellschaftshaus mit dem Gartenparterre das riesige Palmenhaus anschloß, eine 1869 noch ungewöhnlich kühne technische Konstruktion nach dem Vorbild des Kristallpalastes in London. Das Gesellschaftshaus wurde in den zwanziger Jahren durch einen modernen Bau ersetzt, das Palmenhaus vor wenigen Jahren vollständig restauriert. Die Verbindung zwischen beiden blieb erhalten, so daß man fast mit Blick in einen tropischen Wald speisen kann.

In dem landschaftlich gestalteten Garten stehen noch weitere Schauhäuser mit unterschiedlichen Klimazonen; es gibt einen kleinen Teich und einen großen See, einen Felsengarten und einen Musikpavillon. Die Feste im Palmengarten gehören zur Frankfurter Tradition, auch wenn die wissenschaftliche Arbeit hier nie vernachlässigt wurde. Sie trug zum internationalen Renommee bei.

Für den Palmengarten hatten sich Frankfurter Bürger zusammengetan, um das Unternehmen zu finanzieren. Andere Parkanlagen sind mit den Namen von Familien verbunden, die sowohl als Bankiers wie als Kunstfreunde in der Frankfurter Gesellschaft eine Rolle spielten. Da ist zum Beispiel der *Grüneburgpark,* vom Palmengarten nur durch den botanischen Garten der Universität getrennt. Seit 1789 heißt das alte Hofgut »Zur grünen Burg«. Damals gehörte es der Familie Bethmann-Metzler. 1797 schrieb Goethe begeistert von einem Aufenthalt »eine halbe Stunde

vor der Stadt«. 1837 erwarb Amschel Mayer Rothschild das Gut.
Solange das Gut im Besitz der Rothschilds war, wurde der Park immer wieder erweitert. 1845 entstand das Schlößchen auf der Anhöhe mit Blick hinunter zur Stadt und auf der Nordseite ins Niddatal. Vor dem Schlößchen wurde eine Terrasse mit einem Parterre und einem Wasserbecken angelegt. Heinrich Siesmayer führte weitere Erweiterungen gegen Ende des 19. Jahrhunderts durch. Vor allem im Norden griff man mit den Anpflanzungen von Einzelbäumen und Baumgruppen weit in die umgebende Landschaft hinaus.
Das Schlößchen wurde im Krieg zerstört und nicht wieder aufgebaut, aber die Parterreterrasse und das Wasserbecken zeigen die Stelle noch an. Der Park besitzt nicht mehr seine volle Ausdehnung, ist aber mit seinen großräumigen Rasenflächen, angenehmen Wegen und malerischen Baumgruppen ein Genuß für Spaziergänger.
Gewohnt haben die Rothschilds übrigens an der Bockenheimer Landstraße, genau da, wo jetzt statt des klassizistischen Palais ein Hochhaus steht. Ein Teil des dazugehörigen Parkgeländes hat sich als *Rothschildpark* erhalten: ein gewundener Weg um die weite Wiese in der Mitte, der an einer Stelle durch einen romantischen Torturm führt und gegen die Straßen durch dichte Bepflanzung geschützt wird.
Der *Bethmannpark* liegt ebenfalls in unmittelbarer Nachbarschaft des Anlagenringes, und zwar am ehemaligen Friedberger Tor, also im Nordosten. 1778 wurde das Gartenhaus gepachtet, später gekauft und auf dem stückweise dazuerworbenen Gelände ein Garten angelegt. Der bestand zum größten Teil aus Obst- und Gemüsebeeten. Es gab nur einen Baumplatz am Haus und einen »Ruinenhügel« an einer Seite. 1806 kam das gegenüberliegende Gelände der gerade niedergelegten Befestigung hinzu. Hier entstand eine kleine Landschaft mit einem See und dem »Museum« auf der Anhöhe. In diesem 1810 errichteten Bau brachte Bethmann seine Antikenabgüsse unter, und wer wollte, konnte sie dort studieren. 1856 kaufte die Stadt diesen Teil des Bethmannschen Besitzes und fügte ihn in den Anlagenring ein. Wir finden ihn heute unter der Bezeichnung »Bethmannweiher« mit dem »Odeon«. 1856 brachte die Stadt hier zunächst die Gemäldegalerie unter, danach wurde es zu dem alten Frankfurtern noch bekannten Café Milani umgebaut. Der eigentliche Bethmannpark ist um 1856 nach und nach in einen reinen Landschaftsgarten umgewandelt worden, und die Stadt hat hier nach dem Krieg ihre Pflanzenberatungsstelle eingerichtet.

Rothschildpark

Bethmannpark

Von den alten Gartenanlagen in ehemals selbständigen und weit außerhalb, oft sogar auf fremdem Territorium liegenden Vororten sollen hier nur zwei erwähnt werden. Da ist in Rödelheim vor allem der *Brentanopark* gegenüber dem Solmser Schloßpark. Brentanopark und Schloßpark liegen auf einer Insel, die von Nidda und Mühlgraben umschlossen wird. Das Solmser Schloß wurde erst nach langer Bauzeit von 1802 bis 1864 fertig und stand an der Stelle einer alten Wasserburg. Die lange Bauzeit erklärt sich aus dem Umstand, daß die Grafen zu Solms von Napoleon abgesetzt wurden und Schloß und Park gewissermaßen als Privatleute beenden mußten.

Brentanopark

Der Park entstand in der ersten Hälfte des 19. Jahrhunderts dort, wo vorher ein Baum- und Nutzgarten und ein kleiner Lustgarten gelegen hatten. Es ist ein weiträumiger Landschaftsgarten, der geschickt

die Atmosphäre einer Flußlandschaft zu schönen Bildern steigert. Diese blieb auch erhalten, als das Schloß im Krieg zerstört wurde und damit wesentliche Bezugspunkte verlorengingen.
Dem Schloßpark gegenüber liegt der Brentanopark. Der älteste Teil wurde um 1792 von dem preußischen Hofrat Basse angelegt, der auch das Haus errichtete. Goethe war bei einem seiner Frankfurt-Aufenthalte oft hier draußen und beriet den Hausherrn bei der Anlage des romantischen Teils zwischen Haus, Nidda und Mühlgraben. 1808 wurde der Besitz von Georg Brentano erworben, dem älteren Bruder von Clemens Brentano, dessentwegen wir in Trages waren. Jetzt kam auch die Wiese jenseits des Mühlgrabens hinzu, und am gewundenen Niddaufer entstand eine malerische Uferpartie. Gartenhäuschen und Badetempel wurden errichtet, und eine Brücke führte am Niddawehr hinüber zum Petrihäuschen.
Dort steht immer noch ein Gingkobaum, den Goethe schon gekannt hat und in dessen Schatten er 1815 über die merkwürdige Form des Gingkoblattes meditierte. Der Baum muß damals bereits mehr als zwanzig Jahre alt gewesen sein, weil seine typische Wuchsform vorher gar nicht bemerkbar ist. Dabei ist der Gingko kein Laubbaum, sondern er gehört als ein lebendes Fossil zu einer ausgestorbenen Form der Koniferen. Seit dem 17. Jahrhundert kannte man ihn aus den Tempelgärten Chinas und Japans; aus Japan war er 1730 nach Europa gekommen. Erst um 1874 entdeckte man in einer abgelegenen Gegend Nordchinas wildwachsende Exemplare.

Höchst, Garten am Bolongaropalast

In Höchst, ganz in der Nähe, wo die Nidda in den Main mündet, liegt der einzige Barockgarten auf dem heutigen Frankfurter Stadtgebiet: der *Garten am Bolongaropalast*. Als der Palast erbaut wurde, gehörte Höchst noch dem Erzbischof von Mainz. Niemand wird heute vermuten, daß hinter diesen Mauern einst eine Tabakfabrik betrieben wurde. Die Brüder Bolongaro wollten sich eigentlich in Frankfurt niederlassen, aber der Rat konnte sich nicht zu einer Genehmigung entschließen, während der Mainzer Erzbischof beste Konditionen bot.
Also begann man 1772 das Wohn- und Fabrikgebäude im stark italienisch eingefärbten Stil zu errichten. Der schmale, steil zum Fluß abfallende Teil des Geländes wurde in einen durch Terrassen gegliederten Garten verwandelt. Die obere am Haus war wohl als eine Art Parterre mit einem Springbrunnen in der Mitte gedacht. Das heutige Becken mit dem Triton ist der Ersatz von 1909, als der Garten restauriert wurde. Zum Fluß hin schließt eine Steinbalustrade mit einer immer noch schönen Aussicht auf die andere Seite diesen Teil ab.
Zwei halbkreisförmige Treppen führen hinunter auf die nächste Stufe und rahmen einen grottenartigen Brunnen ein. Oben auf der Balustrade stehen die Figuren musizierender Türken und erinnern an die berühmten Türkenmusikanten der Höchster Porzellanmanufaktur.
1784 war der Palast vollendet, aber die Verhältnisse hatten sich grundlegend verändert. Die Brüder Bolongaro waren doch nach Frankfurt übersiedelt und kurz darauf gestorben. Das Erzbistum hatte keine Verwendung für den Bau. Erst 1907 erwarb die Gemeinde Höchst mit finanzieller Hilfe der Farbwerke das Gelände und zog mit dem Rathaus hier ein. Der Garten ist seitdem ein Geheimtip. Wenn die Sonne den Fluß zum Glitzern bringt, ein leichter Wind in den Bäumen rauscht und ein italienisch blauer Himmel sich über die Terrassen

wölbt, versteht man, daß die Brüder Bolongaro sich hier ein Stück Heimat aufzubauen versuchten, denn sie waren einst aus Stresa an den Main gekommen.
Und Goethe? Gibt es keinen Garten in Frankfurt, der unmittelbar mit dem großen Sohn der Stadt in Verbindung gebracht werden kann? Das Haus des Vaters besaß keinen Garten. Man konnte nur von den oberen Fenstern in andere Gärten hineinsehen. Der Garten der Familie lag vor den Toren und diente der Versorgung, auch wenn man dort manch vergnügliche Stunde verbrachte. Von daher war Goethe an den Umgang mit Obst- und Gemüseanbau gewöhnt. Doch erst in Weimar wandte er sich der ästhetischen und der wissenschaftlichen Seite des Gartens zu: er wurde ein geschätzter Botaniker; der Park in Weimar geht in seinen besten Partien auf Goethes Angaben zurück.
In Frankfurt erinnert außer dem Brentanopark nur noch der kleine *Willemer-Garten* an Goethe. Der Bankier Willemer war in zweiter Ehe mit der wesentlich jüngeren Marianne verheiratet, und sie inspirierte Goethe bei seinen Besuchen 1814 und 1815 zu der Gedichtsammlung des »West-östlichen Diwan«, in die er sogar fünf von Marianne verfaßte Gedichte aufnahm.
Goethe und Willemers ergingen sich des öfteren in dem kleinen Garten auf dem Sachsenhäuser Berg am Hühnerweg; denn hier gab es wie in fast allen Gärten vor den Stadttoren ein doppelstöckiges Gartenhaus. Es ist wieder möbliert und im Sommer zu bestimmten Zeiten geöffnet. Der kleine Garten erscheint allerdings nicht im Stil der Goethezeit.
Unten am Mainufer in der Nähe von Oberrad hatte Bankier Willemer übrigens seit 1815 die Gerbermühle als Sommerwohnung gepachtet; auch dort verbrachte Goethe viele Stunden mit seinen Freunden. Einen eigentlichen Garten gab es dort nicht; die anmutige Flußlandschaft genügte den Menschen damals. Gar so anmutig ist die Gegend um die Gerbermühle nicht mehr. Heute befindet sich dort ein Restaurant mit Garten, so daß man zumindest noch auf Goethes Spuren wandeln kann.

Das Willemerhäuschen am Sachsenhäuser Mühlberg (Fotografie 1932).

Willemer-Garten

Gärten zwischen Main und Neckar

Seligenstadt

Während wir nördlich des Mains immer wieder auf Gartenanlagen gestoßen sind, die nach Plänen von Lenné entstanden, so werden wir von nun an südlich des Mains des öfteren dem Namen »Friedrich Ludwig von Sckell« begegnen. Gleich östlich von Frankfurt wird vom Main eine der schönsten Parkanlagen umflossen. Über die Autobahn erreicht man sie in dreißig Minuten. Doch man sollte sich die Mühe machen, an der Ausfahrt *Seligenstadt* erst nach Norden zu fahren.

Direkt am Fluß liegt die alte Reichsabtei aus karolingischer Zeit, die jedoch 1803 aufgelöst und dem Großherzogtum Darmstadt einverleibt wurde. In den letzten Jahrzehnten wurde der Konventsgarten als geometrische Anlage vereinfacht wiederhergestellt. Schlichte Rasenflächen ersetzen das Brodeparterre, und im Sommer kommen Kübelpflanzen hinzu. Von hier aus bietet sich der Chor der Abteikirche in anderem Licht. Zwei ineinander übergehende Terrassen liegen vor dem ehemaligen Konventbau und der Alten Abtei, dem zeitweilig vom Abt bewohnten Verwaltungsgebäude. Die Terrassen haben eine gemeinsame Balustrade, auf der Kinderfiguren stehen. Die Originale von 1720 sind inzwischen zum Teil durch Kopien ersetzt wor-

Seligenstadt, Einhardsbasilika.

den. Stufen führen zu dem leicht geneigten Parterre. Das Längsrechteck ist durch einen Haupt- und drei querlaufende Wege gegliedert, die Kreuzungspunkte werden durch einen Springbrunnen bzw. zwei Steinvasen betont. Interessant ist das Gewächshaus von 1760 am Südende der Terrasse, der es den Rücken zukehrt. Die riesige, schräge Glaswand fängt alle Sonnenwärme optimal ein, besaß aber zusätzlich eine Fußbodenheizung. Es war ein reiner Zweckbau, in dessen gewölbtem Keller die empfindlichen Kübelpflanzen überwinterten. Es Orangerie zu nennen, ist trotzdem etwas hochtrabend, denn davor breitete sich statt eines eleganten Parterres der Gemüsegarten aus.

Da solche einfachen Gewächshäuser des 18. Jahrhunderts selten erhalten sind, kann man nur hoffen, daß es eines Tages restauriert und nicht abgerissen wird.

Von Seligenstadt kann man auf die andere Mainseite hinüberwechseln und auf der B 8 nach *Aschaffenburg* fahren. Seit dem 10. Jahrhundert war die Stadt im Besitz von Kurmainz und zeitweilig Residenz der Erzbischöfe. Diesem Umstand verdankt die Stadt ihr bedeutendstes Bauwerk: die Johannisburg. Sie wurde 1605 bis 1614 als erstes reines Wohnschloß in Franken errichtet. Wer sie je vom anderen Mainufer aus gesehen hat, wird den Anblick wohl nie vergessen. Der Bau aus rotem Sandstein ruht wuchtig und elegant zugleich auf seiner Terrasse hoch über dem Fluß. Die heute nur begrünte Terrasse war sicher als Renaissancegarten angelegt. Nördlich davon breitet sich der *Schloßgarten* aus und bezieht den ehemaligen Befestigungsgraben als tiefeingeschnittenes Tal in die Landschaftsgestaltung mit ein. Diese Anlage stammt allerdings aus der Zeit nach 1816, als Aschaffenburg schon zu Bayern gehörte. Zwischen Garten und Fluß ließ der bayerische König Ludwig I., der als Kronprinz in Aschaffenburg residiert hatte, 1840 bis 1848 das Pompejanum bauen, das wie die Johannisburg hoch über dem Fluß liegt und dessen Steilufer in eine vielgestaltige Terrassenlandschaft aufgelöst wurde. An heißen Tagen kann man sich im Schatten der langen, mit Wein bewachsenen Terrasse wie in Italien fühlen. Der Sehnsucht des Kronprinzen nach dem Süden entsprang ja die Anlage.

Der dicht mit Bäumen bestandene Gartenteil vermittelt dagegen das hierzulande gewohnte Gartenbild und fügt sich somit in den Kontext der anderen Aschaffenburger Gartenanlagen, die allerdings noch aus der Zeit des Kurfürsten und Erzbischofs Friedrich Carl von Erthal stammen.

Aschaffenburg

Der großzügige Fürst plante etwas selbst für jene aufgeklärte Zeit um 1775 Außergewöhnliches: eine gestaltete Landschaft rings um die von Mauern eingeschlossene Stadt. Der äußerste Punkt begann im Osten auf dem Godelsberg und zog sich über die Fasanerie bis zum *Schöntal* unmittelbar an der Ringmauer hin. Draußen in freier Natur ist diese Gestaltung leider nur noch für den Fachmann erkennbar. Der Park zwischen den Ringmauern ist jedoch durch die vorsichtige Veränderung nach 1816 durch F. L. von Sckell der Stadt erhalten geblieben, obwohl er jahrelang den Stadtplanern ein Dorn im Auge war. Diese hätten besonders den ehemaligen Küchengarten gern zweckentfremdet und statt eines maßvoll geometrischen offenen Gartenraumes hier Hochhäuser und Tiefgaragen gebaut.

Der baumreiche Landschaftsgarten zwischen den Ringmauern bezieht einen Teil seiner Romantik aus der echten Ruine der Beguinenkirche

Aschaffenburg, Pompejanum mit Schloß Johannisburg.

und den Mauerresten sowie den aus den Gräben resultierenden starken Geländeunterschieden. Es gelang sogar, auf dem engen Raum einen See mit einer Insel unterzubringen. Die vom Verkehrslärm umtoste Illusion einer stillen Landschaft ist eine Wohltat fürs Auge.

Park von Schönbusch bei Aschaffenburg

Höhe- und Endpunkt der Gartenlandschaft um Aschaffenburg sollte auf der anderen Mainseite der *Park von Schönbusch* sein. Der Ring wurde nie geschlossen. Aber der »schöne Busch« erhielt in den Jahren ab 1775 seine endgültige Gestalt als erster englischer Garten südlich des Mains. Für diesen von lichtem Unterholz durchzogenen Wildpark gab es 1764 noch Pläne, ihn in eine geometrische Gartenanlage zu verwandeln. Sie wurden von Kurfürst Friedrich Carl von Erthal endgültig verworfen. Er beauftragte statt dessen den in England geschulten portugiesischen Architekten E. J. d'Herigoyen mit dem Bau des Schlößchens und der Gebäude im Park. Die Pläne für den Garten entwarf der Staatsminister Wilhelm Reichsgraf von Sickingen, der jedoch um 1785 von dem jungen Friedrich Ludwig von Sckell abgelöst wurde.

Die großzügige Ausdehnung unter Einschluß des Gutes Nilkheim bis zum Main hinunter wird vielleicht erst in unseren Tagen Wirklichkeit werden. Es ist trotzdem erstaunlich, daß das Gelände zwischen Stadt und Schönbusch relativ intakt blieb, so daß insbesondere der Sichtbezug zum Schloß Johannisburg nicht gestört wurde. Wer mag, kann zu Fuß die Allee zum Schönbusch gehen. Die meisten werden jedoch das Auto vorziehen. In jedem Fall betritt man das Parkgelände bei den Wirtschaftsgebäuden von 1783, die im 19. Jahrhundert verändert wurden und jetzt sogar ein kleines Hotel enthalten. Gleich nebenan liegt unter gewaltigen Bäumen der querovale Tanzsaal mit seiner flachen Kuppel, der um 1800 als Speisesaal erbaut wurde. Der Irrgarten dahinter wurde erst 1829 angelegt. Etwas weiter am Tanzsaal vorbei öffnet sich der Blick über eine weite Wiese, an deren Ende vor der Kulisse der Bäume sich zartgetönt der alte Speisesaal abhebt, der *»Salle de Compagnie et de Festin«* von 1792.

Dieser quadratische Bau mit Konchen taucht immer wieder als Blickfang am Ende langer Sichtschneisen auf. Der Bezug zur Landschaft ist auch im Bau spürbar: je drei Fenstertüren in den Konchen öffnen sich auf die wechselnden Parkbilder, dazwischen sind die Nischen mit Ideallandschaften ausgemalt. Man weiß nicht, was schöner ist.

Biegt man am Wirtschaftsgebäude nach rechts ab, kommt man in den offeneren Parkteil am Unteren See, der sich nach Norden flußartig verengt und von der 1784 bis 1785 erbauten Roten Brücke überspannt wird – ein besonders effektvoller Farbtupfer im Grün. Am Südufer wird der See bedrängt von drei künstlichen Bergen. Zwei davon sind durch die Teufelsbrücke verbunden, die 1788 aus Holz errichtet und 1875 durch eine Eisenkonstruktion ersetzt wurde. Dort oben verdeckt das Unterholz auch einen Turm.

Nahe dem Südufer liegt die Insel, durch eine Drehbrücke mit dem Festland verbunden. Auf ihr gab es einst exotische Vögel und exotische Kübelpflanzen, jetzt hausen dort nur mehr Schwäne. Auf der anderen Seeseite steht erhöht das klassizistische Schlößchen, 1778 bis 1782 erbaut. Dahinter lag ein zweiter See, der aber wegen Wassermangel längst aufgegeben ist. Zusammen mit diesem Oberen See hätte das Schlößchen quasi auf einer Insel gelegen und sich auf beiden Seiten im Wasser gespiegelt. So aber spiegelt es sich nur im Unteren See, und im Innern reflektiert ein Spiegel im Speisesaal das Schloß Johannisburg.

Vom Schloß nach Süden durchläuft ein Kanal schnurgerade den Wald, dessen offensichtliche Künstlichkeit sich höchst seltsam in all der »Natur« ausnimmt. Am Ende plät-

Park von Schönbusch, Unterer See mit Roter Brücke.

schert das Wasser über eine Miniaturkaskade und schlängelt sich als Bach durch das Wiesental. Man kann den Kanal auch links liegen lassen und sich im Wald verlieren. Dort steht plötzlich der lichte Freundschaftstempel von 1799. Dringt man weiter vor, führt ein melancholischer Weg zwischen Nadelhölzern zum Philosophenhaus. Streng und abgesondert wie eine Eremitage stellt dieser Bau auch im Innern den Versuch einer Synthese zwischen antiker Philosophie und den im Christentum geforderten Kardinaltugenden dar. Als Kontrast dazu war ganz in der Nähe das Tal der Spiele eingerichtet: auch ohne die dort einst aufgestellten Zerstreuungen ist es ein heiterer Ort, wie denn überhaupt das Wesen dieses Parkes die stille Heiterkeit ist. Die natürliche Anmut der Landschaft ist durch geschicktes Auslichten, malerische Gruppierung der Pflanzung und unauffällige Blickführung ins Ideale gesteigert. Den zurückhaltenden Klassizismus der Anlage stören weder übertrieben exotische noch heroisch-historisierende Staffagen. Nur das einfache Landleben ist hier in den strohgedeckten Hirtenhäusern der Wacht zitiert, wo auf einer umzäunten Wiese Kühe grasen. Als auch Schönbusch 1816 an Bayern fiel, wurde Sckell wieder für den Garten verantwortlich. Er griff so wenig wie möglich in das Vorhandene ein, mußte allerdings den immer wieder austrocknenden Oberen See in eine Wiese verwandeln. Außerdem versuchte er, endgültig die Verbindung zu Nilkheim herzustellen. So ist Schönbusch im Grunde erhalten, wie es 1775 geplant war. Nebenbei bemerkt: der Park war auch damals schon für Besucher geöffnet.

An der großen Kreuzung hinter Schönbusch sollten wir die Gelegenheit zu einem Abstecher in den Odenwald ergreifen: die B 469 führt direkt nach *Amorbach.* Dieses für seine Orgel und die Barockbauten berühmte Kloster fiel nach der Säkularisation an die Fürsten von Leiningen. Den dazugehörigen *Klostergarten* verwandelte von Sckell zwischen 1806 und 1817 im Auftrag des Fürsten Carl Friedrich Wilhelm in einen Landschaftsgarten. Wie es sich für ein Kloster gehörte, gab es im alten Garten mehrere Fischteiche. Diese gestaltete von Sckell in lauter kleine Seen um, die zusammen mit den seltenen Gehölzen dem Park seine besondere Atmosphäre geben.

Amorbach

Auch der Park des Jagdschlosses *Eulbach* ist nach den Plänen des großen Gartenarchitekten entstanden. Er liegt an der B 47 kurz vor Michelstadt gegenüber dem Jagdschloß der Grafen zu Erbach. In den Jahren zwischen 1802 und 1807 wurde er auf Initiative des Grafen Franz I. nach von Sckells Plänen auf einem kahlen Feld angelegt und bereits 1818 erweitert. So haben hier drei Teiche Platz. Aus dem Aushub des Großen Teiches entstand ein Hügel mit einer künstlichen Ruine, nach dem Enkel des Grafen »Eberhardsburg« genannt. Den Park gestaltete der Graf, der ein begeisterter Amateurarchäologe war, als privates Freilichtmuseum: statt der üblichen antiken Tempel ließ er echte römische Altertümer aufstellen. Das »Römertor« wurde neben dem Jagdschloß gefunden, ein zweites Tor hatte der Graf persönlich beim Kastell Würzberg ausgegraben. Der Obelisk ist aus Steinen von Würzberg zusammengesetzt, und überall stehen römische Grabsteine.

Eulbach

In *Erbach* könnte – wenn Wissenschaftler, Bürgerinitiative und Vernunft siegen – eines Tages der barocke *Lustgarten* wiedererstehen. Die Orangerie ist bereits restauriert. Mit ihr und dem 1736 entstan-

Erbach

denen Schloß der Grafen wäre dann ein selten gutes Beispiel für barocke Freiraumgestaltung zurückgewonnen. Vielleicht hilft ein verstärktes Interesse von außen, die Sache zu beschleunigen.

Dieburg

Auf der B 45 gelangt man nordwärts wieder aus dem Odenwald heraus und schließlich nach *Dieburg*. Die Stadt ist seit 1310 im Besitz von Kurmainz und Sitz eines Amtmannes. Über lange Zeit waren die Freiherrn von Groschlag die bedeutendste Familie am Ort und auch in Mainz. Südwestlich des alten Stadtkerns lag ihr Schloß Stokkau mit dem dazugehörigen *Schloßgarten*. Ursprünglich befand sich an dieser Stelle ein französischer Garten, von dem bei seiner Umgestaltung in einen Landschaftsgarten nur die aus dem Jahr 1740 stammende Lindenallee erhalten blieb. Das ist vor 1785 gewesen, denn in Hirschfelds berühmter »Theorie der Gartenkunst« wird dieser Garten im fünften Band begeistert beschrieben. Es hat sich herausgestellt, daß damals auch Verbindungen nach Schwetzingen bestanden; und der Dieburger Gartenmeister Siebert wurde sogar nach Darmstadt geholt, um den seinerzeit gerühmten Moser'schen Garten anzulegen.

Doch von diesem frühen Beispiel eines Gartens im englischen Stil ist nur wenig übriggeblieben. Die Familie starb im 19. Jahrhundert aus, das Schloß wurde abgebrochen, der Garten verfiel. Erst in jüngster Zeit bemüht man sich um seine Erhaltung. Vom alten Baumbestand zeugen noch schöne Exemplare. Es gibt malerische Partien am Ufer der Gesprenz und am Herrengraben. Aber es fehlen all die reizvollen Parkbauten, die Ausblicke und besonderen Ruheplätze. Blumenrabatten und Springfontänen im Teich sind dafür kein rechter Ersatz.

Darmstadt

Die Schnellstraße bringt den Reisenden problemlos nach *Darmstadt*. Empfehlenswerter ist die alte Straße durch das dichte Waldgebiet. Seit 1567 war Darmstadt die Residenz der Landgrafen und späteren Großherzöge von Napoleons Gnaden. Zentrum der im Krieg schwer beschädigten Stadt ist wieder das Schloß. Es ging aus einer Wasserburg hervor, deren tiefe Gräben schon seit dem Ende des 18. Jahrhunderts ausgetrocknet sind. Hier und auf dem Schloßwall hat sich so etwas wie ein Park entwickelt, zum Teil mit Bäumen, die noch aus dem ersten Botanischen Garten stammen.

Herrngarten

Nördlich und vom Schloß durch den Friedensplatz getrennt, liegt der *Herrngarten*. Seine Anfänge gehen auf Küchen- und Kräutergärten des 16. Jahrhunderts zurück. Dann kam weiteres Gelände hinzu, und ein Lustgarten entstand. Die große Verwandlung in einen Garten im englischen Stil erfolgte nach 1766, als das Areal als Geschenk des Schwiegervaters an Landgräfin Henriette Caroline ging. Gewundene Wege wurden angelegt, die zwischen Wiesenflächen und unter Bäumen hindurchliefen; es gab Rosenbeete, Ruheplätze und sogar eine kleine Eremitage. Die meisten Büsche und Bäume waren neue Gehölze aus Nordamerika, die damals in großem Stil importiert wurden.

Mit dieser Anlage stieß die Landgräfin zunächst sogar in der eigenen Familie auf Unverständnis. Nach dem Tod der Landgräfin im Jahre 1774 wurde hier nicht mehr viel verändert. Der Sohn hielt die Anlage nur instand. Erst zwischen 1801 und 1805 erfolgte eine Erweiterung. Ein Teich kam hinzu – die Fontäne ist allerdings erst vor wenigen Jahren gestiftet worden.

Der Berg mit seiner einst vielgerühmten Aussicht ins Rheintal verdankt seine Entstehung jedoch nicht dem Aushub des Teiches, sondern den Erdmassen vom Bau der Neustadt. Insgesamt ist die Anlage lichter geworden. Dekorative Parkbauten waren nie vorgesehen, man vermißt sie auch nicht. Das unauffällige, doch darum nicht weniger anrührende Grabmal der Landgräfin Caroline von 1774 gibt diesem Park seine Würde.

Prinz-Georg-Garten

An den Herrngarten angrenzend und doch gänzlich verschieden im Charakter ist der *Prinz-Georg-Garten*. Eigentlich handelt es sich um zwei kleine Rokokogärten, die 1764 zusammengefaßt und von Landgraf Ludwig VIII. seinem Lieblingssohn Prinz Georg zum Geschenk gemacht wurden. Daher der Name. Die Hauptachse des einen Gartenteils geht vom kleinen Prinz-Georg-Palais im Norden aus, die Hauptachse des südlich davon gelegenen Prettlackschen Gartens läuft quer dazu zum Gartenhaus, dessen Freitreppe schief angelegt wurde, um die Schrägstellung des Gebäudes auszugleichen. Beide Bauten stammen übrigens von 1710; das Palais ist mit Sicherheit, das Gartenhaus vielleicht dem Architekten de la Fosse oder gar Maximilian von Welsch zuzuschreiben.

Die Haupt- und Nebenachsen, die Diagonalen und die Fontänen in den Schnittpunkten, die Sonnenuhren und das zauberhafte Teehaus mit seinen Treillagewänden stammen aus der Zeit des Prinzen Georg. Man meint noch einen Hauch jener heiteren Geselligkeit im Familienkreis zu spüren, wovon immer wieder berichtet wird. Keinesfalls sollte man versäumen, den umständlichen Weg zum Haupteingang des Prinz-Georg-Palais zu nehmen, um aus seinen Fenstern in den Garten hinabzuschauen. Die dort seit 1907 untergebrachte Porzellansammlung der großherzoglichen Familie ist ohnedies einen Besuch wert.

Der große festliche Barockgarten des Darmstädter Hofes war der *Orangerie-* oder *Bessunger Herrngarten*. Hier wurde zum erstenmal ein Gelände für einen repräsentativen Garten dieser Größe angekauft. Landgraf Ernst Ludwig hatte sich offenbar in Kassel von der gerade entstehenden Karlsaue anregen lassen. Er rief den Baumeister Louis Remy de la Fosse zu sich, der den Garten nach 1714 vollendete. Die geplanten Bauten konnten infolge der angespannten Finanzlage – am Stadtschloß mußten Brandschäden beseitigt werden – jedoch nicht ausgeführt werden. So entstand 1719 nur die Orangerie. Sie sollte eigentlich den Westflügel einer dreiteiligen Baugruppe bilden und steht demzufolge nicht auf der Achse.

Der Garten selbst wurde mit allen Raffinessen einer Barockanlage ausgestattet. Drei terrassierte Stufen teilen den nach Süden sanft ansteigenden Hang in gleiche Abschnitte. Am Ende beschließt eine halbkreisförmige Ausbuchtung den Mittelteil. Auch in der Längsrichtung ist der Garten dreifach unterteilt. Nur sind hier die Seiten schmaler, und im Laufe der Zeit wurde eine der beiden überbaut. Doch die Mitte hat noch soviel Gewicht, daß diese Verstümmelung auf den ersten Blick nicht auffällt.

Skulpturen scheint es in diesem Garten nicht gegeben zu haben. Einziger Schmuck neben der Raumgestaltung waren die drei Fontänen und die allenthalben aufgestellten Orangenbäume. Sie kamen im Winter in die Orangerie, die im Sommer als Festsaal benutzt wurde. Auch die Orangerie brannte gegen Ende des 18. Jahrhunderts ab und erhielt erst beim Wiederaufbau das schwere Mansardendach.

Landgraf Ludwig IX. verhinderte vor seinem Tod 1790 in letzter Minute, daß der Herrngarten in einen

Darmstadt, Prinz-Georg-Garten und Porzellanschlößchen.

gerade modern gewordenen Garten im englischen Stil umgestaltet wurde. Danach hatte man in Darmstadt andere Sorgen. Man öffnete ihn jedoch für das Publikum, und zeitweilig exerzierte hier sogar das Militär.

Erneut zu einer repräsentativen Anlage wurde der Orangeriegarten dann in unserem Jahrhundert durch Gartenbauausstellungen. Für die erste 1905 entwarf der Architekt Josef Maria Olbrich »Farbgärten«, wie sie durch Gertrude Jekyll in England erdacht worden waren. Aber das gehört bereits in das Kapitel »Jugendstil« der Darmstädter Geschichte.

Dieses Kapitel begann hier recht früh, weshalb wir es in diesem Fall nicht auslassen wollen. Ein sichtbares gärtnerisches Zeichen dieses neuen Stils gab es ab 1898 auf der *Mathildenhöhe.* Kurz nach 1800 wurde hier ein großherzoglicher Garten angelegt, der zum Landschaftsgarten erweitert und 1833 als Geschenk an die jungverheiratete Erbgroßherzogin Mathilde gelangte. Diese Bayernprinzessin ließ zusätzlich exotische Hölzer anpflanzen. Zwei Landhäuser und ein chinesischer Pavillon genügten ihr als wohnliche Ausstattung für ein behagliches Landleben ohne Zeremoniell. Der Blick auf die Stadt und hinaus in die Rheinebene hätte durch weitere Zutaten ohnedies nicht übertroffen werden können.

Fünfzig Jahre später wurde ein Teil des Gartens für den Bau des Alicehospitals abgetrennt, und oben auf der Kuppe brachte man 1880 den Klotz des Hauptreservoirs der Darmstädter Wasserversorgung unter. Schließlich stellte Großherzog Ernst Ludwig – durch seine Mutter Alice, eine Tochter der Queen Victoria, mit den neuesten kunsthandwerklichen Bestrebungen Englands wohl vertraut – 1899 die Mathildenhöhe der von ihm gerade gegründeten Künstlerkolonie zur Verfügung. Hier fand 1901 die erste Ausstellung statt, die den Jugendstil einem breiteren Publikum nahebrachte. Fünf extra dafür entworfene und vollständig eingerichtete Häuser bilden zusammen mit dem Ernst-Ludwig-Haus und dem Ausstellungsgebäude noch immer den Kern. Bis zum Ersten Weltkrieg entstand daraus eine Villengegend, an deren schmalen Straßen sich die hübschesten und interessantesten Jugendstilhäuser mit ihren Gärten reihen – wirklich eine Mustersiedlung für das neue Wohnen im Grünen.

Vom Ausstellungsgebäude gegen die Stadt hin ist hangabwärts eine für die Gartengestaltung ebenso exemplarische Anlage entstanden, für die der vorhandene Baumbestand geschickt genutzt wurde. Die Bäume des Platanenhains gehören noch zum alten großherzoglichen Garten. Zur Ausstellung von 1901 richtete man unter ihnen ein Gartenrestaurant ein. Erst zur dritten Kunstausstellung 1914 machte Albin Müller daraus den symbolträchtigen Gartenraum mit Brunnen und Wasserkrugträgerinnen, Reliefs und eingemeißelten Sinnsprüchen. Aus demselben Jahr und vom selben Künstler stammt das monumentale Wasserbassin. Der hintere Abschluß wirkt durch die halb im Wasser stehenden Säulen wie ein versinkender Tempel.

Die Russische Kapelle dahinter könnte in all der Strenge ein bizarrer Fremdkörper sein, fügt sich aber ohne Zwang in das Jugendstilensemble – man hatte damals sowieso eine Schwäche fürs Russische. Die Kapelle war keineswegs eine exotische Caprice: der Zar ließ sie 1898 für seine Gemahlin Alexandra, die Darmstädter Prinzessin Alice bauen. Das gesamte Material einschließlich des Erdbodens kam aus Rußland. So wurde die Kapelle gleichzeitig so etwas wie ein Symbol der Liebe des Zaren.

Der Hochzeitsturm ist das Wahrzeichen von Darmstadt: er ist das Geschenk der Darmstädter Bürger zur zweiten Vermählung des Großherzogs und wurde 1908 nach Plänen von Josef Maria Olbrich errichtet. So ist die Mathildenhöhe kein Garten im strengen Sinn, jedoch eine faszinierende Synthese von Natur und Architektur, wie sie im Jugendstil immer wieder versucht wurde, aber in Deutschland selten so geschlossen erhalten blieb.

Die Bepflanzung ist leider nicht mehr stilgerecht: die leichten, blühenden Ziergehölze, wie sie der Jugendstil liebte und die auch den klimatischen Bedingungen am Ende der Bergstraße entsprachen, sind gegen allzuviel dauerhaftes Grün ausgetauscht, was der Mathildenhöhe einen etwas zu melancholischen Charakter verleiht, besonders im Winter. Sobald jedoch die Sonne von einem klarblauen Maihimmel herabstrahlt, wird urbane Heiterkeit spürbar.

Die Großherzöge vermißten die Mathildenhöhe nicht als »Hausgarten«. Ganz in der Nähe stand ihnen ja noch die Rosenhöhe zur Verfügung, die – ebenfalls eine Anlage des 19. Jahrhunderts und im Jugendstil neu gestaltet – sich noch teilweise in Privatbesitz befindet und der Wiederherstellung harrt.

In früheren Jahrhunderten zogen sich die Großherzöge auch gern nach *Kranichstein* zurück, das einst in Waldabgeschiedenheit gelegen, heute zur Stadt gehört. In den Jahren 1571 bis 1579 wurde das Renaissanceschloß am Rande eines Hirschparks und einer Fasanerie gebaut. Als man zu Beginn des 18. Jahrhunderts die Brandschäden

am Stadtschloß beseitigte, schlug der Hof in Kranichstein sein Domizil auf. Aus dieser Zeit stammt der Rondellturm, aus dessen acht Fenstern die Jagdschneisen eingesehen werden konnten.
Nach 1850 wurde Kranichstein noch einmal ein bevorzugter Aufenthalt der Großherzöge, bis der schon mehrfach erwähnte Großherzog Ernst Ludwig hier ein Jagdmuseum einrichtete. Hier wird der Besucher darüber informiert, wie es in den alten Parkanlagen zuging, als sie noch der Jagd und nicht nur beschaulichen Spaziergängen dienten. Dagegen ist es nun in dem kleinen, von einer Mauer umschlossenen Park unmittelbar am Schloß still und an Sommerabenden geradezu einsam geworden. Mächtige alte Bäume beherrschen das Bild; gewundene Wege umziehen die Rasenflächen, ein hohes Gittertor zwischen Sandsteinpfeilern versperrt den Weg. Doch nirgends gibt es Wasser, nicht einmal eine Öffnung zum Backhausteich, wo einst Wasservögel gejagt wurden. Unsere Zivilisation macht sich durch niedrigfliegende Flugzeuge unangenehm bemerkbar – Flugschneisen haben die Jagdschneisen abgelöst.
Südlich von Darmstadt beginnt die Bergstraße. Sie führt auf halber Höhe an den Hängen des Odenwaldes entlang. Auf ihr, der *strata montana,* gelangten schon die Römer trockenen Fußes durch das häufig überschwemmte Rheintal. Auf den Straßenkarten wird sie ganz prosaisch mit B 3 bezeichnet. Wir folgen ihr ebenfalls – nicht auf den Spuren der Römer, sondern auf denen des Darmstädter Hofes bis *Auerbach.* Hier geht es nach links in ein schmales Seitental zum *Fürstenlager.* Der Eingang ist bis auf die Lindenallee unauffällig. Doch einige Schritte weiter öffnet sich schon der Blick über den Weiher. Es geht nachdrücklich bergauf,

Auerbach, Fürstenlager.

und mit jedem Schritt weitet sich das Tal. Kleine Häuser liegen unregelmäßig verstreut, wie ein Dörfchen vom Ende des 18. Jahrhunderts mit einem kleinen Herrenhaus an der schönsten Stelle des Tales – so jedenfalls der erste Eindruck.

Auerbach

Doch dies war ein Badeort wie Wilhelmsbad, nur daß der Hof hier eher seine Ruhe suchte. Die seit 1738 ausgebaute Heilquelle wurde vor allem von den in der Umgebung lebenden Bürgern des Landes benutzt. Meist holten sie das Wasser in Krügen einfach nach Hause. 1767 entschloß sich Landgraf Ludwig VIII., die Heilkraft der Quelle selbst auszuprobieren. Der Erfolg hielt jedoch nicht lange an, denn im Jahr darauf starb er. Im selben Jahr wurde die Quelle des »Guten

Brunnens« gefaßt und mit einer Rundpromenade, zu der die drei Treppen hinabführen, versehen. Ein schmiedeeisernes Gitter mit den Initialen des Landgrafen und der Jahreszahl 1768 schließt den Zugang dazu. Alle anderen projektierten Bauten unterblieben zum Glück.

Der Darmstädter Hof hatte aber weiterhin eine Schwäche für die Intimität vom Fürstenlager. Besonders der Landgraf und spätere Großherzog Ludewig I. verbrachte fast jeden Sommer dort. Auf ihn gehen die meisten Bauten und die Gestaltung der Umgebung zurück. Schon kurz nach seinem Regierungsantritt 1790 begann man damit, 1795 war im wesentlichen alles fertig.

Den Mittelpunkt der Anlage bildet das Herrenhaus gleich neben dem Brunnen, die Front nach Süden gegen die steil hinaufsteigende Herrenwiese gerichtet. Am Rand der Herrenwiese stehen mächtige Bäume. Raritäten sind darunter, wie sie anderwärts so prachtvoll gewachsen kaum anzutreffen sind. In ihrem Schatten winden sich auf beiden Seiten Pfade hinauf zum Efeutempel. Der Blick von dort die Wiese hinab zum Herrenhaus ist in jedem Licht bezaubernd, wie denn das Herrenhaus auch von anderen Aussichtspunkten immer wieder als Blickfang zwischen den Bäumen hervorschimmert.

An solchen Sichtbezügen und an der exzessiven Bepflanzung mit fremdländischen Kostbarkeiten erkennt man, daß das, was wie natürlich gewachsen erscheint, sehr kunstvoll arrangiert ist. Die Pläne dazu sind leider nicht mehr vorhanden; der Hofgärtner Geiger hatte sie entworfen. Aber es gibt Unterlagen, die bezeugen, daß Friedrich Ludwig von Sckell in Schwetzingen zumindest zu Rate gezogen wurde.

Außer den verstreuten Wohn- und Wirtschaftsgebäuden im Talgrund gab es kaum feste Bauten. Am Altarbergplatz, der an klaren Tagen die weiteste Aussicht über den Rhein bietet, stand ursprünglich ein kleines Teehaus, das nach 1918 durch ein Holzhaus in ähnlichen Proportionen ersetzt wurde. Ein Holzbau ist auch die Eremitage, eine kapellenartige Einsiedelei mit einem Glockentürmchen. Mit Rinde verkleidet steht sie im Wald – eine sentimentale Staffage ohne jeden religiösen Bezug. Doch konnten die vom Fürstenlager heraufspazierenden Herrschaften hier eine Erfrischung erhalten.

Ans Gefühl wandten sich auch Plätze wie der »Freundschaftsaltar«, der schon 1786 in der Nähe des Altarbergplatzes errichtet wurde, oder die Grotte, deren Wände laut Rechnung von 1790 ganz mit kristallinischem Gestein ausgekleidet waren. Selbst ohne diese Zutat wirkt die Grotte etwas unheimlich.

Wichtig sind auch die Aussichtspunkte auf den Höhen. Dem Altarbergplatz fast gegenüber auf dem nördlichen Hang wurde ein ähnlich weiter Fernblick mit »Champignons« – steinernen Tischen auf kleinen Terrassen – zur Bequemlichkeit der Gäste ausgestattet.

Geht man den Kamm entlang, erreicht man einen noch höher gelegenen Platz: die »Neun Aussichten«. Früher gab es hier strahlenförmige Sichtschneisen durch den dichten Wald zu markanten Punkten der Umgebung – wie die Starkenburg. Ein Park der Aussichten und Erinnerungen – so etwa könnte man Fürstenlager auch charakterisieren.

Hier oben erinnert das Luisendenkmal an drei Schwestern, Töchter des Prinzen Georg, von denen zwei – Friederike und Charlotte – nacheinander den Herzog von Mecklenburg heirateten; die Mutter und

Stiefmutter der berühmten preußischen Königin Louise. Die dritte Luise blieb im Lande und ehelichte ihren Vetter, den Landgrafen Ludewig. Sie war es, die ihren früh verstorbenen Schwestern 1786 dieses Denkmal setzte und die Nichten oft nach Darmstadt einlud. So weilte auch die spätere Königin Louise in ihrer Jugend häufig im Fürstenlager.

Ein aufregendes Badeleben gab es weder zu ihrer Zeit noch später. Alles war eher beschaulich und ländlich idyllisch. So wirkt es heute noch.

Die große Zeit der Bergstraße ist der Frühling, der sich hier eher sehen läßt als anderswo. Das Fürstenlager läßt er jedoch links liegen; in diesem engen Taleinschnitt hält sich die Kälte viel länger. Im *Schloßpark von Weinheim* genießt man dagegen das milde Bergstraßenklima. Das Schloß geht auf einen Bau der Pfalzgrafen aus dem 16. Jahrhundert zurück. Im 18. Jahrhundert kam ein Herrenhaus hinzu. Die alten Gärten faßte Friedrich Ludwig von Sckell um 1790 zu einem Landschaftspark im englischen Stil zusammen.

Der Kleine Schloßgarten eignet sich so recht für einen kurzen Spaziergang, der am besten auf der Terrasse des Schlößchens endet, denn dort befindet sich ein Restaurant. Vor dieser Terrasse liegt eine kleine offene Rasenfläche. Nach links führen Pfade und breitere Wege zwischen Baum- und Buschgruppen zu einem Teich.

Der Reiz liegt indessen in der Bepflanzung. Von Anfang an gaben fremdländische Gehölze hier den Ton an. Christian Freiherr von Berckheim sammelte in dieser Sckellschen Anlage so ziemlich alles, was damals aus aller Herren Länder an Pflanzen zu bekommen war. Schildchen an den Bäumen machen es den heutigen Besuchern leichter, die Kostbarkeiten zu identifizieren. Dazwischen exotische Vögel und Pfauen auf dem Rasen, bunte Enten auf dem Teich, wie es im 19. Jahrhundert üblich war. Für den Freiherrn von Berckheim war dies indessen nicht nur eine Spielerei. Er wollte wissen, was in unseren Breiten gedieh. So legte er 1868 im Anschluß an den Schloßgarten auch noch den Exotenwald an. Früher hieß er »Kastanienwäldchen« wegen der vielen alten Maronen. Inzwischen ist er zu einem wirklichen Wald aus exotischen Baumarten herangewachsen. Für Dendrologen ein Dorado, für weniger geschulte Botaniker ein erstaunlicher Beweis für die Anpassung an unser Klima.

Weinheim

In Weinheim haben wir kurpfälzisches Gebiet erreicht. Jahrhundertelang wurde es von *Heidelberg* aus regiert. Noch als Ruine zeugt das Heidelberger Schloß von Macht und Kunstsinn der Kurfürsten von der Pfalz. Seit der Ruinenromantik des 19. Jahrhunderts ist sie eines der bekanntesten Touristenziele Deutschlands geworden. Im 17. Jahrhundert, als er noch nicht zerstört war, kamen die Reisenden, um den Garten, den *»Hortus Palatinus«* des Salomon de Caus zu sehen.

Heidelberg

De Caus war Franzose, 1576 geboren und vor allem Ingenieur, der Flußregulierungen und Brunnenbauten plante. In England entwarf er auch Gärten für den Prinzen von Wales. Das ist keineswegs abwegig, da Wasserkünste in den Gärten eine große Rolle spielten. Aus dem Thronfolger wurde König James, dessen Tochter Elisabeth den Kurfürsten Friedrich von der Pfalz heiratete. So erklärt sich de Caus' Ruf nach Heidelberg.

Gärten gab es in Heidelberg schon vorher. Aber sie genügten dem gesteigerten Repräsentationsbedürfnis nicht mehr, nachdem das Haupt

der protestantischen Liga mit dem englischen Königshaus verbunden war. An der Ostseite des Schlosses sollte der neue Garten entstehen. Dazu wurde der Hang terrassiert. Vier von den einst fünf Absätzen sind noch deutlich zu erkennen.
Wie de Caus sich die Einzelheiten vorgestellt hatte, wissen wir aus seiner Veröffentlichung von 1620. Was tatsächlich ausgeführt wurde, zeigen spätere Ansichten wie zum Beispiel die von Merian. Nach der Planung sollte die oberste Terrasse an beiden Enden von einem Triumphbogen abgeschlossen werden. Errichtet wurde nur einer davon. Von hier aus schaute man hinab in die unteren Gärten, auf das Schloß und ins Neckartal. In der Mitte befand sich eine große Grotte, die »Gallery«, deren Außenfront in zehn Bogen die Taten des Herkules zeigte – ein später in Kassel ins Kolossale gesteigertes Thema. Im Innern befand sich eine Fischzuchtanlage.
Über eine Zwischenterrasse kam man auf die Hauptterrasse. Von ihrer reichen Ausstattung an Beeten und Wasserbecken ist nur eine Skulptur des Rheins an einem Bekken übriggeblieben. Eine vielgerühmte Pyramidentreppe führte von hier auf die untere Terrasse, die von einem Bassin bestimmt wurde. Dieser *hortus palatinus* war der erste Garten in Deutschland, der sich direkt auf ein italienisches Vorbild bezog: die Villa d'Este in Tivoli. Die Flächen waren jedoch in Einzelräume aufgeteilt, ohne aufeinander Bezug zu nehmen.
1618 war die Hauptarbeit abgeschlossen. Aber bevor man mit den Details beginnen konnte, verließ Friedrich V. Heidelberg und stürzte sich in sein unseliges böhmisches Abenteuer: Die von den Protestanten Böhmens angebotene Königskrone bescherte ihm zwar einen festlichen Winter in Prag, aber auch die verlorene Schlacht am Weißen Berge. Den Rest seines Lebens verbrachte er als »Winterkönig« im holländischen Exil. Erst sein Sohn kehrte nach dem Dreißigjährigen Krieg in die Heimat zurück und hatte alle Hände voll zu tun, sein verwüstetes Land wieder aufzubauen.
Der Garten de Caus' hatte den Krieg ohne größere Schäden überstanden. Doch wurde er im Pfälzer Erbfolgekrieg 1693 endgültig zerstört. 1720 geriet ein Nachfolger des Kurfürsten, inzwischen aus der Linie Pfalz-Neuburg, mit den Heidelbergern in Streit und verlegte die Residenz von Heidelberg wütend nach Mannheim. Als Heidelberg 1804 in den Besitz der Großherzöge von Baden gelangte, wurde die Anlage in einen Landschaftsgarten verwandelt.
Seit 1959 unternimmt man ernsthafte Anstrengungen, diese einst so berühmte Anlage zu restaurieren, wobei man sich auf das Herausarbeiten der Terrassen und auf die oberste Terrasse mit der Grotte konzentriert. Über den Sinn solcher Unternehmungen kann man streiten. Aber wenn auf diese Weise alte Strukturen wieder sichtbar werden, haben sich alle Anstrengungen gelohnt.

Schwetzingen

Wenige Kilometer westlich von Heidelberg, aber schon in der Rheinebene, liegt *Schwetzingen.* Der *Schloßgarten* ist wohl einer der am besten bekannten in Deutschland, auch ein Eintrittsgeld kann die Besucherströme nicht abhalten. Doch selbst für die, die den Garten gut kennen, ist es jedesmal von neuem ein unbeschreibbarer Eindruck, durch den Ehrenhof und den Schloßeingang zu gehen und dann plötzlich in der Weite des Gartens zu stehen und diesen Blick bis zum Ende vor sich zu haben. Wie so viele andere Anlagen begann auch Schwetzingen als Wasserburg und wurde später ein Jagdschloß der Pfalzgrafen und Kurfürsten. Während des Dreißigjährigen Krieges zerstört, wurde das Schloß von Kurfürst Karl Ludwig wieder aufgebaut für seine morganatisch angetraute Geliebte, die Raugräfin Luise von Degenfeld, mit der sich seine Tochter, die vielzitierte Liselotte von der Pfalz übrigens so gut verstand wie mit deren Kindern. Wegen dieser Liselotte brach dann auch der Pfälzische Erbfolgekrieg aus, weil aus der Tatsache ihrer Ehe mit dem Herzog von Orleans Frankreichs Sonnenkönig Erbansprüche für sich konstruierte. Damals wurde mit der Pfalz und Heidelberg auch Schwetzingen mitsamt den vorhandenen Gärten zerstört. Aufgebaut hat es dann 1699 der neue Herrscher Johann Wilhelm aus dem Hause Pfalz-Neuburg, der eigentlich in Düsseldorf residierte. Als sein Nachfolger mit den Heidelbergern in Streit geriet und die Residenz nach Mannheim verlegte, schlug man den Wohnsitz für die Dauer des Schloßbaues in Mannheim in Schwetzingen auf. So wurde um 1720 ein neuer Garten in Schwetzingen angelegt mit Statuen und exotischen Pflanzen, die der Kurfürst aus der Orangerie in Düsseldorf heranschaffen ließ. 1743 fiel die Pfalz wieder einmal an eine Nebenlinie: an Pfalz-Sulzbach und damit an den gerade achtzehnjährigen Carl Theodor. Er machte aus Schwetzingen im Laufe der Jahre ein Zentrum europäischer Kultur. Sein Orchester mit Musikern aus Böhmen – Mozart lernte viel von ihnen – gab die musikalische Untermalung, und der Garten bildete den festlichen Rahmen. Am Schloß selbst unternahm man nicht allzuviel, nur die Fassade zum Garten wurde ausgerichtet.

Die Gartenfront wurde indessen durch die Zirkelbauten verlängert, den nördlichen Flügel mit der Orangerie erbaute 1748 bis 1749 Galli da Bibiena, der südliche mit Festsälen entstand 1753 unter Franz Wilhelm Rabaliatti. Für den Garten und die Gesamtplanung hatte Carl Theodor den jungen Architekten Nicolaus de Pigage aus Frankreich berufen. Der Plan für den Garten wurde jedoch erst 1753 von dem Zweibrücker Hofgärtner Johann Ludwig Petri erstellt. Auf ihn geht der große Zirkel zurück, der von den Zirkelbauten und den Laubengängen eingefaßt ist.

Vor dem Schloß erstreckt sich eine Parterrezone, die von einer doppelreihigen Allee gekreuzt wird. Den Mittelpunkt betont der Arionbrunnen mit seiner hohen Fontäne. Dieser Brunnen und die vier kleinen im Broderieparterre erwarb der Kurfürst aus dem Nachlaß des Polenkönigs Stanislas Leszcynski, der sich in seinem Exil in Nancy und Lunéville mit Hilfe seines Schwiegersohnes Ludwig XV. recht luxuriös eingerichtet hatte. Den Abschluß des Parterres im Westen bildet eine wasserspeiende Hirschgruppe. In diesem Teil mischen sich geometrische mit landschaftlichen Elementen.

Die Denkmalpflege hat in den letzten Jahren den barocken Anteil des Gartens durch die Rekonstruktion des Broderieparterres – vorher gab es dort nur einfache Rasenflächen – noch stärker betont. Die Bepflanzung ähnelt ebenfalls der Anlage um 1750: hier finden sich keine starkfarbigen Massenbepflanzungen wie seit dem 19. Jahrhundert üblich, sondern in buntem Wechsel zart getönte Einzelpflanzen in buchsgefaßten Schnörkeln. Dazwischen liegen immer wieder Flächen mit farbigen Steinen. Die Doppelreihen der Linden zu beiden Seiten sind noch jung. Sie ersetzen die alten Linden, die ein Sturm entwurzelte.

Schwetzingen, Schloß und Park.

So ähnlich muß es hier auch vor über 200 Jahren ausgesehen haben. Wir kennen die alten Gärten nur in ihrem ausgewachsenen Zustand. In einem solch frühen Stadium ist die Geometrie des Gartens noch deutlich sichtbar. Später wird sie von Büschen und Bäumen überwuchert, und man muß den Plan eines Gartens schon sehr genau im Kopf haben, will man sich durch die Anlage hindurchfinden.

In Schwetzingen macht der große Zirkel kein Problem. Für den anschließenden Bosketteil braucht man jedoch einen Wegweiser. Das Rasenband – ein *tapis vert* –, das von der Hirschgruppe zum ehemaligen rechtwinkligen Bassin führt, ist noch leicht zu übersehen. Das Muster der regelmäßigen Wegeführung unter den Bäumen läßt sich dagegen nur mit Hilfe einer Zeichnung entschlüsseln.

Der alte Gartenplan von Petri sah einen Zirkel, eingeschrieben in ein Rechteck, mit einem Bassin als Verlängerung vor. Der Garten war noch nicht vollendet, da kündigte sich ein neuer Stil an. Dieser wurde nach 1776 von Nicolas de Pigage in Zusammenarbeit mit dem jungen, gerade von einem dreijährigen Studienaufenthalt zurückgekehrten Friedrich Ludwig von Sckell behutsam in die Anlage eingebracht.

Wie ein Kranz legt sich der Landschaftsgarten um den Teil im französischen Stil und läßt ihn so weniger streng erscheinen. Verbindungsglieder sind die Tempel, Statuen, Ruinen und Pavillons. Ein System von Kanälen und Teichen durchzieht den Park. Endlose Alleen und verschwiegene Pfade verführen den Spaziergänger zu immer neuen Streifzügen. Die im Grünen versteckten Statuen antiker Götter und Helden erzählen dem, der sich die Mühe nimmt, genau hinzuschauen, ganze Geschichten. Im 18. Jahrhundert waren sie allen vertraut. Wir tun uns heute ein bißchen schwer damit.

Der Tempel der Botanik ist ein höchst merkwürdiges Gebäude: ein zylindrisches Gebilde mit einer Außenhaut wie ein Baumstamm. Den schönsten Tempel erhielt Apollo. Offen und luftig auf einem Hügel errichtet, leuchtet er von weitem durch die Bäume. Eine kleine Kaskade plätschert hinunter, und zu seinen Füßen gab es einst ein Gartentheater. Ganz in der Nähe liegt das berühmte Badehaus und dahinter das »Ende der Welt«: ein Laubengang mit Volièren und Kabinetten, in der Mitte ein rundes Wasserbecken, in das metallene Vögel von oben herunter Wasser speien, während eine illusionistische Malerei gegenüber dem Eingang einen weiten Blick in eine Landschaft vortäuscht.
Der landschaftlich gestaltete Teil des Gartens beim römischen Äquadukt war Sckells erste Arbeit nach seiner Rückkehr aus England. Von hier führt ein Kanal zum großen See, zu dem das Bassin erst 1823 bis 1824 umgestaltet wurde. Die Stufen wurden 1928 hinzugefügt. Nur die Flußgötter sind von 1793. Der südliche Abfluß des Sees windet sich wie ein kleiner Fluß durch die Landschaft, um zuletzt erneut in einem kleinen See zu münden, in dem sich je nach Standpunkt des Spaziergängers die künstliche Ruine eines Merkurtempels oder die Moschee im Wasser spiegeln. Beide erbaute Pigage 1780.
Die Schwetzinger Moschee ist einmalig in Deutschland und hat den Wissenschaftlern einige Rätsel aufgegeben, bis sie herausfanden, daß sie nichts anderes ist als eine Fantasiearchitektur im orientalischen Stil: romantisch, theatralisch und keinesfalls realistisch. Sie wurde gebaut, als Carl Theodor den Sommer schon längst nicht mehr in seinem geliebten Schwetzingen verbringen konnte. 1777 hatte er auch noch Bayern geerbt – die Kurfürsten von der Pfalz waren ja eine Seitenlinie der Wittelsbacher – und mußte von nun an in München residieren. Sckell durfte noch bis 1804 in Schwetzingen bleiben, obwohl er oft genug zu Konsultationen nach München gerufen wurde. 1803 fiel Schwetzingen an die Großherzöge von Baden, die an dem Park fast nichts veränderten. Wir wissen es ihnen zu danken.

Mannheim

Für *Mannheim* und seinen *Schloßgarten* bedeutete die Verlegung der Residenz eine gravierende Veränderung. Die Stadt war ja erst 1606 gegründet worden. Diese Festung zwischen Rhein und Neckar wurde von den Franzosen zerstört. Beim Aufbau hielt man sich an einen typisch barocken Rasterplan. Wahrscheinlich war der Streit um die Rückgabe der Heiliggeistkirche an die Katholiken im Jahre 1720 nur der äußere Anlaß für den Wechsel von Heidelberg nach Mannheim. Im Hintergrund dürfte die Vorliebe der Barockbaumeister für die Ebene und eine rationale Stadtplanung gestanden haben.
Da zu einer Residenz auch ein Schloß gehört, entstand in den Jahren 1720 bis 1760 einer der ausgedehntesten Schloßbauten Deutschlands. Zwischen diesem Schloß und dem Rhein lag ein Landschaftsgarten. Das im Krieg ausgebrannte Schloß wurde sorgfältig restauriert. Um den Garten hat sich niemand gekümmert, und so haben Eisenbahntrassen und Straßen von ihm Besitz ergriffen. Da auch dieser Garten einmal unter Sckells Aufsicht entstand, ist eine so mutwillige Zerstörung unverständlich. Der verbliebene Teil tröstet darüber nicht hinweg.

Gärten in der Pfalz – ein Exkurs

Von Mannheim in die Pfalz ist es nur ein Tagesausflug zu den wenigen Gartenresten, die von den französischen Revolutionstruppen übersehen wurden. Sie haben gründliche Arbeit geleistet, denn die Zerstörung war nicht die Folge der Kriegshandlung, sondern gehörte zur Ideologie der Befreiung von der Tyrannis. Der Vertreibung des regierenden Fürsten mußte zwangsläufig die völlige Vernichtung der Residenz folgen. Die Lustschlösser und Sommerhäuser mit ihren großen Gärten galten als Zeichen besonderer Verschwendung.

Die berühmtesten Beispiele der Zerstörungswut sind die *Favorite* bei Mainz und der *Karlsberg* bei Homberg. Die nassauische Residenz Kirchheimbolanden wurde bereits erwähnt. Ein anderes Beispiel ist der *Kurpark von Bad Dürkheim,* der in seinem alten Teil die Stelle des zerstörten Schlosses der Grafen von Leiningen und der zugehörigen Gartenanlage einnimmt.

Bad Dürkheim

Pirmasens war zu kurz Residenz des Landgrafen Ludwig IX. von Hessen-Darmstadt, als daß dort viel an Gartenkunst hätte entstehen können, zumal dem Landgrafen die Soldaten wichtiger waren.

Saarbrücken

Saarbrücken hatte sich dagegen im 18. Jahrhundert zu einer bedeutenden Residenz der Fürsten von Nassau-Saarbrücken entwickelt. Dort entstanden nicht nur schöne Barockbauten – auch der *Schloßgarten* muß bedeutend gewesen sein. Nur aus Familienrücksicht hatte man sicher nicht den Hofgärtner François Lemaire nach Weilburg geholt. Allein tausend Plastiken sollen in diesem Park gestanden haben, zwanzig sind gerade noch vorhanden und bereichern den Rest der Anlage, die 1793 vernichtet wurde.

Zweibrücken

Nächste Nachbarn der Saarbrücker Fürsten waren die Pfalzgrafen in *Zweibrücken.* Hier regierte eine Nebenlinie der Wittelsbacher, die sogar für knapp sechzig Jahre Könige von Schweden waren. Der letzte von ihnen war der berühmte Karl XII., der jenem glücklosen Polenkönig Stanislas Leszcynski ab 1709 in Zweibrücken Asyl gewährte, nachdem er ihn zuvor in das Abenteuer gelockt hatte.

Bei Niederauerbach richtete sich der Exkönig 1714 einen Sommersitz ein. Das Schloß, 1715 von Jonas Erickson Sundal erbaut, wurde vereinfacht wieder hergestellt; die gesamte Anlage kam jedoch über die Anfänge nicht hinaus, denn nach einem kurzen polnischen Zwischenspiel um 1733 zog sich Leszcynski, nunmehr Schwiegervater des französischen Königs, nach Nancy zurück. Sein Zweibrücker Besitz, den er *»Tschifflick«* – das ist das türkische Wort für »Landhaus« – genannt hatte, fiel wieder an die Pfalzgrafen und wurde 1767 in *Fasanerie* umbenannt. Heute heißt er wieder Tschifflick-Niederauerbach und ist ein Erholungsgebiet.

Die Fahrt von Saarbrücken über Blieskastel nach Zweibrücken sollte man auf Nebenstraßen machen. Von Zweibrücken aus geht es über die B 10, bis man bei Siebeldingen auf die Kreuzung mit der Weinstraße stößt. Rechts ab führt der Weg nach *Leinsweiler-Neukastl* zum *Slevogthof*.

1918 hat der Maler Max Slevogt den Hof von der Familie seiner Frau geerbt und sich hierher zurückgezogen. Es ist ein altes Gut mit einer älteren Gartenanlage. Daraus entstand der heutige Garten aus Terrassen mit Putten, einer Wendeltreppe und einer Aussichtsterrasse aus Sandstein, alles nach Slevogts Entwürfen gebaut und noch stark dem Jugendstil verhaftet.

Fährt man auf der Weinstraße nach Norden, kommt man nach *Bad Gleisweiler*. Diesem Ort sagt man neben dem Bodenseegebiet das mildeste Klima in Deutschland nach. Dies war auch der Grund für Dr. Ludwig Schneider, hier seine Naturheilanstalt zu gründen. Der Architekt des 1843 bis 1844 errichteten Sanatoriums war Leo von Klenze – die Pfalz gehörte seit dem Wiener Kongreß wieder zu Bayern. 1844 pflanzte Dr. Schneider hier die ersten Bäume.

Der eigentliche Ausbau zum *Kurpark* geschah dann 1873 bis 1874. Damals entstand jener Landschaftsgarten, dem ein waldartiger Teil angefügt war. 1916 wurde der Park noch einmal erweitert. Abgesehen von der angenehmen Lage in einem Waldtal profitiert der Kurpark auch von dem milden Klima, das eine Bepflanzung ermöglicht, wie sie ansonsten für die südlichen Alpen typisch ist.

Von hier aus bleibt dem Gartenliebhaber keine andere Wahl, als wieder auf das rechte Rheinufer überzuwechseln. Die Franzosen haben wirklich ganze Arbeit geleistet.

Leinsweiler-Neukastel, Slevogthof

Bad Gleisweiler

Gärten am Oberrhein und Bodensee

Bruchsal

Von Bad Gleisweiler aus überquert man den Rhein am bequemsten bei Speyer, der alten Bischofsstadt. Ihre Residenz hatten die Speyerer Fürstbischöfe jedoch in *Bruchsal*, und das erreicht man heute schnell über die Autobahn – wenn man den Weg über die B 36 nach *Waghäusel* nicht vorzieht. Von den Gartenanlagen, die einst die Gebäude der Eremitage umgaben, ist schon im 18. Jahrhundert ein Großteil in Obstgärten umgewandelt worden. Trotzdem sollte man einen Blick in den Mittelbau werfen, in dessen Hauptsaal Wandmalereien eine Vorstellung von der Ruinenarchitektur geben, wie sie in den Gärten einst vorhanden waren.

Die Anordnung – ein sechzehneckiger Mittelbau umgeben von Pavillons und Kavaliershäusern – erinnert an Clemenswerth. Wie dort diente die Eremitage zugleich als Jagdschloß in der Mitte eines Jagdsterns. Eine der Alleen führte nach Bruchsal. Das muß in etwa die Route über Wiesental, Hembrücken und Forst gewesen sein.

Bauherr der Residenz – sie wurde im letzten Krieg erheblich zerstört und in jahrzehntelanger Arbeit wieder sorgfältig restauriert – war Damian Hugo von Schönborn, ein Neffe des Mainzer Erzbischofs Lothar Franz und Bruder des Bamberger Fürstbischofs. Zwischen 1722 und 1735 wurde das Schloß errichtet; am *Schloßgarten* auf dem sanften Hang arbeitete man ab 1728 nach Plänen des aus Wien hinzugezogenen Hofgärtners Johann Franz Scheer.

Dieser erste Gartenteil im französischen Stil umfaßte die obere Terrasse mit dem Bassin und davon ausgehend eine doppelreihige Allee als Mittelachse. Zu beiden Seiten befand sich ein Broderieparterre und anschließend schmale Bosketts. Scheers Nachfolger, der Böhme Joseph Sickora, erweiterte den Garten ab 1738 erheblich, und ab 1746 machte der aus Würzburg geholte Architekt Balthasar Neumann Vorschläge zur Umgestaltung auch der Gartenanlagen. Sein wichtigster Beitrag in Bruchsal ist jedoch das Treppenhaus: zwei Treppenläufe schwingen sich im Halbkreis zu einem den ganzen unteren Raum überspannenden Podest hinauf. Dieser untere Raum erhält dadurch zwar wenig Licht, aber die Dämmerung wird genial genutzt: Neumann gestaltete daraus eine Grotte, die zugleich ein effektvoller Übergang zum folgenden Gartensaal ist.

Grotte, Gartensaal und obere Terrasse konnten restauriert werden. Auch die Gestaltung des Ehrenhofes mit den beiden eingesenkten Boulingrins und Springbrunnen entspricht wieder dem alten Zustand. Um den Schloßgarten wird gekämpft. Er wurde ohnehin noch kurz vor der Auflösung des Fürstbistums in einen romantischen Landschaftsgarten umgestaltet und erhielt einen Schwanen- und einen Goldfischteich. 1843 legte man sogar die Bahnlinie nach Heidelberg quer hindurch, so daß damit die gesamte Anlage irreparabel zerstört wurde.

Im verbliebenen Teil unterhalb der Schloßterrasse ist die Mittelallee noch vorhanden. Doch die seitlichen Parterrezonen werden jetzt von hohen Bäumen überragt, in deren Schatten die Figuren Joachim

Günthers von 1760 stehen und andere barocke Reste zu ahnen sind. Zur Vervollkommnung der mit soviel Aufwand restaurierten Anlage wäre die Wiederherstellung des Gartens durchaus wünschenswert. Doch wer fällt schon gern alte Bäume?

Die B 3 bringt uns in wenigen Minuten zum Stadtrand von *Karlsruhe*. Diese ehemalige Residenz der Markgrafen von Baden-Durlach gehört wie Mannheim zu den berühmten barocken Stadtgründungen. Ausgangspunkt war das Schloß. Als Markgraf Karl Wilhelm 1715 mit der Anlage begann, ließ er zunächst eine kreisförmige Lichtung im Wald bei der zerstörten Burg Durlach schlagen. In deren Mitte errichtete er einen Turm – er steht immer noch. Zweiunddreißig Schneisen gingen von hier aus in alle Richtungen. Es handelte sich also um nichts anderes als einen Jagdstern, und der Turm diente ebenso als Jagdschloß wie als Eremitage.

Karlsruhe

Dem Turm wurde bis 1719 ein kleines Schloß zur Seite gestellt, das eine durch den Kreis bedingte Fächerform besaß. Zwischen den sich zur Stadt hin öffnenden Flügeln lag der Lustgarten, der trotz der betonten Mittelachse durch die Abgeschlossenheit der anderen Gartenteile eher holländisch als französisch wirkte. Markgraf Karl Wil-

Bruchsal, Ehrenhof des Schlosses.

helm war ein fähiger Regent, ein gebildeter Mann, und – eine Merkwürdigkeit – er hielt sich eine weibliche Leibgarde, nämlich als Heiducken und Husaren verkleidete »Gartenmägdlein«. Er war ein Gartenliebhaber und gelehrter Botaniker, der von einer Reise nach Holland unzählige Tulpen mitbrachte. Der Tod ereilte ihn 1738 bei der Gartenarbeit.

Nachfolger war sein Enkel Karl Friedrich, der die Gartenleidenschaft geerbt hatte und zudem mit einer Prinzessin aus Darmstadt verheiratet war: Caroline Luise. Sie galt als eine der gelehrtesten Frauen ihrer Zeit, begabt auf allen Gebieten und darunter auch für die Botanik. Sie wollte sogar Linnés Pflanzensystem bebildert herausgeben, ein Unternehmen, das an den Kosten scheiterte. Unter Karl Friedrich und Caroline Luise wurde das Schloß bis 1781 ausgebaut, wobei sich der Architekt Friedrich von Kießlau weitgehend nach Plänen Balthasar Neumanns von 1745 richtete. Er behielt die Fächerform bei, bezog den Turm aber durch einen Trakt in die Anlage ein.

Zum Garten hin, der jetzt an die Rückseite verlegt wurde, entstanden Zimmer mit einer Wanddekoration aus blütenumrankten Treillagen; leider wurden sie wie die übrige Innenausstattung des Schlosses im Krieg zerstört. Nach 1755 wurde auch der Garten umgestaltet. Zur Stadt vereinfachte man die Anlage, so daß hier Paraden stattfinden und die Bürger promenieren konnten.

Die markgräfliche Familie zog sich hinter das Schloß zurück, im wesentlichen in den kreisförmigen Teil, aus dem Schneisen und Alleen weit in das umgebende Waldgebiet hinausgriffen.

An der westlichen Peripherie entstand in den sechziger Jahren ein »chinesischer Garten« mit Grotten, Wasserfällen, exotischen Bäumen und einem chinesischen Pavillon, der zum bevorzugten sommerlichen Frühstücksplatz der markgräflichen Familie wurde. Davon ist nichts mehr vorhanden. Aber der achteckige chinesische Pavillon im Plantagengarten und die beiden chinesischen Pavillons gegenüber dem Fasanerieschlößchen am Eingang zum Feldhühnergarten – alle 1765 erbaut – stehen noch.

Bei dieser Gelegenheit soll noch einmal darauf hingewiesen werden, daß diese Parkanlagen auch Vorratskammern für den Fleischbedarf waren. In den freien Räumen zwischen den Hecken wurde darüber hinaus meist Obst und Gemüse angebaut. Das Interesse an der Pflanzenwelt ferner Länder beruhte weniger auf Sensationslust als auf der Wißbegier, was davon hierzulande nützlich sein konnte. So wurden auch in Karlsruhe in diesen Jahren die ersten exotischen Bäume gepflanzt und eine große Rasenfläche angelegt – durchaus ein Luxus, da solche Flächen nur mit der Sense kurzgehalten werden konnten.

Der Schloßpark von Karlsruhe blieb im wesentlichen ein Waldpark. Der Schloßgartensee wurde erst im 19. Jahrhundert hinzugefügt. Parkbauten und Statuen, mit denen andere Gärten des 18. Jahrhunderts so überreich geschmückt waren, gab es hier kaum. Erst 1830 stellte man die aus Schwetzingen entführte Seepferdgruppe westlich des Schlosses auf.

Ein Teil des Waldes wurde von der Stadt überrollt, wobei die Alleen erhalten blieben. Die Bundesgartenschau 1967 gab den Anlaß zur Renovierung des Schloßgartens innerhalb des Zirkels und des angrenzenden östlichen Geländes. Manches, wie zum Beispiel die moderne Gestaltung des Schloßgartensees und seiner Umgebung, würde man heute anders machen, seit die

Denkmalpflege auch die Gärten einbezieht. Vieles hat der Krieg unwiederbringlich zerstört, so das markgräfliche Theater westlich des Schloßplatzes, dessen Stelle jetzt das Bundesverfassungsgericht einnimmt.
Dahinter liegt der *Botanische Garten,* der zusammen mit dem ersten Schloßgarten angelegt wurde. Für das erste Gewächshaus brachte Markgraf Karl Wilhelm von seiner Reise nach Holland exotische Pflanzen mit. Bei der Erweiterung von Schloß und Garten ab 1755 wurde der botanische Garten durch Verbindung der Gebäudeteile in den Gesamtkomplex einbezogen. Dabei blieb es auch, als ein Brand Mitte des 19. Jahrhunderts die Wiederherstellung erforderlich machte. So entstand nach 1847 als Verlängerung der heutigen Kunsthalle die Orangerie, die inzwischen ebenfalls zur Kunsthalle gehört. Daran schließen sich im rechten Winkel die Gewächshäuser an; fast schwerelos wirkende Glasbauten bilden einen Segmentbogen als Abschluß. Die Gebäude sind in einem romantisierenden italienischen Renaissancestil gehalten, was der Anlage insbesondere im sommerlichen Blumenschmuck etwas Unwirkliches gibt.
Karlsruhe empfängt die Reisenden gleich in der Nähe des Bahnhofs mit dem *Stadtgarten.* Angefangen hat er 1865 als Tiergarten des »Badischen Vereins für Geflügelzucht«. Damals lag er in einem recht unwirtlichen Gelände weit außerhalb der Stadt. Durch den Bau des Hauptbahnhofes, der 1914 eingeweiht wurde, erhielt der Stadtgarten einen beträchtlichen Geländezuwachs. Seine Hauptattraktion war schon damals der Lauterberg, in dessen Innerem sich ein Hochbehälter aus Stahlbeton für die städtische Wasserversorgung befindet, der 1893 angelegt wurde.
Schmal und lang, scheint der Garten in einer leichten Vertiefung zu liegen. Dieser Eindruck wird noch gesteigert durch die Fußgängerbrücke, die die schmalste Stelle überspannt und von der aus man einen guten Überblick hat.
1967, zur Bundesgartenschau, wurde auch der Stadtgarten erheblich verändert. Die beiden Teiche wurden durch einen Kanal mit einer automatischen Gondelanlage verbunden. Ohne einen Ruderschlag gleitet man darauf durch den Garten. Dieser hat mit seinen abwechslungsreichen Teilen noch etwas von den alten Volksgärten. Selbst ein Tiergehege fehlt nicht. Es gibt aber auch einen japanischen Garten – der erste, der nach dem Krieg von der japanischen Regierung in Deutschland angelegt wurde.

Rastatt

Nach *Rastatt* sind es über die B 34 nur einundzwanzig Kilometer. Trotzdem hieß das bis 1771, eine Grenze zu überschreiten: die Grenze zur Markgrafschaft Baden-Baden. Rastatt war seit 1697 Residenz. Dieses Jahr ist auch der Baubeginn für das großartige Barockschloß, das sich Markgraf Ludwig Wilhelm von dem Architekten Domenico Egidio Rossi errichten ließ. Der Markgraf hatte höchst erfolgreich an der Seite des Prinzen Eugen gegen die Türken gefochten, was ihm neben dem Namen »Türkenlouis« eine umfangreiche »Türkenbeute« eingebracht hatte.
Als er in sein von den Franzosen verwüstetes Land zurückkehrte, brachte er auch eine reiche junge Frau mit: Sibylla Augusta von Sachsen-Lauenburg. Der Kaiser hatte ihm diese umworbene Erbin für seine Verdienste vermittelt. Es war eine Liebesheirat, obgleich der Markgraf zwanzig Jahre älter war. Rastatt wurde also Residenz, und davon ist trotz der Zerstörungen des letzten Krieges noch einiges zu sehen. Wie Mannheim, Durlach

Rastatt, Pagodenburg. Eine genaue Kopie der Pagodenburg im Park von Nymphenburg.

und Karlsruhe brannte auch das Schloß in Rastatt völlig aus, wurde aber sorgfältig restauriert, so daß die wesentlichen Räume wieder zugänglich sind. Das ist vor allem für den Gartensaal wichtig, der ja die Verbindung nach draußen herstellt. Die Stadtseite des Schlosses läßt nicht vermuten, daß die Gartenfront immerhin fast 250 Meter mißt. Seit 1952 wird auch der Garten restauriert, wobei man sich an die Originalpläne vom Anfang des 18. Jahrhunderts hält. So stehen die beiden berühmten Parkbauten, die Einsiedelnkapelle und die Pagodenburg, wieder in der ihnen gemäßen Umgebung.

Welchen Unterschied das macht, kann man besonders im Fall der Pagodenburg gut erkennen: die Rastatter Pagodenburg ist die genaue Kopie der Pagodenburg im Park von Nymphenburg. Kurfürst Max Emanuel hatte die Pläne 1722 der Markgräfin Sibylla Augusta geschickt. Doch im Unterschied zur Münchner Pagodenburg wurde die Pagode in Rastatt weniger aufwendig ausgestattet und diente mehr als Spielhaus für die Kinder. Von außen gesehen haben beide Bauten ohnehin nichts mit einem chinesischen Pavillon zu tun. Die Einsiedelnkapelle hatte die Markgräfin bereits 1714 zum Dank für den Friedensschluß, der den Spanischen Erbfolgekrieg beendete, errichten lassen. Es handelt sich um eine Art Votivkapelle und Kopie der Gnadenkapelle in der Wallfahrtskirche von Maria Einsiedeln in der Schweiz.

Schloß Favorite bei Kuppenheim

Die Markgräfin war eine sehr fromme Frau. Seit dem Tod des Markgrafen im Jahre 1707 trug sie die Verantwortung für das Land, das sie mit eisernem Fleiß und Sparsamkeit wieder zum Blühen brachte. Erholung von den mühseligen Regierungsgeschäften suchte sie im nahgelegenen Lustschloß *Favorite* etwas südlich von *Kuppenheim*. Folgt man der Nebenstraße nach Haueneberstein und Baden-Baden, sieht man das Schlößchen gleich hinter dem Ort rechter Hand zwischen den Bäumen hervorschimmern. Erbaut hat es von 1710 bis 1712 der aus Böhmen stammende Hofbaumeister Michael Ludwig Rohrer. Der Innenausbau dauerte allerdings viel länger. Als die Markgräfin 1733 starb, war das Schloß immer noch nicht fertig.

Von Kuppenheim fährt man um das Areal herum zur Ostseite. Unter dichten Bäumen führt eine Querallee bis zum Ende des südlichen Gartenparterres. Es ist nur ein langgestrecktes, eingetieftes Rasenstück, ein Boulingrin, flankiert von zwei Doppelreihen gestutzter Lin-

den und zwei Galeriebauten. Die linke Galerie ist bereits restauriert. Dabei wurden Wandmalereien freigelegt, die offenbar aus zwei verschiedenen Perioden stammen: Man erkennt Orangenbäumchen in Kübeln und ein Weinlaubspalier.
Gegen dieses südliche Parterre öffnet sich das Schlößchen mit zwei Flügeln zu einem kleinen Ehrenhof. Es ist die Eingangsseite, aber nicht die Hauptfassade. Diese ist nach Norden gerichtet. Sie erhält ihre Bedeutung durch die schwungvolle doppelte Freitreppe zum ersten Stock. Dahinter liegt jedoch weder ein Saal noch eine Empfangshalle, sondern die Galerie um die *sala terrena* im Untergeschoß. Dieser im Sommer kühle Fest- und Speisesaal hat einen direkten Zugang zum Garten und geht mit seinen blaugekachelten Wänden bis unter das Dach.
Man muß das Gartensommerpalais schon wegen dieser Verbindung unbedingt auch von innen anschauen. Sehenswert sind dort außerdem die kostbaren Raumausstattungen und vor allem die Türen, deren Füllungen mit naturgetreuen Blumen und Vögeln geschmückt wurden. Desgleichen sollte man nicht versäumen, in den zweiten Stock hinaufzusteigen, wo die Porzellansammlung der Markgräfin ausgestellt ist, deretwegen sie das Schlößchen bauen ließ – das einzige intakte Porzellanschlößchen Deutschlands.
Hier oben in der Galerie der *sala terrena* hängen auch zwei Gartenstücke, und auf einem sind die Landschaft und der Park von Favorite zu sehen. Ein Blick hinaus in die Natur zeigt, daß jetzt eine Rasenfläche den Platz des langgestreckten Bassins einnimmt und aus dem querovalen Bassin ein natürlicher Teich wurde. Auch nach Süden sollte man einen Blick über das jetzt nur noch angedeutete Parterre hinweg in die Schneise werfen, die die Blickachse durch den Wald in die offene Landschaft verlängert.
Obgleich die barocke Gartenanlage der Favorite nur noch angedeutet ist, nimmt der Landschaftsgarten dem Schlößchen nichts von seinem Charme. Im Gegenteil scheint die »natürliche« Umgebung dem Außenbau gemäßer, der durch den Bewurf aus Granitstücken und Kieselsteinen, für den extra ein »Grottier« hinzugezogen wurde, wie naturgewachsen scheint. Ein grottenartiger Bau als Sommersitz ist ein ungewöhnlicher Mittelpunkt eines Gartens, aber er genügte der Markgräfin vollkommen. Abgesehen von den notwendigen Kavaliershäuschen, ließ sie im Park nur noch ein weiteres Bauwerk errichten: die Magdalenen-Kapelle. Sie steht auf einer schattigen Lichtung in der Nähe des Eingangs. Die Markgräfin hat sie wirklich häufig zu Gebets- und Bußübungen aufgesucht. Sie ersetzte der frommen Frau die sonst übliche Schloßkapelle und war keine wohlige Gruselschauer hervorrufende Staffage, auch wenn sie halblebensgroße, täuschend echte Figuren der Heiligen Familie und der büßenden Magdalena in sich barg. Hier in Favorite bilden Garten und Schloß eine Einheit, auch wenn sie stilistisch aus verschiedenen Zeiten stammen.
Auf dem Rückweg zur Straße von Kuppenheim nach Baden-Baden, kann man linker Hand noch einen Blick durch die Schneise auf das Schloß werfen. Nach *Baden-Baden* sind es nur zehn Minuten. Müßig zu sagen, daß schon die Römer hier badeten. Im 19. Jahrhundert war Baden-Baden einer der elegantesten Badeorte des Kontinents. Alle gekrönten Häupter scheinen wenigstens einmal hier gewesen zu sein, so daß man im Sommer zu Recht von der »Hauptstadt Europas« sprach.

Baden-Baden

Die *Lichtentaler Allee* hat die gesamte Prominenz des 19. Jahrhunderts gesehen. Sie muß mit all den Kutschen, Reitern und Promenierenden ein unvergeßlich heiteres und farbenprächtiges Bild abgegeben haben. Heute ist sie eher ruhig, nachdem der Bereich zwischen Kurhaus und Hirtenhäusel zur Fußgängerzone erklärt worden ist. Dafür hat man den Genuß, das Wasser der Oos rauschen zu hören. Die Allee ist Straße und Park zugleich. Die Gärten der Hotels jenseits der Oos öffnen sich zu ihr, und oft genug ist der Übergang verwischt. Hier wie dort stehen prachtvoll gewachsene, seltene Bäume und Sträucher, und am schönsten ist es, wenn überall die Rhododendren blühen. Vor 300 Jahren wurde die Straße als Eichenallee angelegt. Vom Kloster Lichtental führt sie bis in die Nähe des Kurhauses, das von 1821 bis 1824 erbaut wurde. Das Hirtenhäusel an der Ecke Gunzbachstraße hat seit einiger Zeit einen kleinen Bauerngarten – fast wie eine romantische Parkarchitektur steht es am Rande einer großen Wiese. Die *Gönneranlage* ganz in der Nähe gehört eigentlich schon nicht mehr zu unserem Thema. Sie wurde 1908 von Max Laeuger entworfen, der eigentlich ein großer Keramiker des Jugendstils und der zwanziger Jahre war, aber immer wieder auch Gärten angelegt hat.

Gernsbach

Fährt man die Lichtentaler Allee über Lichtental hinaus, erreicht man nach elf Kilometern *Gernsbach*. Etwas wie den *Katz'schen Skulpturengarten* vermutet man hier nicht unbedingt. Der Garten ist noch in Privatbesitz und von April bis November geöffnet. Als Landschaftsgarten wurde er um 1790 angelegt. Vom Haus ist er durch die Straße getrennt und angefüllt mit den schönsten Renaissance- und Barockfiguren, deren die Kommerzienrätin Katz habhaft werden konnte. Das Tor trägt zwar die Jahreszahl 1549, aber der Garten ist so romantisch, wie man es sich nur wünschen kann. Hier findet man einen barocken Ziehbrun-

Baden-Baden, Lichtentaler Allee.

nen und ein Teehaus, eingefaßte Blumenbeete in allen Farben und Formen und alte Bäume.
Man sollte hierher kommen, wenn die Magnolien blühen; es sind die ältesten nördlich der Alpen.
Der einfachste Weg von Baden-Baden nach *Lahr* führt über die Autobahn. Hier gibt es einen *Stadtpark*, der wiederum auf einen typischen Privatgarten aus der Mitte des 19. Jahrhunderts zurückgeht. 1858 hat ihn sich der in Übersee reich gewordene Christian Wilhelm Jamm im englischen Stil anlegen lassen; aber schon 1875 ging er in den Besitz der Stadt über.
Von Lahr aus kann man der B 3 über Freiburg nach *Badenweiler* folgen.
Die Geschichte dieses Badeortes beginnt sozusagen im *Kurpark:* hier sorgte die Ruine der römischen Badeanlage, die 1784 freigelegt wurde, für ein besonders malerisches Parkbild. Die ersten Wege hatte man schon 1756 zusammen mit dem Schloßpark angelegt. Doch der Schloßpark gehört erst seit 1952 zu den Kuranlagen.
Die aus dem 12. Jahrhundert stammende Burg Baden wurde 1678 von den Franzosen zerstört. Sie ersparten dadurch dem Architekten im 18. Jahrhundert den Bau einer künstlichen Ruine.
Das Belvedere kam erst 1811 hinzu. Eine durchgreifende Verschönerung erfolgte 1824 durch den aus Schwetzingen herbeigeholten Gartendirektor Zeyher. Dieser brachte die ersten exotischen Bäume und Sträucher für den Kurpark mit. Aus dieser Zeit datieren auch die große Rasenfläche vor dem Kurhaus und die vielfach verschlungenen Wege unter den Bäumen im Bereich der Ruine. 1864 erfolgte dann die Ausgestaltung in großem Stil, bei der auch der Teil östlich des römischen Bades mit seinem Teich hinzukam.

Gernsbach, Katz'scher Skulpturengarten.

Das milde Klima, eine malerische Umgebung und die echten Ruinen als stimmungsvolle Zeugen der Vergangenheit geben dem Kurpark in Badenweiler eine besondere Atmosphäre.

Lahr

Badenweiler

Von Badenweiler führt eine Nebenstraße in unzähligen Windungen in den Schwarzwald nach Schönau. Von dort geht es über die B 317 nach Titisee und dann weiter auf der B 31 nach *Donaueschingen*. Seit dem 18. Jahrhundert Residenz der Fürsten von Fürstenberg, ist Do-

Donaueschingen, Donauquelle.

Donaueschingen

naueschingen vor allem den Literaturliebhabern wegen der Buchschätze bekannt, die die Fürsten in ihrer Bibliothek zusammengetragen haben. Eine der wichtigsten Handschriften ist eine Fassung des Nibelungenliedes aus dem 13. Jahrhundert. Die Hofbibliothek gehört zu dem barocken Schloßkomplex aus den Jahren nach 1723. Damals wurde auch der erste Garten angelegt. Das inzwischen sehr erweiterte Parkgelände erfuhr in Zusammenhang mit dem Umbau des Schlosses in den Jahren 1892 bis 1896, der durch einen Brand notwendig geworden war, eine durchgreifende Umgestaltung. Heute ist die Hauptattraktion des prächtigen Parks die Donauquelle, die 1896 eine monumentale Fassung mit einer Marmorgruppe erhielt. Vor der Gartenfront breitet sich das Parterre aus, das in seinem neobarocken Stil die stilistische Veränderung der Architektur widerspiegelt.

Von Donaueschingen aus bringt uns sowohl die B 31 als auch die B 33 nach Konstanz. Diese alte Bischofsstadt ist so voller Historie, daß sie auf historische Gartenanlagen leicht verzichten kann. Die zauberhafte Landschaft ringsum kann diesen Mangel vollauf ersetzen.

Reichenau

Ganz in der Nähe, auf der *Reichenau,* befinden wir uns ohnedies auf Deutschlands ältestem Gartenboden. Die Benediktinermönche der iro-schottischen Mission hatten neben dem Christentum auch antike Gelehrsamkeit in den heidnischen Norden gebracht. Das waren nicht nur so brotlose Künste wie Dichtung und Philosophie, sondern auch recht nützliche Kenntnisse wie Medizin und Gartenbau.

Auf der Reichenau befand sich damals um 800 eine der bedeutendsten Klosterschulen des karolingischen Reiches. Hier schrieb der junge Walafrid Strabo im Jahre 827 das erste deutsche Gartenbuch – in lateinischen Versen. »Hortulus« heißt es, das »Gärtchen«, und beschreibt eine Auswahl der im Kloster kultivierten Heilpflanzen, von denen wir einige nur noch als Küchenkräuter verwenden und andere, wie Iris und Rose, im Ziergarten anpflanzen. Ihre heilsamen Aromastoffe finden inzwischen wieder mehr Beachtung. Ihre Verwendung, ihr Aussehen und ihre Kultivierung schildert Walafrid Strabo in poetischen Worten und klassischem Versmaß. Später wurde er einer der berühmtesten Äbte des Klosters auf der Reichenau. Von den Klostergebäuden geblieben sind nur drei Kirchen und ein paar Häuser. Aber die ganze Insel gleicht einem einzigen, schwimmenden Garten, in dem das früheste und zarteste Gemüse Deutschlands geerntet wird.

Mainau

Die andere und weitaus populärere Insel im Bodensee ist die *Mainau,* eigentlich die Maien-Aue, weil hier

der Frühling in Deutschland zuerst seinen Einzug hält. Eine Brücke verbindet die Insel mit dem Festland. Man kann aber auch mit dem Schiff von Konstanz herüberfahren, was um einiges romantischer ist.
Von 1272 bis 1806 gehörte die Insel dem Deutschen Ritterorden, unter dessen Herrschaft Schloß und Kirche ab 1739 gebaut wurden. Anschließend fiel die Insel an die Markgrafen und späteren Großherzöge von Baden, wurde 1827 an den Fürsten Nikolaus Esterhazy verkauft und ging 1853 wieder an Großherzog Friedrich zurück. Immerhin verdankt die Mainau dem ungarischen Zwischenspiel die ersten exotischen Bäume. Unter Großherzog Friedrich wurde die Insel zur Sommerresidenz ausgebaut. Der Park wurde vergrößert, Terrassen angelegt, Springbrunnen und Statuen aufgestellt. Zwischen 1860 und 1880 wurde das Arboretum errichtet, für das der Großherzog eigenhändig im Mittelmeerraum Pflanzen botanisierte. Das milde Bodenseeklima eignet sich besonders für Pflanzen aus der subtropischen Zone. Sogar Palmen gedeihen hier, die im Winter jedoch ein Schutzdach bekommen.
Was im 19. Jahrhundert begann, wurde bis in unsere Tage fortgesetzt. Durch eine badische Prinzessin, die Königin von Schweden wurde, kam die Mainau in den Besitz der Bernadottes, und dies erwies sich als ein Segen für die Insel. Denn seit Graf Lennart Bernadotte im Jahre 1932 den Garten übernahm, ist er erst richtig zu einem

Insel Mainau, Rosengarten.

modernen Paradies geworden. Man muß ja nicht unbedingt zur Hauptreisezeit kommen, wenn es mehr Besucher als Blüten zu geben scheint. Besonders im Frühherbst erlebt man hier Tage, die nur an den oberitalienischen Seen möglich zu sein scheinen.

Die Palmen, Statuen, Terrassen und Blumen verstärken diesen Eindruck noch: sie haben hin und wieder jenes melancholische Aussehen, das den hundert Jahre alten Gärten am Comer See oder am Lago Maggiore eigen ist. Die Ausblikke auf den See und die Berge unter einem klarblauen Himmel lassen einen von Italien träumen und versöhnen mit jenen Zugeständnissen an den Touristengeschmack, derer die Mainau im Grunde nicht bedarf.

Bad Wurzach

Vom Bodensee kann sich wohl niemand rasch losreißen. Wenn man ihn bei Lindau endlich verläßt, folgt man am besten der B 18 bis Leutkirch und dann der B 465 nach *Bad Wurzach*. Der Lohn sind das barocke Schloß der Grafen von Waldburg-Zeil mit seinem berühmten Treppenhaus aus der zweiten Hälfte des 18. Jahrhunderts und ein stiller *Schloßpark* im englischen Stil. Wenig bekannt und demzufolge nicht überlaufen, sind solche Gartenanlagen ein Refugium für stille Genießer. Man findet sie immer wieder entlang der Oberschwäbischen Barockstraße oder anderwärts.

Von Stuttgart ins Hohenlohische

Verglichen mit dem oberen Rheintal und dem Bodensee ist *Stuttgarts* Gartenklima ziemlich rauh. Im Sommer fängt sich zwischen den Anhöhen allerdings die Hitze. Mit Grünzügen versucht man dies für die Innenstadt erträglicher zu machen. Die Grundlage dafür legten bereits die württembergischen Herzöge und Könige mit dem *Schloßgarten*.

Residenz der schwäbischen Herzöge war Stuttgart seit dem Mittelalter. Herzog Christoph legte den alten Lustgarten in seiner Regierungszeit zwischen 1550 und 1568 an. Hier wurde die erste Orangerie Deutschlands erbaut, für die der Herzog die edlen Gewächse aus Italien heranschaffen ließ. Außerdem gab es auch einen Irrgarten.

Die Blütezeit des Lustgartens begann nach 1584, als mit dem Neuen Lusthaus weitere Gartenanlagen entstanden. Die Feste, die anläßlich von Hochzeiten und ähnlichen Feierlichkeiten darin abgehalten wurden, trugen den Ruhm dieser Gärten an andere Höfe.

Darstellungen aus jener Zeit liefern uns ein sehr genaues Bild von ihrer Lage und der Ausstattung mit Wasserspielen, Aussichtsberg, Laubengängen, Bäumen und Grasflächen. Der Alte Lustgarten befand sich ungefähr auf dem Gelände des oberen Schloßgartens. Auch als das Neue Schloß um 1744 errichtet wurde, vergrößerte man den Garten nicht. Die Erweiterung vom Schloßbezirk bis hinunter zum Neckar betrieb ab 1805 erst Friedrich Wilhelm, der damals noch nicht König war. Diesen Titel nahm er am 1. Januar 1806 an, nachdem er durch geschickte Politik sein Gebiet beträchtlich vergrößert hatte. Noch 1805 ließ Friedrich Wilhelm über tausend Linden aus Hohenheim, Solitude und Ludwigsburg heranschaffen. Fertig hat er den Schloßgarten nicht erlebt: er starb 1816 zwei Jahre vor Vollendung des Gartens.

Schloßgarten

Ursprünglich war dieser Garten viel breiter. Der Bau der Eisenbahn verschlang ein beträchtliches Gebiet und drängte ihn schlauchartig zusammen. Heutzutage wird dieser Schlauch zusätzlich durch verkehrsreiche Straßen dreigeteilt. Der obere Schloßgarten ist eingeklemmt zwischen dem Neuen Schloß, den Theatern, den Museen und dem Landtag. In der Mitte gibt es einen Teich und einen Rosengarten, und abends ist er sogar beleuchtet.

Ein Fußgängersteg führt hinüber in den mittleren Schloßgarten, der schon weitläufiger ist. In diesem landschaftlich gestalteten Teil gibt es sogar eine echte Ruine, nämlich Reste des berühmten Neuen Lusthauses, das 1580 bis 1593 von Jörg Beer am Schloßplatz erbaut und 1846 wieder abgebrochen wurde. Einige der Renaissancesteinmetzarbeiten wurden gerettet, deshalb konnten die Treppe und der lau-

Wilhelma

benartige Vorbau im Jahre 1904 wieder aufgebaut werden.
Den unteren Schloßgarten erreicht man ebenfalls über einen Fußgängersteg. Er ist mit fast zwei Kilometer Länge das größte Teilstück und wurde 1811 bis 1818 angelegt. Hier hat sich von der alten Substanz noch am meisten erhalten. Die beiden anderen wurden 1961 für die Bundesgartenschau erheblich umgestaltet und den neuen Großstadtbedürfnissen mit aktiven Erholungsmöglichkeiten angepaßt. In dem unteren Schloßgarten gibt es mehrere Teiche und Seen. Überall stehen schöne alte Bäume und Baumgruppen.
Gegen den Neckar hin profitiert die Gestaltung von den Hängen der Hügel am Fluß. Hier geht der Schloßgarten in den *Rosenpark* über, der vom Neckar herauf die Anhöhe des ehemaligen »Kahlenstein« überzieht. Er verdankt seine Entstehung König Wilhelm I., der sich dort 1822 bis 1824 ein Schloß im Stil einer italienischen Villa erbauen ließ. Der anschließende waldartige Bergpark kam ohne großartige Wasserspiele aus, und bot dazu wunderschöne Ausblicke auf das Flußtal und das gegenüberliegende Cannstatt.
1829 war der nunmehrige Rosensteinpark vollendet. Doch die Gartenleidenschaft König Wilhelms war noch nicht befriedigt: Am Neckarbogen gegenüber von Cannstatt entstand die *Wilhelma*. 1837 bis 1853 wurde an der Anlage gebaut, das Schloß sollte als Badehaus dienen. Zum Vorbild nahm man die Alhambra, jene maurische Festung bei Granada, wo islamische Kultur und Gartenkunst einen letzten Hö-

Stuttgart, Wilhelma.

hepunkt auf europäischem Boden erreichten. Was davon übriggeblieben war, entzündete die Fantasie der Mitteleuropäer. Spuren dieser Begeisterung finden sich immer wieder – es sei nur an den Burggarten von Stolzenfels erinnert.
In der Wilhelma nahm man diesen maurischen Stil in den Bauten und den zum Teil regelmäßigen Gartenanlagen auf. Interessante Pflanzen aus allen Erdteilen vervollständigten das Bild. Der Magnolienhain im Maurischen Garten soll sogar der größte Europas sein. Darüber hinaus gibt es hier noch über hundertjährige Azaleen und Kamelien.
Das 19. Jahrhundert war die große Zeit der Rhododendren, zu denen die Azaleen botanisch gehörten. Die ersten im Garten brauchbaren Pflanzen kamen zu Beginn des 19. Jahrhunderts aus Nordamerika, die großen Entdeckungen machte man dann um 1850 im Himalaya. Die schönsten Azaleen stammen aus Japan. Kamelien kommen ebenfalls aus dem Fernen Osten.
Camellia sinensis ist nichts anderes als der botanische Name des gewöhnlichen Teestrauchs. Die Europäer, die im 18. Jahrhundert in China Teesträucher zu erwerben versuchten, erhielten statt dessen immer wieder Kamelien, deren Blüten in China schon lange kultiviert wurden. Doch trennten sich die Chinesen nicht etwa aus Versehen von diesen Blütenschönheiten, sie wollten verhindern, daß die begehrten Teesträucher in die Hände der Ausländer kamen.
Benannt hat der große schwedische Botaniker Linné die Kamelien übrigens nach dem mährischen Missionar und Botaniker Kamel, der viele Jahre in Asien arbeitete.
Die Behandlung der Kamelien warf lange Zeit Probleme auf, was sie kostbar und zu einem Symbol für Luxus machte. Alexandre Dumas' Roman von der Kameliendame gibt davon einen Begriff. Der König von Württemberg konnte sich diesen Luxus leisten – und nicht nur diesen. Die Wilhelma steckte zu seiner Zeit voller märchenhafter Überraschungen, die selbst den Eisernen Kanzler Bismarck, der sie 1855 besichtigen durfte, beeindruckte.
Heute ist die Wilhelma der beliebteste zoologisch-botanische Garten des Landes. Das Schloß ist zwar 1944 ausgebrannt, aber die Gartenanlagen sind vorsichtig genug den neuen Besucherströmen angepaßt, so daß die Atmosphäre eines intimen Parkes des 19. Jahrhunderts weitgehend erhalten blieb.

Hohenheim, Englischer Garten

Die Straße, die aus Stuttgart in Richtung der Autobahnauffahrt Stuttgart-Flughafen führt, bringt uns auch nach *Hohenheim*. Hier hatte sich der aus der Geschichte und vor allem in Zusammenhang mit Friedrich Schiller unrühmlich bekannte Herzog Karl Eugen ein Gartenparadies geschaffen. So sehr Friedrich Schiller die politischen Verhältnisse im Herzogtum Schwaben verabscheute, den *Englischen Garten* des Herzogs in Hohenheim beschrieb er zustimmend 1795 in »Über den Gartenkalender« als eine poetische Anlage. Auch der damals tonangebende Gartentheoretiker Hirschfeld äußerte sich begeistert, während Goethe diesem mit Gartenstaffagen vollgestopften Gelände nichts abgewinnen konnte. Ihm lag mehr die klassische Ausgewogenheit des Parks von Wörlitz, der etwa zur gleichen Zeit wie Hohenheim entstand.
1774 begann Herzog Karl Eugen mit der Anlage des »englischen Garten« im Anschluß an den kleinen französischen Garten von Schloß Hohenheim. Verbunden werden beide Teile durch ein fast rechteckiges Gelände; daran schließt sich ein langer, sich verjüngender Streifen an. An zwei Seiten

zogen sich gerade Alleen hin, während die dritte von unregelmäßigen Alleestücken begleitet wurde. Auf diesem Gelände wurden zahllose Ruinen von Tempeln, Burgen, Kirchen und anderen Bauten errichtet, die oft mehr als luxuriös eingerichtet waren. Es gab Pagoden und sogar eine Moschee. Dazwischen lag alles, was an Bauernhäusern, Katen und Scheunen zu einem »englischen Dorf« gehörte. Auch eine Schule, ein Rathaus und ein »englischer« Kramladen fehlten nicht. Um jedes Häuschen war ein Garten angelegt, es gab Felder und Weiden mit Kühen. Alles war so echt wie möglich: Kirche wie Tempel hatten echte Säulen aus Italien oder mittelalterliche Glasfenster, die Bauernhäuser waren in schweizerischem oder anderen regionalen Stilarten errichtet. Und dies nur zum Vergnügen des Herzogs und ab 1776 auch seiner Geliebten, der Gräfin Franziska von Hohenheim.
Durch die in kleine Flächen aufgelöste Landschaft floß ein Bach, zu dem das Wasser nur unter großen Schwierigkeiten herangeführt werden konnte. Der Bach speiste auch einen Wasserfall, über dem die schon erwähnte Kirche auf einem Felsen schwebte. Es gab einen kleinen See mit einer Insel und mehrere trapezförmige Teiche sowie einen rechteckigen Teich, an dessen einer Seite ein Schiff vor Anker lag.
All dies bildet bekanntlich erst zusammen mit Pflanzen so etwas wie einen Garten, und Pflanzen gab es in den einzelnen Gärtchen sowie in den Landschaftsstücken genug. Die kleinen Gärten waren ihrer Bestimmung gemäß angepflanzt; in einem hatte man sogar sämtliche in Württemberg heimischen Wildkräuter gesammelt. Und es gab einen »Americanischen Garten«, wo der Herzog alle damals aus den Vereinigten Staaten und Kanada eingeführten Bäume und Sträucher versammelte, zu deren Erwerb er eigens nach England und Holland gefahren war.
Entgegen den Gepflogenheiten des 18. Jahrhunderts war dem gewöhnlichen Bürger der Zutritt zum Garten verboten. Der Herzog lebte und arbeitete bis zu seinem Tode im Jahre 1793 mit der Gräfin Hohenheim in Hohenheim, die ihn bei seinen Studien unterstützte und auch sonst einen wohltuenden Einfluß auf ihn ausübte. Danach verschwanden fast alle Parkbauten bis auf das »Römische Wirtshaus« und die Ruine eines römischen Tempels allmählich. Die landschaftliche Formung und die Wasserführung blieben und vor allem die ausgesuchte Bepflanzung, die zu der Bezeichnung *Exotischer Garten* führte. 1819 richtete man im Schloß die berühmte Landwirtschaftliche Hochschule ein, die heute Universität ist, und legte unterhalb des Schlosses einen eigenen botanischen Garten an.
Der »Englische Garten« des Herzogs Karl Eugen war im Grunde die Karikatur eines englischen Landschaftsgartens. Hier wurden die unterschiedlichen Stimmungen der Landschaftsbilder nicht durch ein paar entsprechende Bauwerke gesteigert, sondern die Bauwerke degradierten die Landschaftsbilder zum bloßen Rahmenwerk. Die Zeit hat diesen Irrweg korrigiert.

Tübingen

Kein Irrweg ist es, wenn wir von Hohenheim aus über die B 312 und B 27 sowie B 297 nach *Tübingen* fahren. Die romantische Stadt am Neckar lohnt immer einen Besuch. Als Universitätsstadt – sie wurde es schon 1477 – verfügt sie selbstverständlich auch über einen alten *Botanischen Garten*. Er ist wesentlich jünger als die Universität, wurde 1805 gegründet, und liegt mitten in der Stadt. Inzwischen wurde außerhalb ein neuer botanischer Garten angelegt, und der alte trägt nur

mehr den Namen und die aus seiner wissenschaftlichen Vergangenheit herrührende abwechslungsreiche Bepflanzung.
Von Tübingen aus bringt uns die B 27 direkt nach *Ludwigsburg* im Norden von Stuttgart. Der Ort gehört wie Mannheim und Karlsruhe zu den künstlichen Siedlungen der Barockzeit. Er ist aber nicht auf das Schloß hin ausgerichtet, sondern um den Marktplatz angeordnet.
Vorläufer des Schlosses war ein Jagdhaus. Herzog Eberhard Ludwig (1676–1733) begann 1704 mit dem Alten Fürstenbau noch relativ bescheiden eine Anlage, die im Jahre 1733 schließlich als größtes Barockschloß Europas fertiggestellt werden sollte.
Die verschiedenen Baumeister des Schlosses zeichneten ebenfalls verantwortlich für das Städtchen, mit dessen Anlage man 1709 begann. Selbstverständlich lieferten sie auch Pläne für die Gartenanlage, denn ohne eine Fortführung der inneren Raumordnung nach draußen wäre ein solches Bauwerk nicht vollkommen gewesen. Es ist im einzelnen nicht nachvollziehbar, ob von den Plänen, die Johann Friedrich Nette 1713 und Donato Giuseppe Frisoni 1727 entwarfen, überhaupt etwas ausgeführt wurde. Fest steht, daß das opulente Parterre vor der Südfront erst 1952 von Gartenbaudirektor Albert Schöchle im Stil der Barockzeit angelegt wurde. Eine dezente Gartengestaltung des Empire mußte dafür weichen.
Zumindest sind die hier aufgestellten Figuren echt: sie zierten ursprünglich die Attika, also die Dachbrüstung des Schlosses auf der Gartenseite. Dieses so unglücklich als »blühendes Barock« apostrophierte Parterre vervollständigt jedoch den Gesamteindruck. Das Schloß lastet damit nicht mehr wie

Ludwigsburg

Schloß Ludwigsburg.

ein Klotz auf der weiten Fläche, und die Übergangsstelle von der ebenen Fläche zum Hang ist durch ein Bassin markiert. Die Ornamente sind, wie es sich gehört, zum Teil mit farbigem Kies ausgelegt. Die anderen Farbflächen ergeben sich aus den üblichen Massenpflanzungen von Sommerblumen.

Im Nordosten des Schlosses ist an der Gartenfront asymmetrisch dazu ein zweiter Parterreteppich ausgerollt. Die Parkanlagen auf dieser Seite wurden von König Friedrich I. ab 1806 in einem romantischen Stil angelegt. In diese Anlage fügte man auch den Steinbruch ein, der einst das Baumaterial zum Schloß geliefert hatte. Hoch über der Muschelkalkwand dieses Steinbruchs thront seitdem die Ruine der Emichsburg. Um zu sparen, ließ man den römischen Aquädukt und den sogenannten Ruinenbau aus Hohenheim hierherschaffen. Irrsinnigerweise wurde das barocke Opernhaus – es war das größte Europas! – abgebrochen und an seiner Stelle der Schüssele-See angelegt. Auch dieser Parkteil wurde seit 1952 verändert. Man fügte neue Partien ein, wie zum Beispiel 1954 das Rhododendrontal. Das Café im Ruinenbau wird so mancher Spaziergänger allerdings als recht positive Veränderung betrachten. Hier kann man sich stärken, bevor man zur Favorite aufbricht, dem 1718 bis 1728 erbauten Jagdschlößchen, das in dem angrenzenden Wildpark liegt, in dem es außer einigen dendrologischen Raritäten tatsächlich Wild gibt. Man sieht es neuerdings wieder von der Gartenfront aus am Ende einer kurzen Allee auf dem Hügel liegen. Doch diese Allee wird von einer sechsspurigen Straße mit brüllendem Verkehr zerteilt, die den Schloßpark auf drei Seiten einschnürt.

Oppenweiler, Schloß.

Wer die vierzig Minuten Fußweg nicht scheut, wird sicher noch nach Monrepos spazieren, jenem Haus am See, das sich Herzog Karl Eugen 1764 bis 1767 bauen ließ. Hier wird man endlich auch etwas von der Weltabgeschiedenheit finden, die der Herzog gesucht hat; denn das Areal um das Schloß herum ist zur sommerlichen Reisezeit leider stark überlaufen. Zum Glück begnügen sich viele Besucher mit einer Schloßbesichtigung und dem »Blühenden Barock«. Das Schloß sollte man nicht auslassen, denn hier hängen in einem Vorzimmer alte Ansichten des Parks von Hohenheim.

Ludwigsburg verlassen wir in Richtung Backnang, wo wir auf die B 14 stoßen, die uns nördlich davon nach *Oppenweiler* bringt. Das achteckige Schloß mit einer Dachlaterne des 18. Jahrhunderts liegt in einem künstlichen See. Den intimen Landschaftsgarten ringsum hat Friedrich Ludwig von Sckell noch in seiner Schwetzinger Zeit zwischen 1776 und 1804 geschaffen. In diesen Jahren war er nicht nur für den pfälzischen und später auch bayerischen Kurfürsten tätig, sondern durfte auf private Rechnung auch Aufträge für kleine Gärten in der Pfalz und Württemberg annehmen. Oppenweiler ist ein hübsches, wenn auch etwas verwildertes Beispiel für diese »Nebenbeschäftigung«.

Die B 14 bringt uns weiter in das Gebiet der Grafen und seit dem 18. Jahrhundert Fürsten von Hohenlohe. Das Hohenlohische gehört zu den romantischsten Landschaften in Deutschland. Altertümliche Ortschaften und schöne Schloßbauten verlocken immer wieder auf Nebenwege. Eine Nebenstraße führt auch von Meinhardt nach *Öhringen*. Das Residenzschloß der Fürsten von Hohenlohe-Öhringen stammt von 1612 und erhielt 1712 durch Johann Friedrich II. einen Garten, der der Zeit entsprechend im französischen Stil angelegt war. Daraus ist längst ein Landschaftsgarten geworden mit schönen alten Bäumen. Vier Kilometer nördlich umgibt ebenfalls ein Park aus dem 18. Jahrhundert das 1712 bis 1717 erbaute Schloß Friedrichsruhe.

Vier Kilometer ostwärts liegt *Neuenstein*, ebenfalls eine Residenz der Fürsten von Hohenlohe-Öhringen. Das Schloß wurde 1558 aus einer mittelalterlichen Wasserburg im französischen Geschmack umgestaltet. Die auffallenden Schmuckgiebel fügte man indessen erst 1906 hinzu. Das Schloß liegt etwas außerhalb an einem Weiher. Von einem galerieartigen Umgang an der Gartenfront führt seitlich eine Treppe hinunter auf eine Terrasse, die mit einer Balustrade gegen den Wassergraben abgeschlossen ist. Die regelmäßigen Beete sind mit Buchs eingefaßt und mit Sandsteinfiguren geschmückt. Über eine Treppenanlage gelangt man ans Wasser. Diese unaufwendige Gestaltung fügt sich harmonisch zur Renaissancefassade. Vom anschließenden parkartigen Garten ergeben sich reizvolle Ausblicke auf das Ensemble. Sandsteinfiguren schmücken zusätzlich diesen Garteneil. Alles in allem handelt es sich um keine spektakuläre Anlage, die aber gerade in ihrer Unaufdringlichkeit höchst angenehm wirkt.

Wir kommen immer mehr in das Kernland der Fürsten Hohenlohe, wenn wir der Schnellstraße in Richtung Ansbach bis zur Abfahrt Wolpertshausen folgen und von dort die Nebenstraße nach Langenburg einschlagen, wo sich wohl das berühmteste Hohenlohe-Schloß befindet. Es besitzt jedoch nur eine kleine Gartenanlage. Größer ist die in *Bartenstein*. Dorthin nehmen wir

Oppenweiler

Öhringen

Neuenstein bei Öhringen

Schloß Neuenstein.

Bartenstein

am besten den Weg zur B 290, die wir bei Blaufelden erreichen. Nach etwa zehn Kilometern liegt linker Hand die kleine Stadt, seit 1688 Residenz der Fürsten von Hohenlohe-Waldenburg. Das heutige Schloß wurde 1711 bis 1750 unter dem Grafen Philipp Karl und seinem Sohn Karl Philipp an Stelle einer alten Burg errichtet. Ein letzter Ausbau fand 1756 bis 1760 statt. 1716 wurde ein Garten im französischen Stil angelegt, der später zum Teil in einen Landschaftsgarten umgestaltet worden ist. Am herrlichsten sind dort die schattigen Alleen und stillen Weiher, die Wiesen und der Blick hinaus in die Landschaft.

Weikersheim

Zum schönsten hohenlohischen Garten in *Weikersheim* führt die Nebenstraße über Niederstetten. Der Marktplatz vor dem Schloß bildet in seiner architektonischen Geschlossenheit bereits den rechten Auftakt. Man erwartet förmlich, daß die Wachen aus der Toranlage von 1679 bis 1684 heraustreten. Dahinter liegt der wuchtige Renaissancebau mit seinen Kunstschätzen und Anekdoten. Der Rittersaal ist ein Fest für das Auge. Von hier hat man den besten Blick auf den Garten, der mit seinen 120 × 230 Metern nicht gerade groß ist.

Das längliche Rechteck erstreckt sich nach Westen und wird durch die Orangerie abgeschlossen. Diese besteht aus zwei bogenförmigen Bauten mit Säulen und Nischen, in denen Skulpturen stehen. In der Mitte hat man einen freien Durchblick ins Taubertal.

Glücklich, wer dieses Bild zum ersten Mal im Herbst vor sich hat, wenn die tiefstehende Sonne genau in diesem Zwischenraum untergeht.

Die Orangerie wurde 1719 bis 1723 durch Christian Lüttich erbaut, der vom Fürsten Albrecht Ernst von Öttingen an seine Tochter nach Weikersheim ausgeliehen worden war. Sie hatte den Grafen Karl Ludwig von Hohenlohe geheiratet und wünschte sich nun eine Orangerie wie in Schrattenhofen bei Öttingen. Jene war allerdings nach einem Entwurf von Maximilian von Welsch entstanden.
Zwischen der Weikersheimer Orangerie und dem Schloß liegt der Garten, durch ein Wegekreuz unterteilt. Im Mittelpunkt erhebt sich in einem kleinen runden Bassin der Grottenberg, gekrönt von der Figur des Herkules. Diesen unkomplizierten Gartenplan hatte sich Graf Karl Ludwig vom Hofgärtner Mathieu aus Saarbrücken ausarbeiten lassen.
1709 wurde mit der Anlage begonnen. Im folgenden Jahr kaufte man bereits die ersten Pflanzen in Würzburg ein. Das waren wohl die Bäume für die schmalen Schattenzonen rechts und links. Von hier neigen sich jetzt mächtige Baumriesen zur freien Mitte, ein vereinfachtes Parterre. Die meisten Figuren der ursprünglichen Ausstattung sind erhalten. Sie stammen von den Brüdern Christoph und Philipp Jakob Sommer. Am berühmtesten ist die Zwergengalerie auf der Balustrade entlang dem Graben, der das Schloß vom Garten trennt. Die sechzehn Figuren in der Manier Callots sollen die Hofbediensteten des Grafen Karl Ludwig darstellen. Solche Zwergenfiguren gibt es nicht nur in Weikersheim. Eine stilistisch so wenig gestörte Gartenanlage wie dort ist jedoch selten.
Im benachbarten *Bad Mergentheim* regierte einst der Deutsche Ritterorden. Von 1527 bis 1806 war der Ort Residenz dieses während der Kreuzzüge entstandenen Ordens, der, vom polnischen König geru-

Schloß Weikersheim.

fen, sein Betätigungsfeld schon bald aus dem Orient nach dem slawischen Osten verlegte. Als er vom expandierenden russischen Reich zurückgedrängt und ein Teil des Ordenslandes protestantisch wurde, richtete der katholisch gebliebene Teil der Hoch- und Deutschmeister seinen Hauptsitz in der alten Wasserburg von Mergentheim ein. Dort wird 1606 die Erweiterung eines Gartens erwähnt, aber das war ein Obst- und Gemüsegarten. Erst der Hochmeister Maximilian Franz verwandelte ihn 1791 in einen Garten im englischen Stil. Von einer Mauer umgeben, dehnt er sich zwischen Schloß und Tauber aus.

Wie anderwärts auch, hat die Stadt ein etwas gebrochenes Verhältnis zur historischen Gartensubstanz. Erneuerungen und Eingriffe erfolgen nach praktischen und weniger nach denkmalpflegerischen Gesichtspunkten. Dabei hätte man gerade hier in Mergentheim eine gute Grundlage in jenem Plan von 1791, der im Schloß noch zu sehen ist. Da der Schloßpark zu den Kuranlagen gehört, ist zumindest sein Bestand als grüner Freiraum gesichert.

Mit dem Kurpark ist der Schloßgarten durch Brücken über die Tauber verbunden. Auch der Kurpark geht in seinem ältesten Teil auf den Beginn des 19. Jahrhunderts zurück: zwischen 1827 und 1829 entstand er zusammen mit den ersten Badegebäuden.

Auch wenn beide heute stark an die Bedürfnisse eines modernen Kurbetriebes angepaßt sind, bleiben durch die Einbeziehung der Tauber doch die beschaulichen Bilder eines Landschaftsparks erhalten.

Zwischen Würzburg und Bamberg – die Schönborngärten

Würzburgs Ruf als Barockstadt wurde durch den Bombenangriff gegen Ende des Zweiten Weltkriegs nicht zerstört, obgleich dabei achtzig Prozent der Stadt in Flammen aufgingen. Die ärgsten Lücken sind inzwischen geschlossen, die großartigen Barockbauten restauriert. Der Blick hinunter von der Feste Marienberg gehört wieder zu den touristischen Höhepunkten.

Hier auf der Feste begann Würzburgs Geschichte, und hier finden wir auch das älteste sichtbare Beispiel für die Gartengeschichte der Stadt – genau da, wo sie uns am schönsten zu Füßen liegt, im *Fürstengarten.*

Um 1650 ließ Fürstbischof Johann Philipp von Schönborn den Garten anlegen. Während er den Ausbau des Marienbergs zu einer barocken Festung vorantrieb. Der schmale Streifen zieht sich entlang der Ostseite des Fürstenbaus. Auf zwei gebogten doppelläufigen Treppen steigt man hinunter zu einem Blumenparterre. Zwischen den Treppenläufen fand jeweils ein grottenartiger Kaskadenbrunnen Platz. Oben am Treppenansatz steht je ein achteckiger Pavillon; unter Fürstbischof Johann Philipp von Greiffenclau kamen zwischen 1699 und 1719 noch die Figuren hinzu.

Während des gesamten 19. Jahrhunderts benutzte das Königreich Bayern die Festung als Kaserne. Die Folgen für die Einrichtung und die Anlagen waren katastrophal. 1937 bis 1938 wurde der Fürstengarten in seiner alten Form restauriert, der Springbrunnen in der Mitte installiert und die Beete mit Rosen bepflanzt. Die Rosen entzücken zwar die Besucher, aber sie entsprechen nicht ganz dem Original.

Fürstengarten

Johann Philipp von Schönborn war übrigens nicht nur Fürstbischof von Würzburg, sondern von 1642 bis 1673 auch Erzbischof von Mainz und damit Reichskanzler des Heiligen Römischen Reiches Deutscher Nation. Sein entscheidender Anteil an der Beendigung des Dreißigjährigen Krieges brachte ihm den Ruf eines »deutschen Salomo« ein. Mit ihm beginnt der Aufstieg der Familie Schönborn von niederem Adel aus dem Dorf Schönborn im Lahntal zwischen Nassau und Dietz.

Sein Neffe Lothar Franz (1655 bis 1729) wurde 1695 ebenfalls Erzbischof von Mainz und damit Reichskanzler. Er verhalf wiederum fünf von sieben Söhnen seines Bruders zu kirchlichen Würden: den Fürstbischof von Speyer Damian Hugo haben wir als Bauherrn und Gartenbesitzer in Bruchsal angetroffen. Die Gartenspuren des Erzbischofs von Trier, Franz Georg, sind weder in Trier noch in Koblenz nachvollziehbar. Von den beiden ältesten wird noch die Rede sein.

Alle Schönborns – soweit sie die Mittel und Macht dazu hatten –

waren vom »Bauwurmb« besessen, wie es Lothar Franz einmal ausdrückte. Sie haben damit zugleich einer ganzen Landschaft am Main entlang ihren Stempel aufgedrückt. Zwischen Würzburg und Bamberg ist Schönborn-Land. Die Gärten gehörten dazu.

Hofgarten

Gleich hier in Würzburg haben wir in der Residenz das prachtvollste Beispiel der von den Schönborns initiierten Bauvorhaben. Sie wurde 1720 unter Johann Philipp Franz von Schönborn (1673–1724) nach den Plänen von Balthasar Neumann begonnen. Der Außenbau war nach vierundzwanzig Jahren vollendet, das Innere dauerte noch wesentlich länger.

Niemand wird wohl auf die Besichtigung dieses Glanzstück fränkischen Barocks verzichten, und so soll hier nur auf die eingelassenen Malereien in der Vertäfelung des Venezianischen Zimmers hingewiesen werden: Es sind sehr aufschlußreiche Gartenszenen darunter, Illustrationen zur Gartenarbeit im 18. Jahrhundert. Noch wichtiger ist der Gartensaal im Erdgeschoß unter dem Kaisersaal, die *sala terrena.* Der Raum mit dem Deckengemälde war 1750 fertiggestellt. Er ist hell, in zarten Farben und mit Spiegelstücken zwischen den Stukkaturen geschmückt: ein kühles Refugium in sommerlicher Hitze, das nichts mehr zu tun hat mit den grottenartigen Gartensälen früherer Jahrzehnte. Von hier aus betrat einst der Fürstbischof seinen Garten. Uns ist nur der Blick hinaus erlaubt: ins Parterre zum Springbrunnen in der Mitte und weiter gegen den Hintergrund der ansteigenden Festungswälle.

Der Weg heutiger Gartenbesucher führt durch das gewaltige und doch schwerelos wirkende schmiedeeiserne Tor von Johann Georg Oegg, das so sehr an die Gittertore vom Oberen Belvedere in Wien erinnert. Das ist kein Zufall: Bauherr war hier seit 1729 Friedrich Carl von Schönborn (1674–1746), der zuvor Reichsvizekanzler in Wien und ein Förderer Lukas von Hildebrandts gewesen war. Hildebrandt wurde immer wieder von den Schönborns beratend hinzugezogen.

So gibt es von ihm auch Entwürfe zum *Hofgarten* in Würzburg. Doch das im Winkel der Stadtbefestigung freigebliebene Areal war so schwierig zu gestalten, daß mit der Anlage des Gartens vergleichsweise spät begonnen wurde. Erste Gartenpläne gab es schon 1720 von Balthasar Neumann, und auch Maximilian von Welsch, der für Lothar Franz von Schönborn seit 1700 die Favorite in Mainz gestaltete, machte Vorschläge. Aber erst Adam Friedrich von Seinsheim begab sich ernsthaft an diese Aufgabe. Die Pläne lieferte Johann Prokop Mayer aus Böhmen, ein »Pomologe«, also Spezialist für Obstbau und der erste nach wissenschaftlichen Erkenntnissen arbeitende Gärtner Süddeutschlands.

Die geniale Lösung, die er insbesondere für den Obstgarten zwischen Gartensaal und Befestigung gefunden hat, stützte sich dennoch auf die Vorarbeiten B. Neumanns. Immerhin mußte ein häßlicher Blick auf die Innenmauer der Bastion verschwinden.

Es entstand ein vertieftes Parterre mit einem kleinen Springbrunnen in der Achse; darum herum legten sich jetzt im Halbkreis Laubengänge. Seitlich davon gab es Fruchtgärten für besonders seltene Obstsorten. Rechts und links führen breite Treppenanlagen hinauf zur Höhe des Walles.

Eine Kaskade sollte von dort herunterfallen, sie wurde jedoch nicht ausgeführt. Dafür gab es im Hintergrund, dort wo jetzt drei Blutbuchen stehen, als Endpunkt der Achse einen Pavillon.

Würzburg, Hofgarten.

Terrassen zogen sich den Hang entlang. Ihre Balustraden und die Balustraden der Treppen sind mit anmutigen Kinderfiguren und Vasen von Johann Peter Wagner geschmückt.
Auch nachdem dieser Teil später maßvoll anglisiert wurde, wirkt er immer noch wie ein Festsaal, in dem zur Sommerzeit während der Mozart-Festspiele heitere Serenaden erklingen.
In der Verlängerung der Gartenfront zieht sich eine Allee den südlichen Parterregarten entlang. Das flache Rechteck wird durch eine 1778 bis 1779 erbaute Orangerie abgeschlossen. Die Grundform der Anlage ist erhalten, nur sind die Laubengänge ringsum durch Alleen ersetzt. Auch hier sind die Skulpturen von Johann Peter Wagner und seiner Werkstatt ein wesentlicher Bestandteil des Gesamtbildes.
Östlich davon gab es einen weiteren barocken Gartenteil, der aber nicht erhalten blieb, genausowenig wie der Obstgarten im Westen, der nach 1778 in einen Garten im englischen Stil verwandelt wurde. Es ist ein wahrer Glücksfall, daß die Pläne zur Umgestaltung in einen Landschaftsgarten damals nur teilweise ausgeführt wurden. Die Auslöschung der Barockgärten wäre ein unersetzlicher Verlust für die Harmonie der Gesamtanlage geworden.
Wir wollen Würzburg nicht verlassen, ohne eines Mannes zu gedenken, der hier geboren wurde und sich unschätzbare Verdienste um die Bereicherung unserer Gärten mit Hunderten von Pflanzen aus dem Fernen Osten erworben hat: Philipp Franz von Siebold (1796–1866)
Siebold war eigentlich Augenarzt im Dienste der Holländisch-Ostin-

dischen Kompagnie in Japan, dem selbst die Japaner großen Respekt entgegenbrachten.
Als Arzt war er natürlich auch Botaniker. Deshalb ließ er sich von seinen japanischen Patienten mit Pflanzen bezahlen. 458 Pflanzen brachte Siebold aus Japan nach Europa mit, als man ihn im Jahre 1830 doch des Landes verwies. Erst 1859 durfte er nach Japan zurückkehren und konnte nun die größere Freizügigkeit ausnutzen, die ihm die Japaner aufgrund seiner ärztlichen und botanischen Fähigkeiten gewährten. Die Liste der Pflanzen, die er von seinen Streifzügen mitbrachte, ist endlos.
Diese Erfolge weckten den Neid der Holländer. Sie lockten ihn mit einem Trick nach Europa, und Siebold starb verbittert in München. Durch ihn ist Japans Pflanzenwelt in Europa heimisch geworden.

Veitshöchheim

Vom Stadtrand von Würzburg sind es nur sieben Kilometer mainabwärts bis *Veitshöchheim*. Dort befindet sich der einzige Garten Deutschlands, der seine Rokokoform behalten durfte: ein natürliches Verwuchern durch mangelhafte Pflege bereits zu Ende des 18. Jahrhunderts machte ihn auch für den neuen Geschmack am Landschaftsgarten akzeptabel.
Der Garten von Veitshöchheim wird schon lange vor weiterem Verfall bewahrt. Wir können also genußvoll wie einst die Fürstbischöfe durch den Garten wandeln, am besten mit dem Plan in der Hand, denn so formal er auch aufgebaut ist, man fühlt sich an jeder Wegkreuzung hin- und hergerissen. Es gibt keine Achse, an der sich alles ordentlich aufreiht, es sei denn, man betrachtet die beiden langen Alleen als solche, die – von der Parterrezone um das Schloß herum ausgehend – die Seenregion von der Laubenregion und diese von der Waldregion trennen.
Auch in Veitshöchheim befand sich einst ein Jagdhaus, dem seitlich ein Wildpark zugeordnet war. Ein Schlößchen ließ sich Fürstbischof Peter Philipp von Dernbach 1680 bis 1682 von Antonio Petrini bauen. Als Johann Philipp von Greiffenclau im Jahre 1699 zu Amt und Würden kam, fand er alles sehr vernachlässigt und beschloß, dem durch die Anlage eines Gartens entgegenzuwirken. Um das Schlößchen herum entstand eine Terrasse mit einem Parterre und ovalen Bassins davor sowie einer Auffahrtsallee. 1702 bis 1703 wurde der Große See angelegt, wahrscheinlich auch durch Petrini. Für den Kleinen See dahinter ist Johann Philipp Franz von Schönborn verantwortlich. Er wurde 1721 von Balthasar Neumann angelegt. Ursprünglich lief eine Balustrade ringsum, die leider verschwunden ist. Die künstliche Insel in der Mitte ist dagegen noch vorhanden.
Der erste Plan für diesen Garten stammt ebenfalls aus der Zeit von 1721 bis 1725. Balthasar Neumann baute 1749 bis 1753 noch einmal am Schloß. Es entstanden das Treppenhaus und zwei seitliche Flügel. Außerdem lieferte er einen weiteren Entwurf für den Garten. Der eigentliche Schöpfer des Rokokogartens ist jedoch Fürstbischof Adam Friedrich von Seinsheim. Dieser beschloß 1763 die Ausgestaltung, und was wir heute sehen, ist mehr oder weniger sein Werk. Offenbar hat der Fürstbischof hier seine eigenen Ideen verwirklicht und sich nur auf die Mithilfe seines Hofgärtners Georg Joseph Oth und dessen Sohn Johann Anton gestützt. Vielleicht hat er auch Johann Prokop Mayer zu Rate gezogen, der ja ab 1771 in Würzburg tätig war.
Der Fürstbischof änderte jedoch nichts an dem Ungleichgewicht des Gartens: keine große Auffahrt

führt zum Garten. Nur die kurze Allee vom Tor zur Terrasse, auf der das Schloß – eher ein Sommerhaus – inmitten des Parterres steht, und die Balustrade mit den Putten von Peter Wagner kamen hinzu.
Dieser Teil ist schmal und liegt am Rande, das Gebäude im hintersten Winkel.
Der eigentliche Garten erstreckt sich seitlich davon und ist von Mauern umgeben, die den Blick in die Landschaft nur durch ein Gittertor am anderen Ende erlauben. Es ist ein Rechteck, das in der Länge durch die Lindenallee geteilt wird, die die Seeregion von der Schattenzone trennt. Doch die Symmetrieachse läuft senkrecht dazu: vom westlichen Gittertor durch den ovalen Großen See und das Rondell zur im Krieg zerstörten Kaskade.

Der Inselberg im Großen See wurde 1765 aufgebaut. Sein Thema ist der Parnaß, der Berg der Musen und Apolls, von dem sich der einst vergoldete Pegasus in die Lüfte hebt. Ihn sowie zahlreiche andere Figuren um den See schuf der Bamberger Bildhauer Ferdinand Tietz. In keinem anderen Garten hat sich der Figurenschmuck so nahezu vollständig erhalten wie hier, auch wenn die Originale inzwischen in den Gartensaal des Mainfränkischen Museums nach Würzburg wanderten und durch Kopien ersetzt wurden. Wer immer Gartenplastik des 18. Jahrhunderts und das ihr zugrunde liegende Programm studieren will, kann es hier tun.
Die Wurzeln dafür liegen in Italien und Frankreich, voll ausgebildet wurde es unter Ludwig XIV., der sich nicht umsonst »Sonnenkönig«

Veitshöchheim, Rokokogarten.

nennen ließ: wie der Sonnengott Apoll war auch der König Mittelpunkt des Kosmos, Symbol für die harmonische Ordnung anstelle des Chaos, Beherrscher der Jahres- und Tageszeiten und damit auch der materiellen Fülle und des Überflusses. Daß Herrscher bei festlichen Umzügen Geld verstreuten, war eine damit zusammenhängende symbolische Handlung und beileibe kein Zeichen für Großzügigkeit im Umgang mit Geld. Wie denn überhaupt der im Barock – und in anderen Kulturen – so übertrieben erscheinende Prunk auch von den kleinen Leuten als Symbol für die Macht und Wohlfahrt des Landes betrachtet wurde und ein Politikum war.

Die kriegerische Stärke des Fürsten wurde durch eine andere Figur ausgedrückt: der des Herkules. Aber der spielt in Veitshöchheim keine hervorragende Rolle. Antike Götterstatuen stehen hier neben die Tageszeiten verkörpernden Putten, und in der Laubenregion tanzen Kavaliere und Hofdamen. Alles ist Anmut und Heiterkeit. Halbschatten herrscht zwischen den Laubengängen, die die Heckensäle und -kabinette verbinden. In der Waldregion öffnet sich nahe dem Schloß das Heckentheater, dessen Figuren der *commedia dell'arte* leider verschwunden sind. Am anderen Ende überrascht die Regelmäßigkeit des Lindensaales. Das Wäldchen dazwischen war ursprünglich als Irrgarten angelegt, der aber seit 1815 verfiel. Die vom Großen See ausgehende Achse teilt das Dickicht in zwei Hälften. Ein schmaler Weg hält beide zusammen. Er durchschneidet die zwei intimen Quellgärten und die beiden chinesischen Baldachinpavillons mit den steinernen Sitzen und Tischen. Die Stützen für die Dächer sind wie Palmen geformt, das zeltförmige Dach trägt ein Blätterbüschel und an den Ecken Ananasfrüchte – ein fantastischer Rastplatz, den Tietz hier 1768 schuf.

Die ovalen Quellgärten sind eingetieft, Tiergruppen nach Äsopfabeln stehen hier, und das Wasser rieselt leise. Die zerstörte Kaskade lag bereits außerhalb der Waldregion an einem schmalen, spitzzulaufenden Streifen, der sich nach Süden verbreitert und von einem Grottenbau abgeschlossen wird, dessen Obergeschoß als Belvedere den Ausblick in die Umgebung gestattet. Dieser Teil war offensichtlich ein Geländerest, der 1772 zu einem eigenen Garten gestaltet wurde. An schönen Tagen drängen sich in Veitshöchheim die Besucher. Wer die Menschenmassen vermeiden will, sollte zeitig am Morgen kommen, wenn die Luft noch klar und alles still ist, damit man die Wasser rieseln und die Blätter rauschen hören kann.

Wer den Umweg nicht scheut, kann von Veitshöchheim aus einen Abstecher über die B 27 bis Hammelburg und von dort über die B 297 nach *Bad Kissingen* und *Bad Bocklet* machen.

Bad Kissingen

Bad Kissingen ist ein typisches Bad aus der zweiten Hälfte des 19. Jahrhunderts, obwohl die Quellen schon im 18. Jahrhundert bekannt waren – eine wurde sogar entdeckt, als Balthasar Neumann 1737 den Lauf der Fränkischen Saale verlegte, um die Hochwasserbedrohung zu vermindern.

Die »Salinenschlösser« kamen 1767 bzw. 1788 hinzu, den Arkadenbau errichtete man 1834 bis 1838 nach Plänen des Architekten Friedrich von Gärtner. Doch der repräsentativste Park, der *Luitpoldpark,* entstand erst mit dem Luitpoldbad zwischen 1868 und 1880. Die bayerischen Könige förderten das Badeleben, und ihre fürstlichen Vettern gaben sich hier die Ehre. Auch Kaiserin Elisabeth von Österreich spazierte in ihrem gewohnten Eiltempo durch die Kuranlagen. Diese wurden in den letzten Jahrzehnten immer wieder erneuert und verschönt; langsam gleicht man sie wieder den Formen des ausgehenden 19. Jahrhunderts an.

Nach *Bad Bocklet* kann man von Bad Kissingen aus wie in alten Zeiten mit der Postkutsche fahren. Dieses biedermeierliche Bad liegt abseits der Fernstraßen und Bahnlinien. Es hat sich trotzdem zu einem sehr modernen Kurort entwikkelt. Der kleine *Kurpark* wurde 1793 angelegt, den Plan dazu gibt es noch. Auf ihm baute man in den folgenden Jahrzehnten auf, als Bocklet zu einem Modebad der Romantik wurde. In den Jahren nach 1950 machte man daraus so etwas wie einen »Barockgarten«, wozu vielleicht die beiden sich kreuzenden Alleen verführten. Es waren Ulmenalleen, deren Bäume krankheitshalber gefällt werden mußten. Seit 1984 ersetzt man sie durch dreißigjährige Linden und bemüht sich um eine Wiederherstellung der ursprünglichen Anlage anhand alter Pläne. Wenn man jetzt durch die Torhalle des Fürstenbaus in den Garten schaut, hat man noch das bunte Bild der Blumenrabatten vor Augen. Im Hintergrund befindet sich die Tempelhalle der Heilquelle, die 1724 gefunden wurde. Statuen stehen an den Seiten, und Fontänen schießen in den Gartenvierteln in die Höhe. Die Rückverwandlung dieses Gartens zu biedermeierlicher Beschaulichkeit wird den Charme von Bad Bocklet noch verstärken.

Zurück zu den Schönborn-Gärten. Die B 286 führt uns direkt zur nächsten Anlage: über Schweinfurt nach *Wiesentheid*.

Das ländliche Schloß ist ein Bau aus dem frühen 18. Jahrhundert und heute der Hauptsitz der Familie, deren Stammvater und Bruder all der geistlichen Herren in Würzburg, Bamberg, Trier und Bruchsal Rudolf Franz Erwein ist. Zu den Bauten aus dem 16. Jahrhundert fügte dieser 1708 bis 1724 das barocke Schloß hinzu und ließ 1715 den Garten im französischen Stil anlegen. Dazu gehörte das übliche Parterre und eine Orangerie, Pavillons und Wasserspiele. Und es gab 203 Figuren, die rundum verteilt waren. Sie wurden alle zerschlagen, als man den »unmodernen« Garten nach 1820 in einen Landschaftspark verwandelte.

Bad Bocklet

Der *Schloßgarten* ist zugänglich, das Schloß selbst nicht. Das ist schade für den, der den Blick aus dem Fenster in einen Garten liebt. Man schaut nämlich von dort weit über die große Wiese, die unregelmäßig von Bäumen und Baumgruppen gerahmt wird – ein wunderbar stilles Bild, vor allem im Spätherbst, wenn schon etwas Dunst darüberliegt. Aber die Sommertage haben in diesem wenig besuchten Park auch ihre Reize, wenn die helle Gartenfront immer wieder durch die Lücken zwischen den Bäumen herüberstrahlt.

Wiesentheid

Zur glanzvollsten Schönborn-Schöpfung in *Pommersfelden* kann man von hier aus über die Autobahn fahren; empfehlenswerter ist die kleine Landstraße parallel dazu über Geiselwind und Schlüsselfeld. Auf einem Hügel südlich des Dorfes liegt Schloß Weißenstein, ein imperialer Prachtbau als sommerlicher Familiensitz. Bauherr war Lothar Franz von Schönborn, der 1693 Fürstbischof von Bamberg geworden war und kurz darauf das Gut samt Wasserschloß vom letzten Truchseß von Pommersfelden persönlich vererbt bekam. Aus dem Wasserschloß, das am Fuß des Hügels beim Dorf lag, ließ sich nicht viel machen. Außerdem war Lothar Franz – seit 1695 auch Erzbischof von Mainz und damit der mächtig-

Pommersfelden, Schloß Weißenstein

Pommersfelden, Schloß Weißenstein.

ste Mann im Staat – am heftigsten von allen Schönborns von der Bauwut besessen. In Pommersfelden fand er endlich jungfräulichen Boden dafür. Die notwendigen Gelder erhielt er vom Kaiser selbst: 150 000 zweckgebundene Gulden als Dank für die Bemühungen um die Kaiserkrone für Karl VI. So war die Grundsteinlegung am Tage der Kaiserkrönung am 1. Oktober 1711 nur gerechtfertigt.

Die Pläne für den Bau des Schlosses stammten von Leonhard Dientzenhofer, dem Baumeister der Bamberger Fürstbischöfe. Das berühmte Treppenhaus – es ist wirklich ein eigenes Haus für die Treppe! – ersann Lothar Franz von Schönborn selbst, und Lukas von Hildebrandt steuerte die umlaufenden Arkadenemporen bei. 1718 war der Außenbau vollendet; die Innenausstattung dauerte länger. Hier ist vor allem die *sala terrena* von Bedeutung, die unter dem Kaisersaal liegt und zu der ein paar Stufen aus dem Treppenhaus hinunterführen. So steht man plötzlich in einer Grotte, deren Wände mit Muschelwerk und Glimmer überzogen sind, über die aus mehrschaligen Brunnen Wasser läuft. Zu beiden Seiten schließen sich kleine Räume an, in denen nur auf die großartige Illusionsmalerei von Giovanni Marchini hingewiesen werden soll. Für Gartenliebhaber sind im linken Raum die verblassenden Darstellungen vom Obstanbau an der Fensterwand viel interessanter.

Zum Garten hin öffnete sich der Grottensaal mit Fenstertüren. Von hier trat man hinaus auf die oberste Terrasse, der weitere hangabwärts gegen das Dorf hin folgten. Jetzt sind die Türen verschlossen, und statt der Terrassen zieht sich eine riesige Grasfläche den Hang hinunter.

Man muß zurück in den Ehrenhof. In der Mitte füllt ihn ein kleines Parterre, und gegenüber schließt ihn das Marstallgebäude ab, das 1714 bis 1716 nach Plänen von Maximilian von Welsch erbaut wurde.

Dahinter liegen übrigens alte Wirtschaftsgebäude, die man zu einem Hotel umgebaut hat.
Maximilian von Welsch plante auch den französischen Garten, von dem wir nur noch durch die Kupferstiche Salomon Kleiners wissen. Lothar Franz von Schönborn gab sie gleich nach Fertigstellung des Gartens in Auftrag. Kopien davon hängen im kleinen Schloßrestaurant.
Der Garten wurde zwischen 1715 und 1720 angelegt. Er war nur so breit wie die Gartenfront. Bis hinunter waren es vier Terrassen, und unten nahmen zwei große rechteckkige Bassins den Raum bis zum Dorf ein. Treppenanlagen führten hinunter, und kleine Kaskaden vermittelten zwischen den Ebenen. Diese erste Anlage wurde von Fürstbischof Friedrich Carl verbreitert und 1786 etwas anglisiert; aber erst um 1830 verwandelte man ihn in einen Landschaftsgarten mit der großen Wiese vor der Gartenfront.
Diese ungegliederte Fläche macht so richtig bewußt, wie wenig sie zu der straffen Gliederung eines barocken Bauwerks paßt. Für die maßvoll klassische Architektur in Norddeutschland und in England mögen »natürliche« Wiesen den rechten Rahmen bilden. Schloß Weißenstein ist jedoch vom Süden beeinflußtes Barock, und man vermißt den Garten schmerzlich. Doch er ist unwiederbringlich verloren. Außerdem befindet sich der Park leider in keinem guten Zustand, da der Besitz immer noch der Familie gehört und alle verfügbaren Gelder gemäß seiner Bedeutung für die Kunstgeschichte primär dem Bau zugute kommen. Dem Gartenliebhaber bleibt dabei immerhin der Gartensaal, dessen Bedeutung als Grottenarchitektur in Deutschland nicht übertroffen wird. Und in einem Kabinett zwischen großer und kleiner Galerie hängen einige selten schöne »Blumenstücke« – Gemälde zumeist von Niederländern des 17. Jahrhunderts. Es wundert immer wieder, was an Blüten damals schon bekannt war.

Bamberg

Nach *Bamberg* sind es über die Schnellstraße nur sechsundzwanzig Kilometer. Die meisten Besucher werden ihre Schritte hier wohl hinauf zum Dom lenken und jenem unvergleichlichen Platz, der von ihm, der Alten Hofhaltung und der Neuen Residenz gebildet wird.
In einem Winkel, den die unregelmäßigen Flügel der Neuen Residenz bilden, liegt der *Rosengarten*. Hier befand sich schon gegen Ende des 16. Jahrhunderts ein Renaissancegarten, der zur Stadt hin durch eine Mauer abgefangen wurde. Als Lothar Franz von

Bamberg, Rosengarten und Michaelsberg

Schönborn 1693 zum Fürstbischof gewählt wurde, beauftragte er Leonhard Dientzenhofer mit dem Ausbau der Neuen Residenz, der im wesentlichen 1730 vollendet war. Im Garten begnügte man sich im Jahre 1703 vorerst mit der Mauer zum Hof. Gleichzeitig setzte man auf die Substruktionen, die das Terrain vor dem Abrutschen ins Tal bewahrten, statt der bis dahin schlichten Mauer jene Balustrade, von der aus man einen zauberhaften Blick über die Stadt hat.

Die symmetrische Anlage, die bis heute fast unverändert erhalten geblieben ist, wurde von Friedrich Carl von Schönborn 1733 bei Balthasar Neumann in Auftrag gegeben. Dabei wurde der Garten um das hintere Stück vergrößert, auf ein einheitliches Niveau gebracht und die Terrasse angelegt. Damals entstand das axiale System der Wege, das Rondell mit dem Bassin und den umlaufenden gestutzten Linden. Gestutzte Bäume säumen auch die Längsseiten des Gartens an der Hofmauer und an der Balustrade. Der Gartenpavillon kam 1757 hinzu; in seinem Mittelsaal und den Nebenräumen wurde ein Café eingerichtet. Ein chinesisches Haus wurde abgerissen, die Skulpturen sind nur noch Kopien. Die Originale von Ferdinand Tietz von 1760 fanden Schutz in der Residenz und im Historischen Museum.

»Rosengarten« ist indessen eine recht junge Bezeichnung. Hier stehen seit Kriegsende nur moderne Züchtungen in den buchsumfaßten Beeten: eine publikumswirksame Bepflanzung, die in allen Farben leuchtet und an heißen Sommerabenden einen zarten Duft verströmt.

Schloßpark von Seehof

Im Süden der Stadt ziehen sich über zwei Kilometer entlang der Regnitz der *Theresienhain* und der *Luisenhain*. Ihre Anfänge gehen zurück bis 1440, als die Müller der Stadt den Mühlgraben aushoben und die Aufschüttung mit Eichen bepflanzt wurde. »Mühlwörthwald« hieß das Gebiet. 1803 erwarb der neue Landesherr Bayern den unteren Mühlwörthwald, und König Max I. Joseph gab den Auftrag, daraus zum Wohle der Bürger Bambergs eine Anlage im englischen Stil zu gestalten. Diese Anlage war erst 1816 fertig und erhielt der Kronprinzessin zu Ehren den Namen »Theresienhain«.

Den oberen Mühlwörthwald erwarb die Stadt Bamberg im Jahre 1825. Nach der Ausgestaltung zum Landschaftspark erhielt dieser Teil den Namen »Luisenhain«, ebenfalls nach einer bayerischen Prinzessin.

Schon in den Jahrzehnten zuvor muß der Mühlwörthwald ein Ausflugsziel gewesen sein, denn ein fürstbischöfliches Jägerhaus auf dem Buger Ufer an der Landungsstelle der Fähre über die Regnitz wurde bereits 1764 in ein Wirtshaus umgewandelt, in dem auch der romantische Dichter, Komponist und im Alltag Jurist E. T. A. Hoffmann verkehrte. Das Hoffmann-Zimmer erinnert daran. An die Anfänge als Eichwald erinnert indessen eine Anpflanzung von zwanzig verschiedenen Eichenarten an der Schillerwiese im Luisenhain. Hier steht auch ein Halbrundtempel, den man aus dem nahegelegenen Seehof herüberbrachte. Ein zweiter Tempel von dort, der Druiden- oder Belvederetempel, fand schon 1804 im Theresienhain einen Platz. Dahinter steckt ein trauriges Kapitel von Gartenzerstörung. Aber dazu müssen wir nach *Memmelsdorf* nordöstlich von Bamberg an der B 505 in Richtung Bayreuth. Der *Schloßpark von Seehof* ist ebenfalls ein Garten der Schönborns. Ein bischöflicher Ökonomiehof bestand dort seit 1426. Antonio Petrini erbaute 1687 bis 1696 das würfelförmige

Schloß Seehof.

Jagdschloß auf einer nach allen Seiten hin abfallenden Sanddüne. Die erste Gartenplanung geschah unter Marquard Sebastian Schenk von Stauffenberg, und schon vor Baubeginn wurde 1683 bis 1684 die als Hauptachse gedachte Ost-West-Allee angelegt. 1689 erscheinen die ersten großen Ausgaben für den Garten und die Baumschule in den Rechnungsbüchern.
Als Lothar Franz von Schönborn im Jahre 1693 Fürstbischof wurde, trieb er die Anlage des Gartens weiter voran. 1698 wurde der Hang auf der Südseite terrassiert und bepflanzt, anschließend die Parterres an den anderen Seiten des Schlosses angelegt. Vor jeder Fassade breiteten sich je vier Broderiebeete aus, die im Osten und Westen durch je zwei Boskette abgeschlossen wurden. Durch das westliche zog sich die Zufahrtsallee von Bamberg, so daß man das Schloß erst sah, wenn man die Bäume hinter sich gelassen hatte.
Im Süden und Norden waren die Parterreanlagen durch Baumreihen abgeschlossen und damit auch von der Umgebung getrennt. Das bedeutete, daß die Seeniederung im Süden nicht in das Konzept eingeschlossen war. In den Parterres gab es zudem keine Fontänen oder sonstigen Wasserspiele; die Wasservorräte erlaubten dies nicht. Dafür hatte Lothar Franz ein Heckentheater errichten lassen, damals nach Herrenhausen das zweite auf deutschem Boden.
Nach dem Tod Lothar Franz von Schönborns im Jahre 1729 wurde sein Neffe, bis dahin Reichsvize-

kanzler in Wien und ein besonderer Gönner Lukas von Hildebrandts, den er zu Beratungen auch innerhalb der Familie immer wieder empfohlen hatte, zum Fürstbischof von Bamberg gewählt. Er trieb die Vervollkommnung der Seehofer Gärten weiter. Auf ihn geht die Herausarbeitung der Südfassade zur Hauptfront zurück – sein Onkel hatte alle Fassaden gleichwertig behandelt. Dadurch entwickelte sich die Nordsüd-Achse zur Hauptachse und verband nun auch das Schloß über dem Garten mit dem Wasser am Fuß des sandigen Hügels. Im Norden entstanden zu beiden Seiten des Memmelsdorfer Tores 1733 bis 1737 die Orangerien nach Plänen von Balthasar Neumann.

Zum weitgerühmten Rokokogarten wurde Seehof dann in den Jahren 1755 bis 1779, als Adam Friedrich von Seinsheim Fürstbischof sowohl von Bamberg als auch von Würzburg war. Der Garten blieb sozusagen in der Familie, denn Seinsheim war wiederum ein Neffe Friedrich Carl von Schönborns.

Wäre Seehof so erhalten geblieben wie Veitshöchheim, dann hätten wir Seinsheim einen zweiten vollendeten Rokokogarten zu verdanken. Er ließ die großartige Treppenanlage hinunter zum Figurenweiher anlegen. Auf halber Höhe entstand um 1765 die Große Kaskade, für die Ferdinand Tietz die Figuren schuf, desgleichen die Figuren zu den beiden künstlichen Inseln im Figurenweiher, dem mittleren am Fuß des Hanges.

Seinsheim sorgte auch endlich für eine ausreichende Wasserzufuhr: er ließ eine sieben Kilometer lange Leitung installieren, damit im Garten endlich jene Fontänen in die Luft springen konnten, die schon 1731 in die Kupferstiche Salomon Kleiners eingezeichnet worden waren. Vor allem aber wurde unter Seinsheim der Park weiterhin mit Figuren von Ferdinand Tietz ausgestattet. Über 400 waren es schließlich. Nachfolger von Seinsheim war der sozial sehr engagierte Fürstbischof Franzl Ludwig von Erthal, dem die graziöse Leichtfertigkeit der antiken Götterwelt derart zuwider war, daß er 367 der Statuen abbauen und in einem Schuppen einlagern ließ. Das war der Anfang vom Ende. 1802 kam Bamberg zu Bayern, und da man keinen Verwendungszweck dafür fand, wurde der Besitz verpachtet, die restlichen Figuren abmontiert und stückweise zum Materialwert verschleudert.

1840 erwarb die Familie von Zandt Schloß und Gut. Doch das Vermögen der Familie reichte nicht aus, um Schloß und Garten wenigstens in der vorgefundenen Form zu erhalten. Ein Teil des Gartens wurde umgepflügt und die Weiher trokkengelegt.

Die neuen Denkmalpflegegesetze ermöglichten es schließlich 1975 dem Staat, Seehof zu erwerben und dort wenigstens einen Teil zu restaurieren. Man geht dabei zurück auf die Form unter Fürstbischof Seinsheim, denn wenn es auch wegen der Verwilderung so aussieht: einen Landschaftsgarten hat es dort nie gegeben. So werden ein Teil der zurückerworbenen Figuren wieder Aufstellung finden, der Figurenweiher ist mit Wasser und seinen Figuren gefüllt, das barocke Seegitter wurde konserviert, und die Kaskade wird weiter instandgesetzt. Vielleicht gibt es dort sogar bald wieder das Heckentheater. Aber die Arbeiten am Park werden sich noch lange hinziehen. Wer öfter hereinschaut, kann sich vom Fortschritt überzeugen. Das Wiedererwachen eines Gartens zu beobachten, ist ein spannendes Abenteuer.

Die Gärten zwischen Coburg und Bayreuth

Coburg scheint heute am Rande der Welt zu liegen. Tatsächlich lag es einmal mitten in Deutschland und hat eine historisch bedeutsame Vergangenheit. Sächsische Herzöge regierten hier, und seit 1826 führte das Haus die offizielle Bezeichnung »Sachsen-Coburg-Gotha«. Die Verbindung zu Gotha ist allerdings seit 1945 zwangsläufig abgeschnitten.

Die Coburger waren im 19. Jahrhundert mit fast allen wichtigen Familien verschwägert oder in irgendeiner Form auf die Throne anderer Länder gelangt. Am berühmtesten wurde Prinz Albert, der 1840 seine Cousine, die spätere Königin Victoria von England heiratete.

Die Verbindungen zu England sind sogar noch älter, und vielleicht liegt hier ein Grund, warum das 1543 begonnene Stadtschloß Ehrenburg ab 1816 in englischer Neugotik neue Fassaden erhielt. Den zugehörigen *Hofgarten* ließ erst Herzog Ernst II., der Schwager von Königin Victoria, nach 1844 anlegen. Er zieht sich von den Arkaden am Schloßplatz den Hang zur Veste hinauf – und wirkt mit seinen Wiesenflächen und Baumgruppen mehr als Landschaft. Auf halber Höhe liegt das alte Naturkundliche Museum, das auch in jenen Jahrzehnten eingerichtet wurde und die neue wissenschaftliche Betrachtungsweise der Natur signalisiert. In Stadtnähe gibt es in einem älteren Teil seit 1962 einen neuen Rosengarten. Für gar zu empfindliche Gewächse ist das Coburger Klima zu rauh. Trotzdem findet man hier einige seltenere Bäume und vor allem immer wieder schöne Ausblikke.

Coburg

Fünf Kilometer nordöstlich bei Rödental liegt das *Schloß Rosenau*. Dieser ebenfalls neugotische Bau war eine der Sommerresidenzen der Herzöge. Königin Victoria schilderte begeistert das so romantisch in einem Wiesental liegende Schloß. Der Blick aus den Fenstern auf die Fontäne und den Landschaftspark dahinter hatte es ihr besonders angetan. Dieser Garten soll jetzt nach jahrelanger Zweckentfremdung restauriert werden. Coburg wäre damit um eine Attraktion besonders für englische Besucher reicher.

Schloß Rosenau bei Rödental

Nahe bei Coburg liegt auch das *Schlößchen Neuhof*. Es ist eine alte Wasserburg aus dem 14. Jahrhundert, die in der zweiten Hälfte des 19. Jahrhunderts umgebaut wurde und einen kleinen Landschaftspark erhielt. Man hat ihn zum Vergnügen der Besucher – es gibt dort ein Restaurant – mit Volieren ausgestattet. Wie wir schon öfter gesehen haben, liebte auch das 19. Jahrhundert solche Bereicherungen.

Schloß Neuhof

Von Coburg und dem 19. Jahrhundert nach Bayreuth und zurück ins 18. Jahrhundert. Dorthin gelangen wir über die B 4, nehmen die B 269 nach Lichtenfels und Burgkunstadt und biegen dann rechts auf eine

Schloß Rosenau.

Nebenstraße nach Stadelhofen ab. Dort geht's weiter in Richtung Hollfeld; doch wir wenden uns vorher links ab nach Wonsees und in Wonsees wiederum nach links auf die Straße nach *Sanspareil.* Das Dorf mit dem französischen Namen schart sich unterhalb der Burg Zwernitz, die man schon lange vorher liegen sieht. Die Burg gehörte den Markgrafen von Bayreuth und damit einer Seitenlinie der Hohenzollern. 1731 war die älteste Tochter des preußischen Königs, Wilhelmine (1709–1758), mit dem Bayreuther Erbprinzen verheiratet worden. Sie war die Lieblingsschwester des großen Friedrich, eine ungewöhnlich gebildete Frau mit vielen musischen Talenten. Sie hatte von ihrer Großmutter Sophie Charlotte, die den ersten Garten am Schloß Charlottenburg anlegte, sowie der Urgroßmutter Kurfürstin Sophie von Hannover, der wir Herrenhausen verdanken, die Liebe zu den Gärten geerbt.

Sanspareil

Die Enkelin Wilhelmine hat sich gleich mit vier Gärten die Nachwelt zu Dank verpflichtet. Der *Felsengarten Sanspareil* ist der ungewöhnlichste davon und seiner Zeit weit voraus. Eigentlich ist es kein richtiger Garten, sondern eher eine Freilichtbühne mit den Kulissen für Fenelons Roman »Telemaque«. Ein literarisches Programm liegt also der Anlage zugrunde und nicht wie bei allen anderen Gärten jener Zeit und noch Jahrzehnte später ein die Natur architektonsich organisierendes Schema. Der Unterschied zu den Grotten- und Felsengärten der Spätrenaissance liegt darin, daß der Stein nicht umgeformt, sondern das von der Natur vorgegebene Material belassen und nur ausgedeutet wurde. Hier am Nordosthang der Burg hatten sich merkwürdig skurrile Felsformationen gebildet, die schon lange bekannt waren und die Fantasie der Betrachter anregten.

Schon 1604 hatte der Humanist Friedrich Taubmann diesen Buchenhain mit Ithaka, der Heimat des Odysseus verglichen, den zu suchen sein Sohn Telemachos ausgezogen war. 1744 dachte man zuerst an die Anlage eines Wildgeheges, aber dann setzte sich Wilhelmine mit ihren Vorstellungen durch: der bewaldete Ausläufer des Burghügels wurde zur Zauberinsel Ogygia der Nymphe Kalypso, die Odysseus sieben Jahre lang festhielt und dasselbe mit Telemachos vorhatte, der auf der Suche nach seinem Vater hierher kam und nur durch die Klugheit seines weisen Begleiters Mentor, hinter dem sich die Göttin Athene verbarg, der Insel entkam.

Am 15. September 1745 schrieb die Markgräfin an ihren königlichen Bruder: »Die Lage des Ortes ist einzig. Die dort aufgeführten Bauten sind von sonderbarem Geschmack. Die Natur selbst war die Baumeisterin.«

Diesen Eindruck hat man auch heute noch, trotz der Eingriffe im 19. Jahrhundert und trotz der kleinen Straße nach Thurnau, die den Zugang von der Burg her schneidet und durch den Waldrand läuft. Mitunter zerreißen schwere Motoren mit ihrem Lärm die Stille. In glücklichen Momenten fühlt man sich dort jedoch noch auf einer Insel – etwa wenn an Wochentagen niemand zu sehen ist, das Rauschen des Buchenlaubs wie fernes Meeresrauschen klingt und feuchter Dunst die freien Felder ringsum ins Schemenhafte auflöst, als sähe man das Meer zwischen den Bäumen schimmern. An heißen Sommertagen indessen, empfindet man die Grotten doppelt angenehm. Sie tragen kleine Tafeln mit ihren Namen und regen die Fantasie an: Pansitz, Dianengrotte, Vulkanshöhle. Dann ist da der Tanzplatz, an dem einmal ein Treillagepavillon als Tanzsaal stand. Möglicherweise gab es hier sogar eine kleine geometrische Anlage mit Laubengängen.

Vom Belvederefelsen, zu dem Steinstufen mitten im Wald führen, schaut man hinunter auf diesen nur noch als Lichtung erhaltenen Platz. Von hier steigt das Terrain zur Kalypso-Grotte etwas an und schon steht man vor dem Felsenbogen, unter dem die Zuschauer des Ruinentheaters saßen.

Das Theater wurde 1744 von dem in Bayreuth auch sonst viel beschäftigten Architekten Joseph Saint-Pierre erbaut, eine antike Theaterruine aus Felsbrocken mit einem Orchestergraben davor. Manchem Besucher wird bei seinem überraschenden Anblick das Felsentheater in Hellbrunn bei Salzburg einfallen; doch das ist viel größer und wurde bereits 1610 in den Fels gehauen. Hier in Sanspareil ist nur der Felsenbogen Natur. Die Bühnengassen, der Hinter-

Sanspareil, das Felsentheater.

grund und alles andere wurden hinzugefügt.
Ein Jahr zuvor entstand ein ähnliches Theater draußen in der Eremitage Bayreuths; beide blieben die einzigen ihrer Art. Was es sonst an kleinen ruinenartigen Bauten gab, ist zum Teil verschwunden. Wer sich davon überzeugen will, wie der Felsengarten im 18. Jahrhundert ausgestattet war, findet zwei Stichfolgen (von 1748 und 1794) im Ruhezimmer des Morgenländischen Baues.
Dieses von außen wie eine Grotte mit Bergkristallen, bunten Glassteinen und Glimmer inkrustierte Bauwerk datiert von 1746 bis 1747. Der Architekt war wieder Joseph Saint-Pierre, die Idee stammte von der Markgräfin. Innen scharten sich kleine, elegante Räume um einen winzigen Hof, aus dem eine Buche in den Himmel strebt. »Morgenländisch« – nämlich orientalisch – wirkt er durch die Kuppel. Er ist damit ein frühes Beispiel seiner Art und vielleicht nur durch die intensive Verbindung der Markgräfin mit Österreich zu verstehen.
Vor dem Morgenländischen Bau, der etwas erhöht mit dem Felsen als Hintergrund steht, breitet sich seit kurzem wieder eine kleine, versenkte Parterreanlage aus. Die flankierenden Bauten wurden längst abgebrochen, doch ein Teil des gegenüberliegenden Küchenbaus steht noch und ist mit seinen Sitzplätzen im Freien der rechte Ort, das romantische Bild von Grottenbau, Bäumen und Felsen in sich aufzunehmen.

Donndorf

Nach Bayreuth nehmen wir denselben Weg, den auch die Markgräfin Wilhelmine gefahren ist: über Wonsees nach Hollfeld und von dort auf die B 22. Kurz vor Bayreuth kommen wir durch *Donndorf*, wo rechter Hand ein altes Gittertor zum Park *»Fantaisie«* einlädt. Folgt man der Einladung, so steht man nach wenigen Schritten plötzlich auf einer kiesbestreuten Terrasse an einer Balustrade und schaut einen steilen Hang hinunter in ein enges Tal. Ein kleiner See scheint es ganz auszufüllen, ein Schwan zieht über die Wasserfläche, und am gegenüberliegenden Ufer verfällt ein halb über das Wasser ragendes Teehaus. Dahinter steigt ein bewaldeter Hang auf, der einst dazugehörte.
Dies ist der letzte Garten, den die Markgräfin zumindest begonnen hat. 1758 wurde der Besitz angekauft und noch im selben Jahr Schloß und Park nach den Angaben Wilhelmines begonnen. Doch sie starb im Herbst des Jahres. Der Markgraf – die anfangs gute Ehe hatte in höflicher Distanz geendet – heiratete bereits im folgenden Jahr wieder und überließ Donndorf seiner zweiten Frau als Sommersitz. Er selbst starb 1763, und die Markgrafschaft fiel an die Hohenzollern-Verwandten in Ansbach.
Donndorf übernahm seine Tochter Friederike Sophie, die 1732 geboren und 1748 mit dem noch sehr jungen Herzog Karl Eugen von Württemberg verheiratet worden war. Sie verließ ihn nach einer kurzen, demütigenden Ehe 1756 wieder. Geschieden wurde das Paar jedoch nie, und so mußte der Herzog bis zum Tode seiner eigensinnigen Frau im Jahre 1780 warten, bevor er seine Geliebte, die Gräfin Hohenheim, heiraten konnte.
Friederike Sophie befaßte sich inzwischen mit »Fantaisie« – der Name geht auf sie zurück. Das Schloß war 1765 vollendet worden. Auch die grottenartige Stützmauer zu dem seitlich am Hang liegenden ehemaligen Parterre scheint aus dieser Zeit zu stammen. Eine Balustrade krönt die Mauer, und unten am Weg sind zwei Steinbänke eingearbeitet, die auf Grottengetier ruhen. Schon allein um dieser Bän-

Donndorf. Auf Grottengetier ruhende Steinbank im Park „Fantaisie".

ke willen sollte »Fantaisie« bekannter sein.

Kurze Zeit nach Friederike Sophies Tod war »Fantaisie« Privatbesitz, dann kaufte es ihr württtembergischer Schwager Friedrich Eugen, der schließlich 1793 bis 1795 Nachfolger seines Bruders wurde und dessen Sohn Friedrich Wilhelm der erste König von Württemberg war. Er widmete die weiter hangabwärts liegende etruskische Grabanlage – in den Fels gehauene Grabkammern – dem Andenken seiner Eltern. Wo der breite Weg von der Terrasse hinab das Tal erreicht, erinnert eine Tafel an russische Offiziere der Befreiungskriege. Von dort schimmert eine Wiese durch die Bäume. An ihrem Rand entdeckt man in einem Winkel eine Kaskadenquelle.

Ein Teil der Ausgestaltung als Landschaftsgarten geschah unter Friedrich Eugen, eine dritte Gestaltungsperiode erlebte der Garten zwischen 1890 und 1900, als ein reicher Privatmann die Gartenelemente des ausgehenden 19. Jahrhunderts hinzufügte. Seitdem führt »Fantaisie« ein verwunschenes Dasein im Schatten der soviel berühmteren Eremitage, die zugegebenermaßen künstlerisch bedeutender ist. Doch »Fantaisie« hat den Vorteil der Einsamkeit und damit den Charme eines schlafenden Dornröschens. Soll man ihm wirklich einen Prinzen wünschen, der es wachküßt?

Bayreuth

Es gibt Menschen, denen bei dem Namen *Bayreuth* nicht unbedingt gleich Richard Wagner einfällt. Außerhalb der Festspielzeit erinnert diese Stadt mehr an das Rokoko und an die Markgräfin Wilhelmine. Die ersten Jahre ihrer Ehe verbrachte die Markgräfin im Alten Schloß, bis es 1753 durch einen Brand zerstört wurde. Markgraf Friedrich beschloß einen Neubau an anderer Stelle: das Neue Schloß. Ein paar Häuser und sogar eine Kirche wurden angekauft und umgebaut. Die Markgräfin entwarf ihre Zimmer selber: sehr intime kleine Räume, in bestem Bayreuther Rokoko dekoriert. In manchen scheinen die Treillagen des Gartens ins Innere genommen, im Speisesaal dinierte man gar unter Palmen. Vom Musikzimmer der Markgräfin schaut man in ihren Privatgarten, vom Palmenzimmer auf die seitlich verschobene Hauptachse des *Hofgartens* mit dem Kanal; davor lag das kleine Parterre mit vier Statuen. Die Gartenwohnung im Südflügel ist auf die Nebenallee gerichtet, und im Italienischen Bau, den Markgraf Friedrich für seine zweite Gemahlin bis 1764 errichten ließ, haben die Hauptzimmer im Erdgeschoß einen direkten Zugang zum Garten – noch ungewöhnlich in dieser Zeit.

Insgesamt gibt es sechs Garten- und Spalierzimmer in diesem Neuen Schloß. Das Spalierzimmer neben dem Palmensaal fällt dabei durch drei eingelassene Wandbilder auf: Ausschnitte aus chinesischen Gärten, wobei das mittlere einen der typischen durchlöcherten Steine vom Tai-See zeigt. Im Erdgeschoß des Verbindungsbaues zum Italienischen Bau liegen die Grottenzimmer, und den Schlußpunkt bildet das Blumenzimmer im Italienischen Bau.

Hofgarten

Selten ist der Bezug zum Garten in einem Residenzschloß so ausgeprägt. Trotzdem konnte der *Hofgarten* nur schwer auf das Schloß ausgerichtet werden. Die vorhandenen Gartenanlagen ließen dies nicht zu. 1580 gab es hier einen Obst- und Gemüsegarten, den Markgraf Georg Friedrich seiner zweiten Frau Herzogin Sophie von Lüneburg schenkte. Um 1610 wurde daraus ein Lustgarten mit Blumenbeeten. 1680 erweiterte man den Garten und fügte eine Grotte, einen Brunnen, eine Orangerie und ein Haus für Ballspiele hinzu. Zwei parallellaufende Alleen wurden angelegt, die heute noch existieren. Die nördliche Lindenallee begann bei einem großartigen schmiedeeisernen Tor und lief an der »Pallmalje« oder »Mailbahn« entlang, einem Grasstreifen für ein Spiel ähnlich dem Croquet.

Diese Allee bildete die Hauptachse des Gartens und führte über das Schießhaus hinaus zur Eremitage. Die parallele Nebenallee endete einst beim Küchengarten. Die Häuser, die der Markgraf nach dem Brand des alten Schlosses erwarb, lagen am Rand dieses Gartens, der nun erweitert und ausgestaltet wurde.

1755 wurde der Kanal ausgehoben, er war die neue Hauptachse. Er bildete jedoch nicht die Fortsetzung der architektonischen Achse des Schlosses und führte auch nicht den Blick über den Garten hinaus in die Weite, sondern bog an seinem Ende ab wie ein Fluß.

Vier Blumeninseln lagen darin, die größte mit Laubengängen um eine Voliere. Es scheint, daß eine Figurengruppe für dieses Eiland vorgesehen war. Eine Kopie der Potsdamer Gruppe: »Triumph des Neptun und der Amphitrite« von Johann David und Lorenz Wilhelm Rantz. Aber sie wurde nie aufgestellt. Man fand sie zufällig 1889 und verteilte ihre Elemente zu Beginn unseres Jahrhunderts überall im Garten und im Kanal. Derart vereinzelt, kommen die Figuren um ihre Wirkung. Nur an düsteren Regentagen entfalten die mit dem Wasser kämpfenden Rösser eine gewisse Dramatik.

Dieser zu Beginn formale Garten besaß sein Parterre vor der Front des Südflügels, wovon nur das ovale Bassin übriggeblieben ist. Blumen gab es einst versteckt in separaten Gärtchen, besonders in jenem Teil, der »Mohren« oder »Indianischer Garten« genannt wurde. Die Markgräfin hatte ihn selbst entworfen. Er lag vor der Front des später errichteten Italienischen Baus, reichte bis zur zweiten Insel im Kanal und war ausgestattet mit einem Bach, einem kleinen See, einer Köhlerhütte, einer Einsiedelei, einer Strohhütte und gewundenen

Pfaden – eine bemerkenswert frühe landschaftliche Gestaltung, die vor 1758 angelegt sein muß.
Der Privatgarten der Markgräfin vor ihrem Appartement im Nordflügel war mehr ein botanischer Garten mit seltenen Pflanzen.
Die Umgestaltung des Hofgartens in eine Art Landschaftsgarten geschah im Jahre 1789. Dabei verschwand auch der Indianische Garten.
Als Bayreuth im Jahre 1791 an Preußen fiel, mußte die Anlage vereinfacht werden; ein Drittel wurde sogar verkauft. Doch König Friedrich Wilhelm III. gab schon 1799 den Befehl, den Hofgarten als ein »Beispiel schöner Gartenarchitektur« zu bewahren, und ließ ihn gleichzeitig öffnen. Schon zuvor war den Bürgern der Zutritt erlaubt worden, »ausgenommen Kindern unter 14 Jahren ohne Begleitung eines Erwachsenen«. Heute kann man übrigens vom Hofgarten in den Garten Richard Wagners schlüpfen. Es gibt wohl selten eine merkwürdigere Verbindung des 18. mit dem 19. Jahrhundert.

Eremitage

Der vierte und schönste Garten, in dem sich die Markgräfin Wilhelmine verewigt hat, ist die *Eremitage*, sechs Kilometer außerhalb der Stadt. Ihre Geschichte geht zurück auf das Jahr 1616, als Markgraf Georg Wilhelm das Gelände kaufte, um einen Wildpark anzulegen. Der protestantische (!) Markgraf ließ hier eine Einsiedelei errichten, wo die Hofleute mit ihm nach mönchischen Regeln als Eremiten leben mußten. Das Alte Schloß mit seinen mönchszellenartigen Stuben

Bayreuth, Eremitage.

rings um einen kleinen Gartenhof wurde 1715 erbaut. Den wie ein Parterre gestalteten Hof erreichte man ursprünglich durch einen grottenartigen Eingang, über einen Grottengang und eine ingeniöse Grotte. Auf diesem Weg mußte man immerfort auf der Hut vor unerwarteten Wassergüssen sein – eine Spielerei, wie sie schon aus den Gärten der Renaissance bekannt und zum großen Vergnügen der Besucher in Hellbrunn bei Salzburg noch vollkommen intakt ist.
In der Bayreuther Eremitage haben wir somit die nördlichste und jüngste dieser Grotten. Rings um das Alte Schloß wurden 1718 bis 1726 unregelmäßige Bosketts und Alleen angelegt, die aber alle nicht auf seine Achsen bezogen waren. Es gab einen Irrgarten und eine Kaskade hinab zum Main. Man hat sie in den letzten Jahren ausgegraben, restauriert und damit den Ausblick in die Umgebung wieder geöffnet. Bis auf den kleinen geometrischen Bezirk dicht am Alten Schloß blieb die »Wildnis« erhalten.
Um den Eindruck zu steigern, waren weitere Einsiedeleien am Nordhang im Wald verstreut. Nicht einmal die Zufahrtsallee lief direkt auf das Schloß zu, sondern im rechten Winkel an ihm vorbei. Gewundene Pfade durchzogen von Anfang an das Gelände. Wahrscheinlich legte man damals auch schon den Gürtelweg an, wie er als »belt« im englischen Landschaftsgarten üblich war: ein Pfad am Fuß des Hügels, auf dem der Park liegt, der dem Lauf des Flusses um den Hügel herum folgt und den Blick in die Landschaft freigibt.
Diese Hinterlassenschaft seines Großvaters schenkte Markgraf Friedrich im Jahre 1735 seiner Gemahlin Wilhelmine, und sie gestaltete sie weiter. Zuerst wurde das Alte Schloß umgebaut und erweitert. Der Eindruck, es sei aus Felsbrocken zusammengesetzt, blieb jedoch bestehen. Dann wurden überall im Gelände künstliche Ruinen errichtet. Sieben sind es gewesen. Erhalten blieben die Tempelruine, das antike Grabmal und in der Nähe das Ruinentheater.
1743 war das Theater fertiggestellt. Im Unterschied zum Felsentheater in Sanspareil wurde sein Charakter als antiker Überrest stärker gewahrt, nur der Bühnenhintergrund ist offen.
Einen weniger antiken Eindruck macht die ruinöse Einsiedelei des Markgrafen an der Unteren Grotte. Aber die Untere Grotte bezieht sich voll darauf und zwar nicht nur in der Architektur, sondern auch im Figurenprogramm.
Kaum waren diese Bauten 1744 abgeschlossen, beschäftigte sich die Markgräfin mit einem neuen Plan. 1749 bis 1753 entstand neben dem Alten Schloß – doch ohne jeden Bezug dazu – anstelle des Irrgartens das Neue Schloß. Auf einem gedachten Oval stehen ein runder Kuppelbau und zwei Zirkelbauten. Alle Außenmauern sind wie Grotten mit bunten Glassteinen, Kristallen und Tuffsteinen überzogen. Ursprünglich waren sie wie Arkaden nach vorn geöffnet und sollten die Menagerie aufnehmen. Aber dieser Gedanke wurde schnell aufgegeben, das Ganze geschlossen und zu Wohnzwecken eingerichtet. Laubengänge vervollständigen das Oval zu einem in sich geschlossenen Garten, in dessen Mitte ein Bassin mit Wasserspielen liegt, ein Garten im Garten.
Die Wasserspiele des Neuen Schlosses sind mit den Wasserspielen der Unteren Grotte verbunden; zwischen dem Ende der einen und dem Beginn der anderen bleibt gerade soviel Zeit, daß man geschwind hinunterlaufen kann.
Aber auch ohne Wasserspiele bietet der Park genug Überraschungen.

Schon die Markgräfin schwärmte, daß jeder Spaziergang zu neuen Aussichtspunkten führe. Dies war damals um 1750 ja noch nicht das Ideal der kontinentalen Gärten nach französischer Art, wohl aber das Prinzip, das in England für den Landschaftsgarten gerade bestimmend wurde und unabhängig davon hier in Bayreuth zur Anwendung kam.

Was noch an geometrischen Garteteilen übriggeblieben war, wurde endgültig nach 1791 ausgelöscht. Geschadet hat es nicht sehr viel.

Die Kriegsschäden – das Neue Schloß wurde zerbombt – sind behoben, und die Eremitage strahlt in altem Glanz. Die sommerlichen Besucherströme stören nur, wenn die Wasserspiele laufen. Abends hat man den Garten fast für sich allein: Ganz wie zu Zeiten der Markgräfin Wilhelmine kann man auf einsamen Spazierwegen seinen Gedanken nachhängen.

Ein rechter Kontrast dazu bietet sich, wenn wir der B 2 nach Hof folgen. Den dortigen *Stadtpark »Am Fröhlichstein«* legten die Bürger in den Jahren 1816 bis 1818 selber an. Vom alten Terrassenrestaurant schaut man hinunter auf die Stadt, und an den Aussichtsturm auf dem Labyrinthberg lehnt sich eine künstliche Ruine. Der Landschaftsgarten überzieht den felsigen Hang und geht über in einen lockeren Wald. Nach einem Besuch der Königin von Bayern erhielt der Garten den Namen *Theresienstein*. Später wurden hier auch ein Kleintierzoo und ein botanischer Freilandgarten eingerichtet, in dem ein Rosarium die Besucher besonders anzieht. Alte Gartenanlagen überraschen oft an Orten, wo man sie gar nicht vermutet.

Hof

Von Bürgergärten, Landsitzen und Residenzen

Ansbach

Bayreuth fiel 1769 an die Markgrafen von Ansbach, denn auch sie waren Hohenzollern. Erst als der Markgraf Alexander von Ansbach-Bayreuth im Jahre 1791 seine Rechte gegen eine Jahresrente an Preußen abtrat, hörte auch *Ansbach* auf, Residenz zu sein.

Dem Schloß sieht man nicht an, daß verschiedene Baumeister jahrzehntelang daran gebaut haben. Nur die Gräben verraten, daß es ursprünglich eine Wasserburg war. Der *Hofgarten* liegt in der Nähe, ist jedoch nicht auf das Schloß ausgerichtet.

Ansbach, Hofgarten. Lindenallee von 1724.

Von einem Garten ist in Ansbach schon 1535 die Rede, und einen botanischen Garten für den Leibarzt des Markgrafen muß es damals auch gegeben haben. Von 1528 bis 1535 war dies jener Dr. Leonhard Fuchs (1501–1566), dessen »New Kreuterbuch« von 1543 noch immer zu den Standardwerken der historischen Botanik gehört. Zu seiner Zeit wurde Fuchs sowohl als Arzt wie als Botaniker von seinen europäischen Kollegen überaus geschätzt, und noch zweihundert Jahre später war er so gegenwärtig, daß der Jesuitenpater Charles Plumier, den botanische Studien nach Westindien und Südamerika geführt hatten, im Jahre 1703 einer dabei entdeckten Blüte den Namen »Fuchsia triphylla coccinea« gab.

Eine Darstellung des Hofgartens haben wir allerdings erst aus dem 17. Jahrhundert: da ist er klein und rechtwinklig ummauert. An die Umgestaltung zu einer barocken Anlage machte sich schließlich Markgräfin Christiane Charlotte, die von 1723 bis 1729 die Regentschaft für ihren unmündigen Sohn führte. Noch im selben Jahr, 1723, ließ sie die alten Linden schlagen und im folgenden Jahr für die von West nach Ost laufende Doppelallee junge Linden aus Holland kommen. Diese Doppelallee endete in einem großen Rondell, und in der Mitte zog sich ein breiter Rasenstreifen als Mailbahn hin.

Aus dieser Zeit zwischen 1723 und 1726 existiert auch ein Plan für den neuen Garten, dessen Urheber unbekannt ist. Er wurde nur annäherungsweise von dem Architekten Leopold Retti umgesetzt, was gar nicht so einfach war, da das Gelän-

de an der Stadtseite verbaut und für eine barocke Anlage höchst ungünstig geschnitten und ohne architektonischen Bezugspunkt da lag.
Den architektonischen Bezugspunkt schuf erst der Kavaliersarchitekt Karl Friedrich von Zocha – kein gelernter Baumeister, sondern ein kenntnisreicher Dilettant, wie es deren zu jener Zeit viele gab. 1726 begann man mit dem Bau der Orangerie nach von Zochas Plänen am Nordrand des Hofgartens und parallel zur großen Doppelallee, die nun von der architektonischen Achse der Orangerie zerschnitten wurde. Die Verbindung zum Residenzschloß erfolgt über die Schmalseite der Orangerie, deren Achse senkrecht auf das Schloßportal zuläuft – ein ziemlich verzwicktes Achsensystem, das aus der Not der örtlichen Verhältnisse eine ästhetisch vertretbare Tugend machte.
Vor der Orangerie wurde ein hufeisenförmiges Parterre angelegt, von dem eine zweite doppelreihige Allee nach Süden lief und die große Hauptallee schnitt. Kanäle umrahmten das Parterre und zogen sich zu beiden Seiten der Alleen entlang. Der Kreuzungspunkt der Alleen war nicht betont, obgleich sich die Achse hier wieder um neunzig Grad drehte. Dafür endete die West-Ost-Allee in einem großen Rondell, genauer gesagt: sie umlief ein Bassin.
Die übrigen Flächen waren entsprechend in Bosketts aufgeteilt. Erwähnenswerte Wasserspiele oder Statuen scheint es nicht gegeben zu haben. Die Orangerie war 1743 beim Besuch Friedrich des Großen – seine jüngere Schwester Friederike Luise war seit 1729 mehr als unglücklich mit dem Markgrafen verheiratet – noch immer nicht fertig.
Nach 1770 verwandelte man den Hofgarten allmählich in eine mehr dem neuen Geschmack gemäße Anlage. Vor allem hörte man auf, die Linden der Doppelalleen kastenförmig zu beschneiden. So entwickelte sich mit den Jahren die ursprünglich aus zwei beschatteten Wegen zu beiden Seiten der Rasenstreifen bestehende strenge Anlage zu jenem heute so unvergleichlichen Bild einer dreischiffigen Halle. Aus dem Parterre wurde damals eine Rasenfläche mit Baumgruppen.
Nach 1791 wurde ein Teil des Hofgartengeländes verkauft und die Umgestaltung in eine mehr landschaftliche Anlage weiter vorangetrieben. Die Kanäle beiderseits der Alleen waren ohnehin längst versumpft. Erst nach dem Zweiten Weltkrieg begann man einige historische Strukturen wieder stärker zu betonen. Dabei erhielt der Rasen vor der Orangerie erneut eine parterreähnliche Form mit Wegekreuz und einem Bassin im Kreuzungspunkt. Auch den Schnittpunkt der Alleen versah man mit einem solchen Bassin, obgleich es dort nie eines gegeben hatte. Und der klassizistische Pavillon im ehemaligen Lindensaal wurde erst 1972 aus dem Garten der Villa Bürgel hierher versetzt.
Abseits vom Schloß gelegen zieht der Hofgarten weniger die Besucher an, zumal er keine so publikumswirksame Attraktionen, wie Wasserspiele, zu bieten hat – höchstens einen schaurigen Mordfall. Am 17. Dezember 1833 wurde der Findling Kaspar Hauser in der Nähe der Orangerie von einem Unbekannten erstochen. Ansonsten ist der Hofgarten in Ansbach ein Garten von unaufdringlicher Schönheit, geprägt durch die Alleen und die Orangerie.
Der Aufstieg der Hohenzollern begann in Nürnberg, wo sie das Amt des Burggrafen innehatten. Nürnbergs Gartenvergangenheit ruhte jedoch auf den Schultern seiner

Nürnberg

Bürger, und in den letzten Jahrzehnten hat man sich auf diese Vergangenheit wieder besonnen: In der alten Vorstadt St. Johannis unternimmt man den Versuch, einige der *Hesperidengärten* wiederzugewinnen, soweit sie noch als Gelände vorhanden sind. Grundlage dafür ist das 1708 veröffentlichte Buch »Nürnbergische Hesperides« des Johann Christoph Volkamer, der selbst einen solchen Garten besessen hat und ihn zusammen mit anderen Nürnbergischen Gärten in Stichen und Beschreibungen darstellte.

Hesperidengärten gab es in allen Vorstädten der reichen Handelsstadt Nürnberg. Ihr Name leitet sich von der Sage des Herkules ab, dessen eine Aufgabe es war, die goldenen Äpfel der Hesperiden, der vier Töchter des Atlas, zu holen, die an einem Wunderbaum hingen. Diese goldenen Äpfel setzte man mit Pomeranzen und Limonen gleich, die im 17. Jahrhundert, in Kübeln gezogen, zu den besonderen Gartenkostbarkeiten der Nürnberger, aber auch anderer reicher Kaufleute gehörten. Dies bedeutet, daß die großen Handelsherren damals auch geschickte Gärtner waren und sich auf solche in unserem Klima schwierig zu haltende Pflanzen durchaus verstanden. Gewiß waren sie auch eine Art Statussymbol, um besondere Wohlhabenheit zu dokumentieren, aber sie zeugten vor allem von den theoretischen und praktischen Kenntnissen ihrer Besitzer, und die schätzte man damals mindestens genauso hoch wie Geld.

Aus Volkamers »Nürnbergische Hesperides« weiß man recht genau, wie die Gärten aussahen. Sie waren alle nach dem selben Prinzip angelegt: hinter dem Haus ein Hofraum, den die »Brusthöhe« vom Garten trennte. Dies war eine Mauer, die – wie der Name sagt – nur bis in Brusthöhe ging und den Blick in den Garten erlaubte.

Der Garten war dreigeteilt: zuerst kam der Nutzgarten, dann ein Ziergarten und schließlich ein unbearbeitetes Stück, eine Art »Wildnis« für Spiele, wie sie in allen Renaissancegärten zu finden ist, und an deren Ende an der abschließenden Mauer ein Gartenhaus.

Die »Hesperiden«, also die Pomeranzen- und Limonenbäumchen, waren in Kübeln gleichmäßig im Garten verteilt. Die Zierbeete waren klein und von einfacher Form, eingefaßt mit Buchs und Kräuterhecken oder Rasenstreifen. Sie waren locker bepflanzt mit Blumen oder Bäumchen, die meist sogar einzeln standen, damit die Pflanze besser zur Wirkung kam. Man bevorzugte daher Pflanzen mit einem klaren Aufbau. Deshalb wurde zum Beispiel die Tulpe damals so geschätzt und immer einzeln, mitun-

Nürnberg, Hesperidengarten in der Johannisstraße 47.

ter sogar im Topf gepflanzt. Dieses Anlageprinzip der Nürnberger Gärten war noch von der Renaissance beeinflußt.
Das Barock hielt erst etwas später Einzug, als die Hauptachse durch die Verbreiterung des Mittelweges stärker betont wurde, der nun auch zum Promenieren taugen sollte und das Gartenhaus am Ende als Blickfang einbezog. Einzelne Figuren oder Figurengruppen wurden aufgestellt, Fontänen eingerichtet und die »Brusthöhe« durch zierliche Gitter durchsichtiger gemacht. Einige Grundstücke an der Johannisstraße haben solche Gärten in Restflächen bewahrt oder Relikte der Ausstattung behalten.
Der Johanniser Bürgerverein bemüht sich in Zusammenarbeit mit der Stadt, ein paar dieser Gärten zu rekonstruieren – nicht zu restaurieren, denn historische Substanz, auf die man aufbauen könnte, ist nicht mehr vorhanden.
In den sechziger Jahren wurde bereits der Garten des Hauses Nr. 13 zurückgewonnen. Hinter dem zierlichen Schmiedeeisengitter der Brusthöhe liegt der Garten. Die Rasenfläche ist durch Kieswege unterteilt; in der Mitte befindet sich ein Springbrunnen und am Ende das Gartenhaus. Aus dem Garten des Hauses Nr. 21 brachte man die Figuren des »Planetenolymp« hierher: antike Götter und Göttinnen, die gleichzeitig die Planeten regieren.
Seit dem Frühjahr 1984 ist auch der Garten zum Haus Nr. 47 wieder zugänglich. Das Haus wurde zu einem Café umgebaut, und wenn man nun im Sommer im Hof an der kleinen Balustrade sitzt, schaut man über die mit Liguster eingefaßten Rasenstücke hinunter zum einstöckigen Fachwerkgartenhaus. Auf dem Mittelweg betonen runde Springbrunnen die Kreuzung mit den Seitenwegen, und die Eckpunkte werden durch Steinpostamente mit Figuren oder Kübelpflanzen betont. An den Außenseiten sind Linden gepflanzt, in deren Schatten einmal Bänke stehen werden.
In ähnlicher Weise sollen in den nächsten Jahren auch die beiden Gärten der Häuser Nr. 45 und 43 gestaltet werden. Auch wenn es von seiten der Gartenhistoriker einige berechtigte Einwände gegen dieses Projekt gibt, so richten diese sich mehr gegen Details in Gestaltung und Ausführung als gegen die Idee als solche.

Neunhof

Etliche Skulpturen aus den Nürnberger Gärten des 18. Jahrhunderts haben ihren Weg ins Germanische Nationalmuseum gefunden, und dieses trägt auch die wissenschaftliche Verantwortung für das *Patrizierschloß Neunhof* im Norden Nürnbergs am Südrand des gleichnamigen Dorfes. Von der Schnellstraße B 4 kurz vor der Autobahn biegt man nach rechts dorthin ab. Über hundert dieser einst befestigten Sommersitze der Patrizier lagen rings um die Stadt. Keiner hat sich so unverfälscht erhalten wie Neunhof.
Das Schloß wurde um 1500 erbaut, hat ein Sandstein-Untergeschoß und zwei Fachwerketagen. Es ist von einem Graben umgeben; der Wirtschaftshof liegt nach Norden. Verschiedene Ansichten und Pläne, der letzte von 1800, zeigen, wie wenig sich im Laufe der Jahrhunderte verändert hat.
Im Süden des Schlößchens erreicht man über eine Brücke den kleinen Barockgarten. Er wurde 1962 nach einer Darstellung des 17. Jahrhunderts angelegt. Dreizehn Broderiebeete füllen den schmalen zwingerartigen Raum. Die Ornamente sind aus Buchs gepflanzt und mit farbigen Steinen ausgelegt. Buchskegel in Kübeln an den Ecken vervollständigen das Bild.

Patrizierschloß Neunhof.

Durch ein Tor am Ostende des Gärtchens gelangt man in den kleinen Park. Dieses Gelände wurde 1589 erworben und hatte damals schon einen Vogelherd in der Südostecke: eine dichte Baumgruppe, in der Leimruten und Netze ausgelegt waren, um Singvögel zu fangen, die als Delikatesse galten und zudem das einzig jagdbare »Wild« der kleinen Leute waren. Ansonsten benutzte man das neuerworbene Gelände als Nutzgarten mit Obstbäumen.
Der Lageplan um 1800 zeigt indessen, daß der Park im 18. Jahrhundert in eine Barockanlage mit vier Reihen zu jeweils vier quadratischen Beeten und einem Pavillon im Zentrum umgestaltet wurde. Ein kleiner Weiher vor dem Kressestadel am Eingang zum Wirtschaftshof diente als Pferdeschwemme.
Vom Pavillon weiß man, daß ihn der dörfliche Maurermeister Konrad Schön aus Krafthof gebaut hat. Vom 19. Jahrhundert bis zum Jahr 1978 nutzte man diesen Teil als Obstgarten. Dann entschlossen sich die Besitzer, in Zusammenarbeit mit dem Germanischen Nationalmuseum und in Anlehnung an den alten Plan, daraus wieder einen Park im Stil des Frühbarock zu machen. Die Rasenquadrate wurden mit Ligusterhecken eingefaßt, ein zusätzliches Baumquadrat betont die Mitte um den achteckigen Pavillon. Der Vogelherd und die Lindenallee an der Südmauer, die zum Barockgarten führt, blieben dagegen unverändert. Nur vier Gartenplastiken hat man hinzugefügt. Es sind die Abgüsse von Originalen aus dem Germanischen Nationalmuseum – Zwerge in der Art, wie

sie Jacques Callot auf seinen Kupferstichen darstellte. Die Originale standen einst in einem der Hesperidengärten.
In Neunhof fügen sich die Abgüsse zwanglos in das Ensemble eines Patrizierschlößchens der Barockzeit ein.
Von Neunhof erreicht man über die Autobahn in Richtung Regensburg schnell die Ausfahrt Altdorf und ist schon nach wenigen Minuten in *Grünsberg* mit seinem *Schloßpark*. Die Burg aus dem 12. Jahrhundert kam in den Besitz der Patrizierfamilie Paumgartner aus Nürnberg und wurde ab 1717 zu einem barocken Schloß umgebaut. Gleichzeitig entstanden die sieben Terrassen seitlich am Schloß.
1724 gestaltete man den Park in der Art eines sentimentalen Landschaftsgartens. Er erstreckt sich an einem felsigen Steilhang bis zum Brunnen, der »Sophienquelle«, an der von 1724 bis 1728 gearbeitet wurde. Der Garten endet in einer Felsenklamm, die das Vorbild für die sagenhafte Wolfsschlucht gewesen sein könnte.
Für die Brunnenanlage der Sophienquelle bieten sich mehrere italienische Vorbilder an: die *Fontana dei quadri draghi* von Ligorio, die *Villa d'Este* oder Bormazo, der Bauherr Johann Paul III. Paumgartner war offenbar ein gebildeter Mann, der seiner jungen Frau Sophie etwas Besonderes bieten wollte. Leider starb er bereits 1726; doch seine Frau führte die Arbeiten weiter. Seit 1754 gehört der Besitz den Freiherren Stromer von Reichenbach. Diese haben die Sophienquelle erst vor einigen Jahren restaurieren lassen.
Grünsberg ist ein gutes Beispiel dafür, daß neue Ideen der Gartenkunst in Ansätzen mitunter sehr viel früher bemerkbar sind, als wir uns das vorstellen. Die ersten Landschaftsgärten Englands hatten auch nur wenig Ähnlichkeit mit dem uns heute so gewohnten Bild.
Zurück auf die Autobahn, die uns bequem nach *Regensburg* bringt. Die Regensburger Alleen gehören zu den ersten öffentlichen parkähnlichen Anlagen, die eigens für die Bürger entstanden sind. In München verwirklichte man solch einen Plan erst 1789; die fast verschwundenen Mannheimer Anlagen, die Sckell entworfen hatte, stammen von 1799, Bremen machte sich 1802 daran und Frankfurt 1806.

Grünsberg

In Regensburg schlug Carl Anselm Fürst von Thurn und Taxis 1779 vor, anstelle der Befestigungswerke einen Grüngürtel um die Altstadt zu ziehen. Er erbot sich sogar, die Wälle auf seine Kosten abtragen und die Gräben teilweise zuschütten zu lassen. Ferner wollte er die gewonnenen Flächen mit Bäumen und Sträuchern bepflanzen und einen Rasen anlegen. Der Fürst konnte sich diese Großzügigkeit erlauben: seine Familie besaß nicht nur das Postmonopol, er selbst war zudem kaiserlicher Stellvertreter beim Immerwährenden Reichstag. Geld spielte keine Rolle.

Regensburg

Auf fast drei Kilometer ist dieser Alleenring angewachsen. Begonnen hatte man mit der *Prebrunnallee*, die sich vom Herzogpark, dem westlichen Teil des Stadtgrabens aus dem 13. Jahrhundert und Resten einer Bastion aus dem 17. Jahrhundert, bis zum Jakobstor erstreckt. Die Allee besteht hauptsächlich aus Linden und Platanen. Hier steht auch die Pestsäule, die aber mit der Pest nichts zu tun hat. Sie wurde 1459 von Ruger Kugl gestiftet, um mit ihren Szenen aus dem Leben Christi den Delinquenten auf ihrem Weg zum Richtplatz einen letzten Trost zu spenden.
Die *Fürst-Anselm-Allee* verläuft vom Jakobstor bis zum Hauptbahnhof. Zwischen den Bäumen

steht seit 1806 der Obelisk, den Joseph Emanuel d'Herigoyen – wir kennen ihn schon aus Schönbusch bei Aschaffenburg – im Auftrag des Fürstprimas Carl Anton von Dalberg zur Erinnerung an den Fürsten von Thurn und Taxis errichtete. Fürstprimas von Dalberg war ursprünglich Erzbischof und Kurfürst von Mainz und wurde 1803 für den Verlust der Kurwürde mit Wetzlar und Regensburg entschädigt. Napoleon machte ihn für einige Jahre zum Großherzog von Frankfurt, wo er die bereits begonnenen Wallanlagen ebenso begünstigte wie die in Regensburg. Er starb 1817 als Erzbischof von Regensburg.

Den Ausbau der Regensburger Alleen zahlte der Fürstprimas ebenfalls aus seiner Privatschatulle. Er verdoppelte oder vervierfachte die Baumreihen und ließ 1808 von d'Herigoyen einen offenen Rundtempel mit dorischen Säulen an der Fürst-Anselm-Allee errichten. Später wurde hier zur Erinnerung an den großen Astronomen Johannes Kepler, der in Regensburg starb, eine Büste aufgestellt.

An diese Allee stößt auch der *Dörnberg-Park*, den der Münchner Gartenarchitekt Karl von Effner 1864 bis 1867 für den Kammerherrn Ernst Freiherr von Dörnberg anlegte. Effner war ein Schüler Peter Joseph Lennés; wir werden ihm noch öfter begegnen.

Eichstätt

Von Regensburg aus benutzen wir die B 16 bis Kelheim, wechseln dort auf die Nebenstraße nach Riedenburg und halten uns dann auf der Straße zur Autobahnauffahrt »Denkendorf«. Wir fahren jedoch weiter nach Kipfenberg und dann durch das Altmühltal nach *Eichstätt*. Jahrhundertelang residierten die Fürstbischöfe in Eichstätt auf der Willibaldsburg, die 1593 von Fürstbischof Johann Konrad von Gemmingen nach Plänen von Elias Holl umgebaut wurde. Im Jahre 1597 ließ der Fürstbischof auch den botanischen Garten auf der Burg anlegen, der alsbald große Bekanntheit erreichte. Durch die Mitarbeit des Nürnberger Apothekers Basilius Besler entstand hier eine der umfangreichsten Pflanzensammlungen, zu der Besler 1613 einen mit Kupferstichen bebilderten Katalog herausgab: 1000 Blüten von 667 Arten wurden auf 374 Tafeln im »Hortus Eystettensis« dargestellt und in den folgenden Jahrzehnten immer wieder nachgedruckt. Selbst heute gehören Kopien der Blätter aus dem »Hortus Eystettensis« zum gängigen Wandschmuck. Die Blütenpracht des botanischen Gartens der Eichstätter Fürstbischöfe entzückt auch noch nach fast 400 Jahren. Von den Originalplatten kann man die Vorlagen indessen nicht mehr abnehmen, sie wurden 1796 von französischen Soldaten als Altmetall mitgenommen.

Der Garten ist wie die Burg längst verfallen. Sie war zwar 1634 barokkisiert worden, aber hundert Jahre später zogen die Fürstbischöfe endgültig hinunter in die Stadt. Dort wurde unter Franz Ludwig Schenk von Castell um 1735 vor dem Osttor die Sommerresidenz erbaut und zusammen mit ihr der *Hofgarten* angelegt, beide im Stil des beginnenden Rokoko. Es gab dort Springbrunnen und Statuen und was sonst noch für die Ausgestaltung eines Gartens als unerläßlich galt. Auch Pavillons wurden errichtet, doch die drei, die noch vorhanden sind, stammen aus der Zeit des Fürstbischofs Raimund Anton Graf von Strasoldo (1757–81).

1786 wurde die Anlage durch den Küchengarten erweitert. Aber erst in der ersten Hälfte des 19. Jahrhunderts gestaltete man daraus konsequent einen Garten im englischen Stil. Einige botanische Be-

sonderheiten an Bäumen und Sträuchern stammen noch aus jener Zeit.
Über die B 13 gelangen wir nach Ingolstadt und von hier über die B 16a und B 16 bis zur Kreuzung mit der B 299, die uns nach *Landshut* bringt. Seit 1505 war Landshut die zweite Residenz der Bayernherzöge, und in den folgenden Jahrzehnten wurde die Burg Trausnitz zu einem glanzvollen Fürstensitz ausgebaut, der sich gleichzeitig zu einem kulturellen Mittelpunkt entwickelte. Die Anfänge des *Hofgartens* reichen in diese Zeit zurück. Es war ein Geschenk des Herzogs Wilhelm V. an seine Gemahlin Renata von Lothringen und sollte der verwöhnten Französin im rauhen Bayern ein bißchen die südlichere Heimat ersetzen. So beauftragte der Herzog 1578 den lothringischen Gärtner Mathurin Morin damit, am Südhang des Burgberges, wo es seit 1452 einen Tiergarten gab, einen Lustgarten anzulegen. Es war ein geometrisch gegliederter Renaissancegarten, in dem es Steinfiguren und Wasserspiele, Laubengänge und Blumenbeete gab, aber auch einen Irrgarten, in dem so sonnensüchtige Gewächse wie Edelkastanien und Maulbeerbäume neben Spalierobst und Weinreben gediehen. Wer diesen Garten damals sah, konnte ihn nicht genug rühmen.
Lange blieb Landshut nicht der Mittelpunkt höfischen Lebens. München wurde zum Hauptsitz der Wittelsbacher. Aber es gab die Nebenlinien, und so machte Herzog Wilhelm von Birkenfeld-Gelnhausen Landshut 1781 zu seiner Residenz. 1782 ließ er sich im Hofgarten ein klassizistisches Schlößchen bauen, und Friedrich Ludwig von Sckell entwarf den Plan zur Umgestaltung des Gartens in einen englischen Park. Zur Überwachung der Arbeiten schickte er seinen Bruder Mathäus nach Landshut; er selbst war damals mit Schwetzingen und seinen Privataufträgen zu beschäftigt. Der Herzog war indessen offenbar so zufrieden, daß er zu Ehren der Brüder Sckell 1784 eine große Steinvase auf einem Sockel errichten ließ. Aus dieser Zeit datieren auch die meisten ausländischen Bäume und Sträucher, die es im Hofgarten gibt.

Landshut

Die B 11 bringt uns nach Freising. Von dort benutzen wir die A 92 bis zur Abfahrt Oberschleißheim, wenden uns dann jedoch auf der B 471 erst einmal nach *Dachau*. Auch hier besaßen die bayerischen Herzöge eine alte Burg, die 1546 bis 1573 in ein vierflügeliges Schloß umgebaut wurde. Nach Verfall in den Jahren 1806 bis 1809 steht davon nurmehr ein Trakt. Dahinter liegt der *Hofgarten*, von dem aus man bei Föhn eine großartige Aussicht auf die Alpen hat.

Dachau

Um 1560 gab es hier einen Baumgarten, den Herzog Wilhelm V. wie den Landshuter Tiergarten ebenfalls 1578 in einen Lustgarten verwandeln ließ. In regelmäßigen Geländestufen fiel dieser Renaissancegarten zur Amper ab. Das ist heute noch zu erkennen. Von dem nachfolgenden Barockgarten sind nur noch die Hauptachsen erhalten. Um 1716 war seine Fläche in quadratische Beete aufgeteilt, in denen Blumen angepflanzt wurden. Statuen und geschnittene Buchsbäumchen vervollständigten das sonnige Parterre. Aber bereits vor 1791 fanden sich hier nur noch Rasenflächen und Obstbäume.
Im Anschluß an den Hauptgarten gab es seit 1629 das »außer klein Gärtl«, das zwischen 1780 und 1790 in einen englischen Garten verwandelt wurde. Die barocken Strukturen geben dem Hofgarten an sonnigen Tagen ein sehr südliches Gepräge, und da der Saalbauflügel mit der barockisierten

Dachau, Hofgarten.

Gartenfront stehengeblieben ist, blieb der Anlage auch der architektonische Bezugspunkt erhalten.
Solange alle vier Flügel standen, war Dachau ein vom Münchner Hof häufig aufgesuchter Sommersitz. Kurfürst Max Emanuel liebte den Ort so, daß er ihn durch einen Kanal mit Schleißheim verbinden ließ, den türkische Gefangene 1691 bis 1692 gruben. Er läuft zwölf Kilometer entlang der B 471, wo er als nördlicher Kanal Teil der Parkanlage wird.

Schleißheim

Der *Park von Schloß Schleißheim* war das Lieblingsprojekt des Kurfürsten Max Emanuel; er ist eng mit seiner Lebensgeschichte verbunden. Ursprünglich lagen in diesem unwirtlich feuchten Gebiet klösterliche Schwaigen mit Einsiedeleien und Kapellen. 1597 erwarb Herzog Wilhelm V. die Schwaige Schleißheim vom Kloster Freising und richtete sich hier 1598 ein bescheidenes Wohnhaus ein. Er hatte 1595 abgedankt und betrauerte den Tod seiner geliebten Gemahlin Renata von Lothringen in dieser Abgeschiedenheit. Das Gut mit Gestüt und Brauerei brachte jedoch einen so guten Gewinn, daß sein Sohn Maximilian I. ihm den Besitz gegen eine Leibrente abkaufte und zwischen 1617 und 1623 das Alte Schloß errichten ließ – ein Bau, der sich an dem Stuttgarter Lusthaus orientierte, vor allem hinsichtlich der doppelten Freitreppe mit dem Zwerchgiebel darüber. Es gab dort auch eine Grotte, aber sie wurde wie die gesamte Innenausstattung im Krieg zerstört. Nur das Äußere konnte wieder hergestellt werden.
Obgleich der Münchner Hof in den Sommermonaten gern nach Schleißheim kam, wurden keine weiteren Ausbauten unternommen.

Dazu kam es erst unter Kurfürst Max Emanuel. Dessen Eltern Ferdinand Maria und Adelaide von Savoyen hatten sich ursprünglich um Nymphenburg bemüht, aber der Vater starb schon 1679. So folgte ihm sein gerade siebzehn Jahre alt gewordener Sohn, den es zunächst einmal nach Kriegsruhm verlangte. Deshalb nahm er 1683 an der Befreiung Wiens von der Belagerung durch die Türken teil. Sein mutiger Einsatz brachte ihm 1685 die Hand der Kaisertochter Maria Antonia und gleichzeitig die Zusicherung, daß er König der spanischen Niederlande werde, falls Spaniens König kinderlos stürbe.

Diese glänzenden Zukunftsaussichten veranlaßten Max Emanuel zu einigen der künftigen Stellung gemäßen Bauten. Zum Empfang seiner Braut begann er 1684 mit der Errichtung des Schlößchens Lustheim östlich des Alten Schlosses in Schleißheim. Schon bei der Planung durch Enrico Zuccalli, seinem vielbeschäftigten Baumeister aus Graubünden, wurde an eine Gartenanlage zwischen beiden Bauten gedacht.

Doch Lustheim war nicht Endpunkt dieser gedachten Anlage, sondern ein selbständiges Bauwerk. Das Schlößchen liegt in der Mitte einer kreisförmigen Insel, die von einem Kanal umflossen werden sollte. Die Form entsprach genau jener Insel Cythera – der Insel der Liebe –, die in der »Hypnerotomachia Poliphili« des Mönchs Francesco Colonna aus dem Jahre 1499 beschrieben wird und die seitdem bis in die jüngste Vergangenheit immer wieder in den Gärten auftaucht.

Das Schloß war im wesentlichen bis 1688 fertig. Mit dem ringförmigen Kanal hatte man allerdings noch nicht einmal begonnen, und selbst das Broderieparterre ringsum war wahrscheinlich nur andeutungsweise vorhanden, als der Kurfürst 1690 hier seine kaiserlichen Schwiegereltern empfing. 1692 wurde er Gouverneur der spanischen Niederlande, was ihn zu langen Aufenthalten in Brüssel zwang, wo er ebenfalls eine Reihe von Bauten begann. Dann starb seine Gemahlin Maria Antonia, und Max Emanuel heiratete 1694 bereits Therese Kunigunde, die Tochter des Polenkönigs Jan Sobieski, dem im Grunde die Befreiung Wiens zu verdanken war. Ohne ihn und sein rechtzeitig eingetroffenes Heer wäre das Unternehmen im letzten Augenblick gescheitert.

Diese Heirat brachte Kurfürst Max Emanuel indessen in die Nähe der den Habsburgern feindlich gesonnenen Kreise, denen er sich endgültig anschloß, als nach dem Tod seines Sohnes im Jahre 1697 die Aussicht auf die spanische Krone endgültig verloren war.

1701 verließ er seinen Gouverneursposten in Brüssel und schloß sich im Spanischen Erbfolgekrieg Frankreich an. Jetzt betrieb er auch den Ausbau von Schleißheim weiter. Im selben Jahr wurde das Neue Schloß begonnen und bis 1704 hochgezogen. Es liegt am westlichen Ende jenes Gartens, der bereits während des Baus von Lustheim beschlossen worden war. Für diesen barocken Lustgarten mit einem Kanalsystem hatte Zuccalli schon 1689 die Kanäle zu graben begonnen. Von ihm stammt vermutlich auch ein Plan des Gartens von 1693, dessen Breite durch die begonnenen Kanäle festgelegt war. Ein weiterer Plan von Zuccalli zeigt ein geschlossenes Rechteck ungefähr dort, wo sich jetzt das Parterre befindet, aufgeteilt in Rasenflächen und je vier Bassins an den Seiten, ein queroblonges Bassin in der Mitte und eine Mauer, wo nun der Kanal auftrifft. Tore zu beiden Seiten öffnen sich in die Alleen nach Lust-

Lustheim

heim. Zwischen diesem Garten und Lustheim war ein Heckengarten mit sechs Bassins als Mittelachse geplant. 1688 wurden dafür zweitausend Linden gepflanzt und in den Jahren 1695 und 1700 sogar Bäume aus Frankreich herangeschafft.

Der Entschluß zum Bau des Neuen Schlosses im Jahre 1701 bedingte auch eine Neufassung der Gartenpläne. Ging die Planung bisher von Lustheim und seinem Parterre nach Westen aus, so mußte der Bedeutung des Neuen Schlosses entsprechend die Richtung jetzt gewechselt werden. Nun lag das Parterre im Westen, und der Park lief auf Lustheim zu nach Osten.

Zuccallis Plan von 1701 berücksichtigte die Begeisterung des Kurfürsten für Holland. Schon 1693 hatte er den Baumeister zu Studienzwecken dorthin geschickt. So ist der Garten von Schleißheim eher holländisch als französisch: Zwischen einem nördlichen und einem südlichen Kanal, die sich im Osten zu einem Halbkreis trafen, erstreckten sich Boskettquadrate entlang einer Mittelallee von der Lustheimer Garteninsel nach Westen.

Die politischen Ereignisse des Jahres 1704 beendeten vorerst auch die Arbeiten in Schleißheim: Die französischen Truppen wurden bei Höchstädt-Blenheim vom Herzog von Marlborough (ihm brachte der Sieg den Landsitz Blenheim in England mit dem herrlichen Garten von Vanbrugh ein) und dem Prinzen Eugen geschlagen, und der

Schloß Schleißheim.

Schloß Lustheim.

Kurfürst mußte ins Exil gehen. Er wurde sogar 1706 zusammen mit seinem Bruder Clemens August, dem Kurfürst und Erzbischof von Köln, in die Reichsacht getan und konnte erst 1714 nach dem Frieden von Rastatt, den die Markgräfin Sibylla Augusta vorangetrieben und durch den Bau der Einsiedelnkapelle im Rastatter Schloßgarten gefeiert hatte, nach München zurückkehren.

Die Jahre des Exils hatte Max Emanuel zum Teil in Paris verbracht und sich dort weiterhin mit seinen Münchner Bauvorhaben beschäftigt. Auch für Schleißheim gab es modifizierte Pläne. Die Arbeiten am Neuen Schloß wurden wieder aufgenommen und bis zum Tod des Kurfürsten im Jahre 1726 im wesentlichen beendet. Der Park wurde nun nach einem Plan Dominique Girards, einem Schüler Le Nôtres, der sich seit 1715 im Dienst des Kurfürsten befand, vorangetrieben. Er ergänzte im Grunde nur Zuccallis Plan durch ein vertieftes französisches Parterre mit einer kleinen Kaskade an der Ostseite, die von einem erhöhten Bassin gespeist wird, in das wiederum ein von Lustheim kommender Kanal münden sollte.

Seit 1717 sind Zahlungen für die Arbeiten im Garten belegt, doch wurde der Mittelkanal zugunsten der bereits vorhandenen Allee mit einer Mailbahn gestrichen, da der Kurfürst auf sein geliebtes »Palamey«-Spiel nicht verzichten wollte. Um 1724/25 war die Kaskade fertig; der ringförmige Kanal um Lustheim bestand jedoch nur zur Hälfte. Dafür hatte man hinter dem Lustheimer Schlößchen Zirkelbauten aus Stallungen, Galerien und einer Orangerie in der Mitte errichtet. Sie waren offenbar so hastig ausgeführt worden, daß sie schon 1745 baufällig wurden und schließlich abgerissen werden mußten. Der vollständige Kanalring um Lustheim und der Mittelkanal sind noch nicht einmal auf einer Bestandsaufnahme von 1802 eingetragen. Sie wurden wahrscheinlich unter der Aufsicht von Sckell vervollständigt, der an dem Gesamtkonzept indessen nichts änderte. Er empfahl lediglich, auf der Lustheimer Insel eine Baumschule einzurichten.

In der Regierungszeit Ludwig I. (1825–1848) stellte der Hofgartendirektor Karl Effner das Parterre nach den Plänen Girards wieder her und setzte die Springbrunnen und die Kaskade erneut in Bewegung. Auch die Restaurierung nach dem Krieg richtete sich nach diesen Plänen; nur die kreisförmige Erweiterung des Kanals als Zentrum des Mittelkreises wurde erst 1962 angelegt. So zeigt der Schleißheimer Park eine fast ungestörte barocke Anlage, zwischen deren Heckenwänden sich immer wieder überraschende Ausblicke ergeben. Auch ohne die verschwundenen Bassins in den Vertiefungen der Bosketts und ohne den Figurenschmuck fasziniert diese Geometrie aus Kreisen, Quadraten und strahlenförmigen Wegen.

Auf der Lustheimer Insel hat man dies noch betont durch die vom Schlößchen strahlenförmig auslaufenden kurzen Alleen. Man müßte den Garten aus der Luft sehen können; aber ein Blick aus den Fenstern des Neuen Schlosses nach Lustheim am Ende des Kanals und auf das Parterre gibt auch schon eine gute Übersicht.

Nach München hätte der Kurfürst mit dem Schiff fahren können. Vom Schwabinger Bach her hatte er schon 1689 den Schleißheimer Kanal bauen lassen, der hinter Lustheim auf den Kanal um den Garten stößt. 1690 war der von Südwesten kommende Karlsfelder Kanal fertig, der das Wasser von der Würm herbrachte und im südlichen Gartenkanal mündete. Den aus Dachau kommenden Kanal von 1692 haben wir schon erwähnt. 1701 wurde der Kanal von der Würm nach Nymphenburg angelegt und damit die Wasserverbindung von Nymphenburg nach Schleißheim hergestellt. Nach 1702 kam noch ein Kanal von Nymphenburg zur Georgenschwaige und weiter nach Osten zum Schwabinger Bach hinzu, so daß auch auf diesem Weg Schleißheim zu erreichen gewesen wäre.

1702 bis 1703 arbeitete man an einem direkten Kanal von München nach Schleißheim, dessen Teilstück aber im 19. Jahrhundert zugeschüttet wurde. Trotzdem hielt sich die Bezeichnung »Türkengraben« noch lange. In Wirklichkeit waren türkische Gefangene nur bis 1699 zu diesen Arbeiten herangezogen worden, danach gruben ihn Soldaten weiter.

Dieses Kanalsystem diente allerdings nicht nur höfischen Lustbarkeiten, auch wenn eine sanfte Fahrt auf dem Wasser sicher den Erschütterungen der Kutschen vorzuziehen war. Abgesehen von normalen Versorgungsfahrten erleichterten und verbilligten die Kanäle auch die Transporte für das Baumaterial der Schlösser ganz erheblich. Wir benutzen nach München hinein jedoch die B 13.

München und Umgebung – königliche Gartenträume

An der *Residenz in München* haben Kurfürsten, Herzöge, Könige und ein Kaiser gebaut. Wie Jahresringe legen sich die einzelnen Trakte um die vielen Höfe. Man braucht fast einen ganzen Tag, um alle Räume zu durchwandern, zumal man am Vormittag mittels Pfeilen auf einer andere Route geführt wird als am Nachmittag. Immer aber beginnt man gleich zu Anfang mit einem Blick in den Königsbauhof, der ein Überrest des Großen Residenzgarten aus dem 16. Jahrhundert ist. Die Ahnengalerie im Erdgeschoß an der Nordseite wurde 1580 als Gartensaal des Residenzgartens errichtet. Den Ostabschluß bildet heute ein Gang, über dem Cuvilliés 1733 die Grüne Galerie einrichtete und einen Teil des Residenzgartens zerstörte.

Hinter diesem Gang betritt man den Ersten Gartensaal und steht vor fünf riesigen Behängen mit den zauberhaftesten Darstellungen barocker Gartenanlagen. Die drei mittleren wurden 1755 in Heidelberg hergestellt, die beiden an den Schmalseiten 1765 in Mannheim. In den Rahmengirlanden sind neben den Modeblumen jener Zeit auch Obst und Gemüse eingefügt – ein rechter Katalog dessen, was damals bekannt und beliebt war.

Aus dem Zweiten Gartensaal betritt man die Grottenhalle, die den Grottenhof im Osten abschließt. Diesen Hof ließ Herzog Wilhelm V. 1581 bis 1586 anlegen. An der einfachen Gliederung ist kaum etwas geändert worden: ein Wegekreuz mit einem runden Brunnenbassin in der Mitte und jetzt mit Buchs eingefaßten Rasenflächen. Der Brunnen mit der Figur des Perseus stammt aus der Zeit um 1595.

Die Grottenhalle wurde während des Zweiten Weltkrieges leider erheblich zerstört und mußte nach alten Vorbildern ergänzt werden. Der Grotte selbst ist zum Glück kaum etwas passiert. Mit Tuffstein, Kristallen und eingefärbten Muscheln kaschiert sie die in den Grottenhof einspringende Ecke des Antiquariums. Ein von Karyatiden gestützter Rundbogen überwölbt die Brunnennische. Die ganze Anlage, der Gartenraum, die Halle und die Grotte, atmet noch etwas vom Geist der Renaissance.

Man sollte nicht versäumen, ebenfalls aus den Fenstern der oberen Etage immer wieder einen Blick in diesen Hof zu werfen. Interessant bei diesem Rundgang durch die Residenz sind auch die beiden Gemälde Canalettos, die Schloß Nymphenburg von der Stadt- und von der Gartenseite zeigen. Diese berühmten Bilder, die einen Begriff von der Betriebsamkeit vor allem im Nymphenburger Park geben, hängen im Vorzimmer der Kurfürstenzimmer.

Hofgarten

Nördlich der Residenz stand dem Münchner Hof noch ein größerer Gartenraum zur Verfügung: der *Hofgarten*. Er lag zeitweise als

Hofgarten gegen Theatinerkirche.

rechteckige Insel vom Wasser des Befestigungsgrabens umgeben im Winkel der Bastion. Zwei schmale Stege führten von der Residenz hinüber. 1613 bis 1615 ließ ihn Herzog Maximilian, der 1623 anstelle des im Exil lebenden Kurfürsten von der Pfalz die Kurwürde erhielt, anlegen. Zwei Drittel des Areals nahm ein Quadrat ein, in dessen Mitte sich der Brunnentempel erhob. Dieser zwölfeckige Bau von 1615 trug auf seiner Kuppel ursprünglich die Diana vom Brunnen des Großen Residenzgartens, die 1590 angefertigt worden war. 1623 machte man dann aus der Diana eine Bavaria. Die Originalfigur steht heute in der Residenz, auf der Kuppel befindet sich eine Kopie.

Von diesem Hofgartentempel gingen strahlenförmig Wege aus, zwischen denen die Ornamentbeete lagen. Den hinteren Teil des Hofgartens schloß ein orangerieartiger Bau ab, von dem Reste bei der Untersuchung der Heeresmuseumsruine gefunden wurden, die sich vielleicht erhalten lassen. Davor lag ein rechteckiges Fischbassin mit Insel, das erst unter König Max I. Joseph 1799 aufgelassen wurde und in dessen Eintiefung sich seit 1924 das Kriegerdenkmal versteckt.

Statt des Grabens trennt den Hofgarten jetzt eine Straße von der Residenz. Der Garten wurde um den Brunnentempel herum in einem renaissanceähnlichen Stil angelegt. Die Arkaden von Klenze umgeben den Hofgarten seit 1825 an zwei Seiten; der wuchtige Bau des Bayerischen Heeresmuseums von 1900 wurde vom Krieg zu einer monumentalen Ruine reduziert. Statt ihrer möchte der Freistaat Bayern hier seine neue Staatskanzlei errichten, doch haben die Dimensionen, in denen das geschehen soll, zu heftigen Protesten geführt. Von der lichten Atmosphäre des Hofgartens bliebe nicht mehr viel übrig. Wieder einmal würde ein historischer Gartenraum mutwillig zerstört. Eigentlich kann sich das keine Stadt mehr leisten – nicht einmal München.

Nymphenburg

Vom Hofgarten zu einem – nein dem Garten des Münchner Hofes, nach *Nymphenburg*. Man kann sich heute kaum vorstellen, daß diese Sommerresidenz einmal weit draußen vor den Toren der Stadt inmitten von Feldern, Wiesen, Wäldern und kleinen Dörfern lag.

Ausgangspunkt war wie in Schleißheim eine Schwaige, ein abseits gelegener bäuerlicher Betrieb, den Kurfürst Ferdinand Maria 1663 seiner Gemahlin Adelaide zur Geburt des Kurprinzen Max Emanuel schenkte. Noch im selben Jahr ließ sie sich hier ein an italienische Landvillen erinnerndes Landhaus bauen, woran sich ein kleiner Hofgarten anschloß. Dieser Garten war in der Tat bescheiden verglichen mit dem, was ihr Sohn ab 1701 daraus machte: eine weit in die Landschaft ausgreifende barocke Anlage.

Die erste Ausbauphase unter dem Architekten Enrico Zuccalli, der dem Hauptbau seitlich zum Garten durchlässige Arkaden und Pavillons sowie eine Durchfahrt unter dem Hauptbau ins Gartenparterre anfügte, wurde durch das zehnjährige Exil des Kurfürsten unterbrochen. Nach 1715 übernahm dann Joseph Effner die Leitung, die er auch unter dem Nachfolger, Karl Albrecht, behielt. Unter diesem ab 1726 regierenden Kurfürsten, der kurz vor seinem Tod im Jahre 1745 endlich die Kaiserkrone errang (1742), entstand das Rondell. Es sollte in Anlehnung an Karlsruhe der Ausgangspunkt für eine strahlenförmige Stadtanlage werden, doch wurde diese »Carlstadt« nie gebaut.

Der Kanal von 1730 greift heute weit in ein erst nach 1900 entstandenes Wohngebiet hinein. Er mündet vor dem Schloß in ein riesiges Bassin, das sein Wasser aus dem darüberliegenden Fontänenbassin erhält. Der halbkreisförmige Ehrenhof ist einmalig. Er geht sicher auf Joseph Effner zurück, und vermittelt dem heutigen Besucher etwas von der räumlichen Großzügigkeit des Barock, besonders wenn man ihn vom oberen Absatz der Freitreppe aus überblickt.

Schloß Nymphenburg.

Das Schloß selbst war beim Tod Max Emanuels im wesentlichen vollendet. Danach erfolgten nur noch Erweiterungen und Erneuerungen im Innern.
Der Glanz der Ausstattung ist wahrhaft eines deutschen Kaisers würdig, wenn dem Ereignis auch um viele Jahre voraus. Von der Freitreppe gelangt man direkt in den Großen Saal mit dem nur durch Bögen davon getrennten Gartensaal. Der wiederum führt über eine weitere Freitreppe ins Gartenparterre.
Die »Parklandschaft« ist bereits vorweggenommen in den Fresken an den Seiten des Großen Saales. In den Galerien findet man dann Bilder von schon bestehenden Gärten der Kurfürsten. In der nördlichen vor allem Ansichten von Nymphenburg, die noch Max Emanuel 1723 hat malen lassen, sowie Darstellungen von Fürstenried und von der Badenburg; in der südlichen Galerie, die erst um 1760 fertiggestellt wurde, Ansichten von Schleißheim, Lustheim und vor allem auch Landshut und Dachau. Außerdem sollte man nicht versäumen, einen Blick aus dem Fenster der Kleinen Galerie im Südpavillon in den südlichen Kabinettsgarten mit seiner Kaskade und dem Vogelhaus zu werfen. Denn noch kann man ihn nicht betreten.
Den besten Blick auf das Parterre hat man von der Freitreppe der Gartenfront. Die Hauptachse des Barockgartens ist ungestört erhalten geblieben: Sie führt über das Parterre den Kanal entlang bis zur Kaskade und darüber hinaus ins Endlose. Die ebenfalls von hier ausgehenden schrägen Sichtachsen nach Blutenburg im Nordwesten und Pasing im Südwesten sind durch die Umgestaltung zum Landschaftsgarten nicht mehr so deutlich zu erkennen. Als der Park im Jahre 1733 ummauert wurde, hat man an diesen Stellen Gitter angebracht, um den Ausblick nicht zu stören.
Die Umgestaltung zum Landschaftsgarten sollte eigentlich bereits unter Carl Theodor ab 1777 beginnen, der ja in Schwetzingen zusammen mit Friedrich Ludwig von Sckell ähnliches unternommen hatte. Doch erst sein Nachfolger Max Joseph – er war übrigens 1755 in Schwetzingen geboren und starb 1816 in Nymphenburg – holte Sckell als Hofgärten-Intendant nach München. Von 1801 an verschwanden in Nymphenburg endgültig die regelmäßigen Bosketts zu beiden Seiten des Kanals und des Parterres. Daß dieses Parterre, das Schloß und der schloßnahe Teil des Ehrenhofes auf einer rechteckigen, von einem Kanal umgebenen Fläche wie auf einer Insel liegt, werden wohl die wenigsten Besucher bemerken. In diesen Kanal mündeten jene Kanäle Max Emanuels, die Schleißheim mit Nymphenburg verbanden – auf Stadtplänen und Luftaufnahmen sind sie deutlich zu erkennen. Den von der Südwestekke des Parterres abgehenden Kanal verwandelte von Sckell in einen zeitweise sich malerisch durch den Wald schlängelnden Bach.
Der Rundgang durch den Park beginnt meistens mit dem südlichen Kabinettsgarten, den Max Emanuel mit Broderiebeeten anlegen ließ und der 1806 in einen kleinen Landschaftsgarten verwandelt wurde. Kurfürst Max III. Joseph verschönerte ihn 1757 mit einem Vogelhaus, zu dem noch Cuvilliés die Pläne gezeichnet hatte. Die bemalten Fassaden sieht man auch vom Zaun aus, denn der Garten muß noch restauriert werden. Die Kleine Kaskade von 1764 erkennt man derzeit am besten aus einem Fenster des Schlosses.
Auf dem Weg zur Amalienburg kommt man am »Ludwigsgärt-

chen« vorbei, von dem zunächst das Holzhaus auffällt. Durch Bemalung der Wände hat man ihm das Aussehen eines ruinösen Ziegelbaues zu geben versucht. Es wurde um 1800 zusammen mit dem kleinen Garten für den Kronprinzen, den späteren König Ludwig I., angelegt: Aus einem Fels sprudelt eine Quelle, ein Bach schlängelt sich hindurch, über den eine Brükke führt, und es gibt einen Miniatursee. Gleich danach stößt man auf die Amalienburg, 1734 bis 1739 von Karl Albrecht durch François Cuvilliés für seine Gemahlin erbaut. Es war ein Jagdschlößchen im Mittelpunkt von acht Schneisen und umgeben von einem Broderieparterre. Jetzt ist es von hohen Bäumen umstanden und schaut nach Osten über eine langgestreckte Wiese. Das flache Dach war für die Falkenjagd mit einem zierlichen Gitter ausgestattet.

Den Rundgang im Innern beginnt man heute im Hundezimmer, das mit Nischen für die Tiere ausgestattet war. Die Flinten waren in eingebauten Schränken untergebracht. Das folgende kleine Zimmer, die Retirade, verbirgt an der Rückwand hinter der Klapptür der Kommode einen Leibstuhl. Doch man sollte auch auf die Wandbilder achten: etwas dunkle, doch sehr eindrucksvolle Pflanzenstilleben von Francis Hamilton.

Auf dem Weg zur Badenburg kommt man rechter Hand an dem »Dörfchen« vorbei, dessen Häusergruppe von etwa 1760 eigentlich eher in einen Landschaftspark gehörte als in einen von geraden Schneisen und Alleen durchzogenes Boskett. Biegt man hier zum Parterre ab, stößt man auf eine Kastenschleuse, die 1765 für die Fahrten auf dem Kanal eingebaut wurde. Die Badenburg, 1718 bis 1721 von Effner für Max Emanuel erbaut, befindet sich heute an dem riesigen Badenburger See, den Sckell aus einem großen Bassin entwickelte.

Auch die Badenburg lag einst in einem geometrischen Garten: Der ovale Festsaal blickte auf Terrassen und das Bassin, der rückwärtige Eingang auf ein Blumenparterre. Daraus wurde durch Sckell das sanft dahingleitende lichte Löwental mit der Aussicht auf einen Kirchturm, den Industriebauten jetzt verdecken. Bleibt der Blick über den See: von der Badenburg hinüber zum Monopteros, der aus dieser Distanz am besten wirkt. An seiner Stelle hatte Sckell einen Rundtempel aus Holz nach dem Vorbild des Vestatempels in Tivoli errichten lassen. Doch der wurde 1865 durch den jetzigen Bau ersetzt, zu dem Klenze den Entwurf geliefert hatte.

Den See muß man von allen Seiten genießen, auch die Badenburg sich im Wasser spiegeln sehen oder die drei Inseln aus verschiedenen Blickwinkeln.

Von hier ist es nicht weit zur Kaskade, die Effner 1717 erbaute. Sie wird von der Würm gespeist, und von hier hat man den schönsten Blick zurück zum Schloß. Ganz in der Nähe ist auch der beste Punkt, eines der berühmten »Ahas« näher zu betrachten. Solange man am Rand der Wiese steht, schaut man ungehindert über sie hinweg hinaus in die Landschaft, als ginge sie immer so weiter. In Wahrheit aber wird die scheinbar endlose Wiese durch eine senkrecht abfallende Mauer mit einem tiefen Graben davor unterbrochen. Dies ist ein sehr sinnvolles System, das in England erfunden wurde, um vor allem das grasende Vieh aus dem Park zu halten. Sie heißt dort »Haha«. Das deutsche Wort »Aha« für diese typische Form der Parkabgrenzung meint den gleichen Ausruf des Erstaunens.

Pagodenburg

Parkwärts läuft die Wiese auf den Pagodenburger See zu. Man kann aber auch einen weiten Bogen schlagen zu einer großen Wiese mit jenen berühmten »clumps«, die eine Besonderheit englischer Landschaftsgärten sind. Die durchsichtigen Baumgruppen machen die Weite einer Wiese überschaubar.

Die Pagodenburg lag einst auch in einem Parterre an einem Bassin. Effner baute sie bereits 1716 bis 1719 – man sagt, nach einem von Max Emanuel erdachten Grundriß. Sie ist das Original der Kopie, die wir in Rastatt gesehen haben.

Ihren Namen verdankt die Pagodenburg den beiden Kabinetten im Oberstock, die mit ostasiatischen Lackvertäfelungen ausgestattet sind – anmutige Pflanzendarstellungen und Gartenausschnitte auf rotem oder schwarzem Grund.

Der Bau diente ursprünglich als Ruheplatz während des Mailspiels. Die Bahn erstreckte sich dort, wo später ein stimmungsvolles Tal von Sckell gestaltet wurde. Der Abfluß des Pagodensees schlängelt sich als Bach zu einem See im Hintergrund; trotzdem wirkt das Tal durch die Nadelhölzer an seinem Rand etwas schwermütig. Es ist als Gegenpol zum auf gleicher Höhe auf der Südseite des Kanals liegenden Löwental gedacht.

Abseits in einen Winkel führt dann der Weg zur Magdalenenklause. Sie ist der letzte Parkbau, den Joseph Effner 1725 für Max Emanuel errichtete. Die Kapelle wurde erst nach des Kurfürsten Tod 1728 von seinem Bruder Clemens August geweiht.

Die Magdalenenklause liegt von allen Parkbauten dem Schloß am

Die Pagodenburg im Schloßpark von Nymphenburg, das Original der Rastätter Kopie.

Englischer Garten.

nächsten, und doch hat man durch den dichten Baumwuchs ringsum das Gefühl größter Abgeschiedenheit, wie es sich für eine Eremitage gehört. Von außen wirkt die künstliche Ruine halb wie eine Kirche, halb wie ein Kloster. Zum erstenmal sind hier an einem Profanbau historisierende gotische und romanische Stilelemente verwendet.
Im Innern sind der Kapellenraum und dessen Vorraum entsprechend der Legende, daß die Büßerin Magdalena in einer Höhle hauste, als Grotte ausgestaltet.
Auf dem Weg zurück zum Schloß gelangt man schließlich zu den Gewächshäusern. Sie verdanken ihre Existenz dem starken Interesse des ersten bayerischen Königs Max Joseph für tropische Pflanzen. Jedem von ihnen ist ein separater Ziergarten zugeordnet. Dem Schloß am nächsten wurde 1807 das »Eiserne Haus« für Pflanzen aus dem asiatischen Raum errichtet. Das Gewächshaus daneben wurde 1816 nach den Erkenntnissen von Sckell für die bestmögliche Anzucht von Jungpflanzen gebaut. Beide Häuser sind in ihrem ursprünglichen Zustand erhalten. Das Palmenhaus, 1820 entstanden und 1830 mit der ersten Warmwasserheizung ausgestattet, wurde inzwischen in ein Café verwandelt.
Wenn man stundenlang durch die Weite des Parks spaziert ist, hat man fast vergessen, welche touristische Attraktion dieses Schloß darstellt. Aber sei es, daß die meisten eben doch nur die Schauräume durcheilen, oder sich die Menschenmassen im Park verlieren – Nymphenburg ist auch heute noch ein Ort der stillen Wege und reizvollen Gartenbilder.

Englischer Garten

Münchens populärster Park ist wohl der *Englische Garten*. Die gewaltsamen Straßenerweiterungen der Nachkriegsjahre und das wie eine Sperre wirkende Haus der Kunst trennen ihn jetzt unwiderruflich vom Prinz-Carl-Palais und damit von seinem Anschluß an den Hofgarten. Der Englische Garten wurde jedoch nicht als Fürstengarten eingerichtet. Auf dem Gelände

entlang der Isar befand sich zwar seit dem Mittelalter ein herzogliches Jagdrevier, doch verfügte Kurfürst Carl Theodor 1789, daraus einen Landschaftspark zum Vergnügen und zur Erholung der Münchner Bürger zu machen.
Die Anregung dazu kam von Benjamin Thompson, der – in Amerika geboren und als Soldat in englischen Diensten geadelt – 1784 nach Bayern gekommen und in die Dienste des Kurfürsten getreten war. Er brachte es dort schließlich zum Kriegsminister und Reichsgrafen von Rumford. Sein Einsatz erstreckte sich nicht nur auf eine menschenwürdige Behandlung der Soldaten, sondern auf viele soziale Bereiche. Für die Soldaten verlangte er »Militärgärten«, wo sie ihre Freizeit in frischer Luft bei nützlicher Beschäftigung verbringen sollten. In München schlug er dafür einen Platz an der Isar vor und empfahl, zugleich einen Park für die Bürger einzurichten.
Die Ereignisse der Französischen Revolution 1789 beschleunigten die Zustimmung des Kurfürsten. Noch im selben Jahr ließ er Friedrich Ludwig von Sckell aus Schwetzingen kommen, um Vorschläge auszuarbeiten. Nach dessen Plänen wurde der erste Teil des Englischen Gartens bis 1793 angelegt. Doch erst nach seiner endgültigen Übersiedlung nach München im Jahre 1804 konnte sich von Sckell intensiv um die Erweiterung und Ausgestaltung des Englischen Gartens kümmern. Sein Entwicklungsplan von 1807 ist der erste Plan, der sich auch mit der Zukunft einer solchen Anlage befaßt – heute als »Parkpflegewerk« eine allenthalben vorhandene Einrichtung.
Sckell hat genau festgelegt, wie er sich den Englischen Garten vorstellte: als eine an der Natur orientierte idealisierte Landschaft. Der Charakter einer von Bächen durchzogenen Flußaue blieb dabei grundsätzlich erhalten. Durch die mehr oder weniger dichte Bepflanzung ergab sich ein Wechsel von offenen Wiesen in Stadtnähe, einem dichteren Waldgebiet im Anschluß daran und einem wieder von Wiesen stärker durchsetzten Übergang in die freie Landschaft.
Genauso verlief die Abfolge von eher künstlichen Parkbildern in Stadtnähe – wozu auch die Kaskade aus Felsbrocken gleich zu Anfang gehört – zu den ländlich ruhigen Bildern um den Kleinhesseloher See bis hin zu den einfachen Wiesen am Ende. Der gleitende Übergang in die Natur ist inzwischen dort im Häusermeer verschwunden. Zu Sckells Zeiten waren die Ausblicke auf München und Schwabing noch erfreulich und in die Parkkonzeption einbezogen, ja durch Auslichten und Umpflanzen sogar betont worden. Auch die zum Flößen begradigten Bachläufe hatte Sckell wieder mit natürlich schwingenden Uferrändern versehen und durch Teiche fließen lassen.
Ursprünglich war der Park nicht so arm an Staffagen wie heute. Aber Sckell schätzte sie in diesem Fall nicht und ließ, was vorhanden war, abreißen oder langsam verfallen. Auch den Chinesischen Turm hätte er am liebsten entfernt. Er war 1790 aus Holz und nach dem Vorbild der Pagode in Kew Gardens errichtet worden. Damals scharten sich zu seinen Füßen noch eine ganze Reihe anderer chinesischer Gebäude. Das klassizistische Rumfordhaus von 1791 ließ Sckell gelten, und auch den »Aumeister« am anderen Ende des Englischen Gartens, dessen Gebäude 1811 entstanden waren und bald zu einem beliebten Ausflugsziel wurden. Der Monopteros wurde erst 1837 nach Klenzes Entwurf auf dem Hügel, den der Aushub des Kleinhesselo-

her Sees ergeben hatte, erbaut. Er ist auch ein Denkmal für den Initiator des Englischen Gartens Carl Theodor. Für Sckell errichtete man ein Jahr nach seinem Tod im Jahre 1824 am Seeufer eine Gedenksäule. Statt der Parkbauten trifft man also immer wieder auf Gedenksteine, die sich unauffällig in die Landschaftsbilder einfügen. Sckell komponierte sie hauptsächlich aus der Vegetation, aus dem Wechsel von niedrigen Wiesen und höheren Sträuchern und Bäumen, wodurch er die Aussicht einschnürte oder öffnete und den Besucher verlockt, immer weiterzugehen zu neuen Überraschungen.
Als Bepflanzung wählte Sckell fast ausschließlich einheimische Arten. Doch er vermied eine Monotonie der Bepflanzung durch steten Wechsel der Formen und der verschiedenen Grüntöne, durch Licht und Schatten und durch die Dichte der Bepflanzung, die von waldartig über Gruppen zu Einzelstellungen reicht.
Nur in der Nähe des jetzigen Hauses der Kunst ist dieses Prinzip unterbrochen. Dieser Teil kam erst spät hinzu, und hier hielt Sckell auch ausländische blühende Bäume und Sträucher für angebracht. Den See dort gibt es übrigens erst seit 1969, das japanische Teehaus sogar erst seit 1972. Den Münchnern hat der Englische Garten zunächst gar nicht gefallen. Doch inzwischen ist er zu einem festen Bestandteil Münchner Lebens geworden, der an schönen Tagen bis zu 200 000 Besucher aufnehmen muß.
Auf dem Bogenhausener Ufer stellen die *Maximilian-Anlagen* die Verbindung zum Englischen Garten her. Sie wurden 1857 bis 1866 von Karl von Effner angelegt. Er war der Sohn von Karl Effner, der als Hofgärtendirektor den Schleißheimer Garten wieder dem Plan von Girard angenähert hatte.
Der junge von Effner war bei Peter Joseph Lenné in Berlin in die Schule gegangen und verwirklichte nun dessen Vorstellungen von Gartenkunst in Bayern. Die Maximiliananlagen überziehen das östliche Steilufer der Isar von Gasteig bis zur Bogenhausener Brücke und sichern es so gegen Erosion. Auftraggeber war, wie schon der Name andeutet, König Maximilian II. Die im englischen Stil gehaltene Anlage wird durch die Höhenunterschiede des Hanges und durch die wechselnde Nähe des Flusses gegliedert – an einer Stelle entsteht sogar eine Art Schlucht –, und nördlich davon wurde um 1890 der kleine Achtersee angelegt. Noch später, zwischen 1896 und 1899, entstand die Prinzregententerrasse mit dem Friedensengel, der an den Frankfurter Frieden 1871 erinnert.
Es liegt nicht nur am besseren Boden, daß die Bepflanzung hier reicher und zum Teil ausgefallener wirkt als im Englischen Garten. Die Zeiten hatten sich geändert und viele einstige Pflanzenraritäten gehörten inzwischen zum gärtnerischen Alltag.
Wie sein Vater und vor diesem Friedrich Ludwig von Sckell wurde auch Karl von Effner Hofgarten-Intendant. In dieser Eigenschaft verwirklichte er König Ludwig II. märchenhafte Garten-Träume. Der letzte in *Herrenchiemsee* wurde allerdings abrupt vom geheimnisvollen Tod des Königs im Jahre 1866 unterbrochen. Schloß und Garten blieben ein Torso.

Herrenchiemsee

Seit Ludwig II. anläßlich der Pariser Weltausstellung im Jahre 1869 auch Versailles gesehen hatte, träumte er davon, das Hauptschloß und die Gärten auf bayerischem Boden zu wiederholen. Verschiedene Plätze wurden in Erwägung gezogen, bis 1873 die Herreninsel im Chiemsee zum Verkauf stand. Der König kam einem Holzhändler zu-

Herrenchiemsee, Latonabrunnen.

vor und rettete damit den wertvollen Baumbestand.
Der Weg von München dorthin führt bequem über die Autobahn und dann von Bernau oder Prien aus per Schiff hinüber auf die Insel. Seit dem achten Jahrhundert war die Insel Bischofssitz und Kloster gewesen, doch nach der Auflösung 1803 blieb davon nur das Alte Schloß übrig. Vom Landungsplatz aus sind es zu Fuß oder mit dem Kutschwagen zwanzig Minuten zum Neuen Schloß, das mitten im Wald liegt.
Mit dem Bau des neuen »Versailles« wurde 1878 begonnen. Die gigantische Kopie beschwört jedoch weniger den Geist des vierzehnten Ludwig als den des neunzehnten Jahrhunderts.
Genauso ist es mit den Gartenanlagen. Ludwig II. wollte zusammen mit dem Schloß des Sonnenkönigs auch dessen ursprünglichen Garten wiedererstehen lassen. So plante Karl von Effner geometrische Anlagen auf allen vier Seiten. Nur die Hauptachse wurde annähernd verwirklicht, denn 1885 mußten die Arbeiten wegen Geldmangels eingestellt werden. Das Vorhandene wird in aller Behutsamkeit restauriert.
Auf der Ostseite zieht sich eine doppelte Lindenallee hinunter zum Seeufer, dazwischen liegt eine offene Rasenfläche. Diese fragmentarische Einfachheit berührt wesentlich stärker als der Gartenraum im Westen vor der Hauptfront, die in den Grundzügen den ursprünglichen Entwürfen am nächsten kommt. Eine Treppenanlage entlang der Gartenfront führt zum ersten Absatz des Parterres. Zu beiden Seiten des breiten Mittelweges liegen zwei Rasenflächen, die von einer profilierten Steineinfassung gerahmt werden. Innen wird die

Kontur in einem kurzen Abstand durch ein Kiesband noch einmal nachgezeichnet. In der Mitte der Rasenflächen befinden sich »Flora« und »Fauna« auf einem kleinen Grottenberg. Oben am Schloß sind zu beiden Seiten des Parterres marmorne Brunnenbassins vor Heckenwänden angelegt.
Eine zweite Treppenanlage am Ende des Mittelwegs führt hinab zum nächsten Absatz mit dem Latonabrunnen in der Mitte, eine exakte Kopie des Latonabrunnens von Versailles. Auf den Brunnenstufen speien die in Frösche verwandelten Lykier Wasser – zur Strafe dafür, daß sie über Apoll und Diana, die Kinder Jupiters mit der Latona, gelacht hatten. Wie in Versailles wird dieser rechteckige Parterreraum fortgesetzt mit einem *tapis vert,* einem Rasenstreifen zwischen hohen Bäumen, an dessen unterem Ende der unvollendete Apollobrunnen liegt. Der dahinter geplante Kanal ist versumpft, und der Rest der Insel ist ein Naturpark, dessen hohe Bäume die Gartenanlagen nach Osten und Westen bis zum Seeufer wie dunkle Wände begleiten, zwischen denen am Ende die Wasser des Sees aufblitzen.
Dies ist das letzte Mal, daß auf einer Insel eine Utopie verwirklicht werden sollte. Doch hier bestimmten keine Träume von einer schöneren Zukunft, sondern die Beschwörung der Vergangenheit den Stil der Gartenanlage.
Die kostspielige Scheinwelt eines einsamen Königs gehört zu den populärsten Touristenzielen Bayerns. Doch nach dem Prunk im Innern hat niemand mehr Augen für die Melancholie eines unfertigen Gartens. Dazu bedarf es wohl der Stille eines goldenen Spätherbsttages.
Wollen wir uns den anderen Gartenschöpfungen Karl von Effners zuwenden, müssen wir von München aus zunächst über die R 95 nach Starnberg und von dort am See entlang nach *Feldafing* fahren. Hier hatte König Max II. ursprünglich ein Schloß am See gegenüber der Roseninsel bauen wollen. Doch es wurde nie begonnen. Nur der *Landschaftspark,* der es umgeben sollte, wurde in den Jahren 1853 bis 1860 angelegt. Den Entwurf dazu hatte Peter Joseph Lenné geliefert, der Park ist also seine südlichste Arbeit, die allerdings von Karl von Effner umgesetzt wurde, der ja, wie wir wissen, Lennés Schüler war.
Von Feldafing geht es am Starnberger See entlang bis Seeshaupt und weiter zur A 95 in Richtung Garmisch, bis man auf die B 2 stößt,

Feldafing

Schloß Linderhof.

Linderhof

der wir bis Oberau folgen und dort auf die B 23 abbiegen.
Hinter Kloster Ettal geht die Straße links ab ins Graswangtal nach *Linderhof.* König Max II. besaß hier ein Jagdhaus, das der junge Ludwig sehr liebte. Eine Zeitlang wollte er sogar sein Versailles hier bauen. Doch in dem Gebirgstal wäre nicht genug Raum dafür gewesen und so begnügte er sich mit einer Art Gartenschloß im Stil einer italienischen Villa, außen Barock und im Innern die für ihn entwickelten Formen eines zweiten Rokoko.
Von Anfang an war der Garten in die Gesamtplanung mit einbezogen worden. Mit dem Bau wurde 1870 begonnen, 1878 war das Schloß, 1880 der Garten fertiggestellt. Karl von Effner komponierte ihn rings um das Gebäude aus Elementen der italienischen Renaissance und des französischen Barock und legte einen englischen Landschaftspark darum herum, der harmonisch in die großartige Bergwelt überleitet. Vor der Hauptfassade liegt das Südliche Parterre, zu dem eine Treppenanlage von der Terrasse hinabführt. Es wird fast gänzlich von einem Bassin eingenommen, in dessen Mitte eine vergoldete Figurengruppe eine Fontäne zum Himmel schickt.
Steinskulpturen und Terrakottavasen sind ein zusätzlicher Schmuck, und beschnittene Hainbuchenspaliere bilden den Rahmen. Es ist ein eingetieftes Parterre, das man von allen Seiten überschauen kann und das im Süden in eine mehrstufige Terrassenanlage übergeht, gegliedert durch die im Zickzack aufsteigenden Treppenläufe und Balustraden. Ganz oben befindet sich als Krönung ein offener Tempel mit einer Venusfigur, auf halber Höhe im Mittelteil dreier Bogenöffnungen die Büste der Marie Antoinette. Auf den einzelnen Absätzen haben noch Brunnen und Teppichbeete Platz. Vor der Westfassade liegt eine Art Kabinettgarten, in der Mitte ein kleines Bassin mit der Figur der »Fama«. Darum herum erstrecken sich vier regelmäßig geformte Rasenflächen, eingefaßt von Beetstreifen, auf denen Buchsbaumkegel die aus Sommerblumen gebildeten Farbbänder unterbrechen.
Hier ist endlich die für den Farbeffekt notwendige Massenpflanzung am Platz. Sie war ja eine Erfindung des 19. Jahrhunderts, denn erst damals kamen die meisten dabei verwendeten Sommerblumen aus Mittelamerika nach Europa, und die verbesserte Treibhaustechnik machte die massenhafte Anzucht möglich.
Den Abschluß des Westlichen Parterres bildet ein schwungvoller Spalierlaubengang mit drei Pavillons, im mittleren davon die Büste Ludwig XIV. Vor der Ostfassade liegt ein ähnliches Parterre. Doch hier ist die Rasenfläche nicht unterteilt. Sie beginnt mit einem palmettenförmigen Blumenteppichbeet. Auf dem gekiesten Platz in der Mitte steht eine Figurengruppe, und ein Beetstreifen zeichnet am Rand die Kontur nach. Dahinter liegt ein kleiner Springbrunnen; auch hier rahmen Hainbuchenspaliere an drei Seiten das Parterre ein.
In einem Laubenpavillon an der Rückseite steht die Büste Ludwig XVI. Über ihn stellte Ludwig II. übrigens seine besondere Beziehung zu Ludwig XIV. her: denn Ludwig XVI. war der Taufpate von Ludwigs Großvater Ludwig I., und der wiederum war Taufpate Ludwigs II.
An der Nordseite war am wenigsten Raum für ein Parterre, es reichte gerade für eine aus Blumen gebildete bourbonische Lilie und zwei Steinvasen daneben. Den Hang hinunter stürzt über dreißig Stufen das Wasser einer Kaskade aus einer Bogenöffnung. Darüber

spannt sich eine Terrasse, und als Abschluß auf der Höhe steht wiederum ein Rundtempel.
Am Fuß der Kaskade, die an den Seiten von Steinvasen und Laubengängen begleitet wird, liegt ein viel zu kleines Bassin für die mehrteilige Figurengruppe eines Neptun mit drei sich bäumenden und Wasser speienden Rössern sowie zwei fischschwänzigen Wesen.
Die Aussichten aus den Fenstern auf die den Fronten unmittelbar zugeordneten Gartenanlagen sind von eigenartiger Schönheit. Doch an der Nordseite ist das Gartenbild vor dem Fenster besonders raffiniert: hier liegt das Schlafzimmer des Königs, und die Wasser der Kaskade scheinen direkt in den Raum zu strömen.
Der Landschaftsgarten umschließt die historisierenden Parterre- und Terrassenanlagen und leitet über zu den grandiosen Formationen des Gebirges. Er paßt sich also seiner Umgebung an, weniger indessen die darin verteilten Bauten. Den Maurischen Kiosk hatte Ludwig II. schon 1867 auf der Pariser Weltausstellung erworben. Sein Pendant, das Maurische Haus, soll ebenfalls wieder errichtet werden.
Neben diesen orientalischen Tagträumen waren und sind Theaterszenerien aus den Opern Wagners nachgestaltet. Davon steht nur noch die »Venusgrotte«, eine riesige künstliche Tropfsteinhöhle mit einem See, für deren rote und blaue Beleuchtung eine der ersten elektrischen Anlagen Bayerns eingerichtet wurde.
Ein Wasserfall stürzt in den See, auf dem der König in einer Muschelgondel dahinglitt. Die anderen Parkbauten, die »Hundingshütte« und die »Einsiedelei des Gurnemanz«, sind indessen verschwunden.
Ludwig II. hielt sich oft in Linderhof auf. Die Einsamkeit des Tals entsprach der Wesensart des menschenscheuen Königs. Doch davon ist in den Sommermonaten nicht mehr viel zu spüren. Dabei haben die Gartenanlagen von Linderhof in der Stille eines klaren Sommermorgens ihre besten Momente.

Garmisch-Partenkirchen, Alpengarten auf dem Schachen

Unsere letzte Station ist *Garmisch-Partenkirchen* mit dem *Alpengarten* auf dem Schachen. Der Garten liegt beim 1870 erbauten Jagdschloß Ludwig II., und beide sind nur zu Fuß und am besten von Elmau aus zu erreichen. Dieser höchstgelegene und südlichste Garten Deutschlands ist in unserem zeitlich abgesteckten Rahmen auch der jüngste. Er wurde 1900 auf Anregung des Münchner Professors für Botanik Karl von Goebel angelegt, gehört zum Botanischen Garten Münchens und zeigt die Pflanzen der Alpen in ihrer natürlichen Umgebung.
Die Idee, Gebirgspflanzen in einer besonderen Anlage zusammenzufassen, geht auf den österreichischen Erzherzog Johann zurück. Er legte um 1803 im Park von Schönbrunn bei Wien den ersten Alpengarten an. Man sagt, dies geschah aus Sehnsucht nach seinen geliebten Tiroler Bergen.
Der Herzog hat schnell Nachahmer gefunden. Sein Alpinum – oder »jardin Tyrolien« – steht am Beginn einer europaweiten Welle der Begeisterung für »Steingärten« mit ihren meist aus dem Gebirge stammenden, in niedrigen Polstern wachsenden Pflanzen. Nicht nur an Botanik interessierte Bürger legten sich einen Alpengarten an, sondern allenthalben versuchte man, das spezifische Naturbild im Garten nachzuahmen.
Mit dem Alpengarten auf dem Schachen ist dieses besondere Gartenbild in seine angestammte Umgebung zurückgekehrt. Geblieben sind die »Steingärten«. Denn nicht

Garmisch-Partenkirchen. Der Alpengarten auf dem Schachen.

nur die großartigen Werke der Gartenkunst haben als ansteckende Beispiele gewirkt. Wir sind auf unserem Weg durch Deutschland solchen Abhängigkeiten immer wieder begegnet.
Vieles, was wir in unseren Hausgärten heute für selbstverständlich halten, und dazu gehört der Steingarten, läßt sich auf einen Punkt der Gartengeschichte zurückverfolgen. Die Gärten der Fürsten waren aber nicht nur Ausdruck von Macht und Luxus, sie dienten zugleich als Experimentierfelder für neue Pflanzen, neue Gestaltungsmöglichkeiten und vor allem auch neue Ingenieurtechniken. Was sich dort bewährt hatte, wurde übernommen und den jeweiligen Gartenverhältnissen angepaßt.
Die Gärten sind immer noch eine Fundgrube schöner Anregungen. Denn unsere historischen Gärten sind kein totes Stück Vergangenheit, sondern sie werden sehr lebendig, wenn man sie ohne Hast betrachtet.

Bildquellenverzeichnis

Fridmar Damm/J. Kinkelin, Worms: S. 65

Bildarchiv Huber, Garmisch-Partenkirchen: S. 59, 146, 194, 199

R. Kirsch/J. Kinkelin, Worms: S. 143

Peter Klaes, Radevormwald: S. 23, 116, 123, 130, 135, 138, 168, 173

Peter Klaes/J. Kinkelin, Worms: S. 42, 45, 46, 57, 66, 89, 105

Gerhard Klammet, Ohlstadt: S. 60/61, 152, 187, 190, 202

Luftbild Klammet & Aberl, Germering: Freigabe durch die Reg. v. Oberbayern, S. 19 (Nr. G 42/1274), 40/41 (Nr. G 42/1256), 80/81 (Nr. G 43/640), 107 (Nr. G 43/986), 149 (Nr. G 43/351), 162 (Nr. G 43/481), 186 (Nr. G 43/435)

Waltraud Klammet-Mochel, Germering: S. 31, 32

Landesamt für Denkmalpflege Schleswig-Holstein: S. 21, 22, 24, 28, 30

Foto Löbl-Schreyer, Bad Tölz: S. 48 o., 52, 102, 118, 165, 184

Margot Lutze, Camberg: S. 55, 73, 88, 92, 125, 150, 157, 169, 171, 198

Fritz Mader, Barsbüttel: S. 26, 29, 37, 48 u., 95, 100, 119, 163

Bildagentur MAURITIUS, Mittenwald: S. 69 (Waldkirch), 72 (Schneider), 75 (HVH)

Manfred Mehlig/J. Kinkelin, Worms: S. 140

Heinz Müller-Brunke, Grassau: S. 98

Werner Otto, Oberhausen: S. 58, 86

Pressefoto Rosemarie Rospek, Bremen: S. 35

C. L. Schmitt, München: S. 38, 90, 159, 191, 195

Marco Schneiders, Lindau: S. 142

Toni Schneiders, Lindau: S. 176

Staatsbad Oeynhausen (Foto: Saale): S. 84

Umschau-Archiv: S. 93

Verkehrsamt der Stadt Gernsbach: S. 141

Verkehrsamt der Stadt Münster (Foto: Hillebrand): S. 44

Klaus Vogl, Röthenbach: S. 178

Stadt Wilster: S. 33

Otto Ziegler/J. Kinkelin, Worms: S. 153, 180

S. 39: aus „Haus Altenkamp (1728)", Hrsg. Kulturamt der Stadt Papenburg

S. 47: aus „Wasserschlösser und Wasserburgen", Umschau Verlag, 1985

S. 111, 112: aus „Der Palmengarten in Frankfurt am Main", Umschau Verlag, 1981

S. 115: aus „Frankfurt mit den Augen Goethes", Umschau Verlag, 1982

Namensregister

Ortsregister

Kursiv gesetzteZiffern nehmen Bezug auf Abbildungen.